国家出版基金项目
NATIONAL PUBLICATION FOUNDATION

中国式农业农村现代化研究丛书

陈锡文　主编

破除城乡二元结构

蔡昉　著

浙江人民出版社

图书在版编目（CIP）数据

破除城乡二元结构 / 蔡昉著. -- 杭州 ：浙江人民
出版社，2025. 6. --（中国式农业农村现代化研究丛书 /
陈锡文主编）. -- ISBN 978-7-213-10288-2

Ⅰ. F299.2

中国国家版本馆CIP数据核字第2024Y6R217号

破除城乡二元结构

POCHU CHENGXIANG ERYUAN JIEGOU

蔡昉 著

出版发行	浙江人民出版社 (杭州市环城北路177号)	
	市场部电话:(0571)85061682　85176516	
责任编辑	赖 甜　郦鸣枫	
责任校对	马 玉	
责任印务	程 琳	
封面设计	王 芸	
电脑制版	杭州兴邦电子印务有限公司	
印　刷	浙江新华数码印务有限公司	
开　本	710毫米×1000毫米　1/16	
印　张	17.75	
字　数	264千字	
插　页	2	
版　次	2025年6月第1版	
印　次	2025年6月第1次印刷	
书　号	ISBN 978-7-213-10288-2	
定　价	54.00元	

如发现印装质量问题,影响阅读,请与市场部联系调换。

总　序

　　党的十八大以来，在以习近平同志为核心的党中央领导下，我国如期实现了全面建成小康社会这第一个百年奋斗目标，顺利开启了迈向全面建设社会主义现代化国家的新征程，由此推动中国特色社会主义进入了新时代。在这一阶段，农村打赢了脱贫攻坚战，消除了极端贫困现象，农业生产和农民收入持续增长，乡村面貌不断更新，不仅为加快推进农业农村现代化奠定了坚实基础，同时也为党和国家带领全国各族人民迈向第二个百年奋斗目标——建成社会主义现代化强国提供了有力支撑。

　　在党的十九大报告中，习近平总书记作出了实施乡村振兴战略的重大部署。提出实施这一战略，是由我国所处的发展阶段和面临的主要任务所决定的。党的十九大报告不仅深刻阐述了"中国特色社会主义进入了新时代"这个我国发展所处的新的历史方位，而且明确了新时代我国社会的主要矛盾是"人民日益增长的美好生活需要和不平衡不充分的发展之间的矛盾"。这个矛盾，集中反映在城乡关系和农村发展上。总书记指出："我国发展最大的不平衡是城乡发展不平衡，最大的不充分是农村发展不充分。"①因此，他明确表示："我在党的十九大报告中提出要实施乡村振兴战略，这是党中央从党和国家事业全局出发、着眼于实现'两个一百年'奋斗目标、顺应亿万农民对美好生活的向往作出的重大决

---

① 习近平著：《论"三农"工作》，中央文献出版社2022年版，第275页。

策。"①"实施乡村振兴战略是从解决我国社会主要矛盾出发的。"②这充分说明，只有加快解决好"城乡发展不平衡，农村发展不充分"这个我国发展中最大的不平衡、不充分问题，才能切实解决好新时代我国社会的主要矛盾。总书记还多次论述：实施乡村振兴战略的总方针是坚持农业农村优先发展，总目标是农业农村现代化，总要求是产业兴旺、生态宜居、乡风文明、治理有效、生活富裕，制度保障是建立健全城乡融合发展体制机制和政策体系，并明确指出，实施乡村振兴战略，是新时代"三农"工作的总抓手，要统筹谋划、一体推进乡村的产业振兴、人才振兴、文化振兴、生态振兴、组织振兴。总书记的这些重要论述，极大地提高了人们对实施乡村振兴战略重大现实意义和深远历史意义的认识，推动乡村振兴实现了良好开局。

在党的二十大报告中，习近平总书记在对全面推进乡村振兴进行部署时，明确提出了"加快建设农业强国"的新目标、新要求。他说："党的二十大在擘画全面建成社会主义现代化强国宏伟蓝图时，对农业农村工作进行了总体部署。概括地讲：未来5年'三农'工作要全面推进乡村振兴，到2035年基本实现农业现代化，到本世纪中叶建成农业强国。这是党中央着眼全面建成社会主义现代化强国作出的战略部署。强国必先强农，农强方能国强。没有农业强国就没有整个现代化强国；没有农业农村现代化，社会主义现代化就是不全面的。我们必须深刻领会党中央这一战略部署，把加快建设农业强国摆上建设社会主义现代化强国的重要位置。"③在总书记的论述中，"加快建设农业强国"，不仅是建设社会主义现代化强国的题中应有之义，还是确保国家安全的重要基础。总书记指出："农业还是国家安全的基础。农业保的是生命安全、生存安全，是极端重要的国家安全。当今世界，百年未有之大变局加速演进，新冠

---

① 习近平著：《论"三农"工作》，中央文献出版社2022年版，第233页。
② 习近平著：《论"三农"工作》，中央文献出版社2022年版，第235页。
③ 习近平：《加快建设农业强国　推进农业农村现代化》，《求是》2023年第6期。

疫情反复延宕，来自外部的打压遏制不断升级，各种不确定难预料因素明显增多。一旦农业出问题，饭碗被人拿住，看别人脸色吃饭，还谈什么现代化建设？只有农业强起来，粮食安全有完全保障，我们稳大局、应变局、开新局才有充足底气和战略主动。"①因此，加快建设农业强国，是我国在世界百年未有之大变局加速演进背景下坚定走中国式现代化道路的必然要求。

在党的二十大报告中，总书记全面论述了"中国式现代化"丰富而深刻的内涵：是人口规模巨大的现代化，是全体人民共同富裕的现代化，是物质文明和精神文明相协调的现代化，是人与自然和谐共生的现代化，是走和平发展道路的现代化。总书记还在报告中庄严宣示："从现在起，中国共产党的中心任务就是团结带领全国各族人民全面建成社会主义现代化强国、实现第二个百年奋斗目标，以中国式现代化全面推进中华民族伟大复兴。"②不难看出，"中国式现代化"的提出，必将引起广大发展中国家的共鸣和借鉴，同时，也是对已有的美西方式的现代化从理论、道路，到制度、文化等各方面的有力挑战，这就不可能不引起美西方国家的恐惧和抵制，从而在各方面加大对我国现代化进程的打压和遏制。正是因为我国的现代化进程将面对如此错综复杂的国际形势，所以，我们必须牢牢守住国家安全的底线：切实保障好14亿多人口的粮食和重要农产品持续稳定供给这个头等大事。

总书记指出："建设农业强国，基本要求是实现农业现代化。我们要建设的农业强国、实现的农业现代化，既有国外一般现代化农业强国的共同特征，更有基于自己国情的中国特色。所谓共同特征，就是要遵循农业现代化一般规律，建设供给保障强、科技装备强、经营体系强、产

---

① 习近平：《加快建设农业强国　推进农业农村现代化》，《求是》2023年第6期。

② 习近平：《高举中国特色社会主义伟大旗帜　为全面建设社会主义现代化国家而团结奋斗——在中国共产党第二十次全国代表大会上的报告》，人民出版社2022年版，第21页。

业韧性强、竞争能力强的农业强国。所谓中国特色，就是立足我国国情，立足人多地少的资源禀赋、农耕文明的历史底蕴、人与自然和谐共生的时代要求，走自己的路，不简单照搬国外现代化农业强国模式。"①总书记还进一步阐述了"农业强国的中国特色，我看主要应该包括以下几个方面"：一是依靠自己力量端牢饭碗，二是依托双层经营体制发展农业，三是发展生态低碳农业，四是赓续农耕文明，五是扎实推进共同富裕。②毫无疑问，建设中国特色农业强国，正如总书记所说，"农业强，首要是粮食和重要农产品供给保障能力必须强"，"只有把牢粮食安全主动权，才能把稳强国复兴主动权"。③

党中央提出实施乡村振兴战略已经6年，人们对于实施这一战略重大意义的认识仍在不断深化。我认为，如果说，"产业兴旺、生态宜居、乡风文明、治理有效、生活富裕"的总要求，就是要"建设宜居宜业和美乡村"；那么，提出"加快建设农业强国"这个新目标，则是要确保在"任何时候都必须自力更生保自己的饭碗"④。前者是民之所盼，后者是国之大者，两者不可偏废，必须相辅相成、一体推进，这才是党中央提出的乡村振兴战略的完整内涵。

乡村振兴，是一个宏大的系统工程。但说到底，乡村振兴的根本目的，就是更充分地发挥好乡村所特有的功能。什么是乡村所特有的功能？就是那些城镇不具备、只有乡村才具有，却又是整个国家发展所不可或缺的功能。《中华人民共和国乡村振兴促进法》明确规定："充分发挥乡村在保障农产品供给和粮食安全、保护生态环境、传承发展中华民族优秀传统文化等方面的特有功能。"保障农产品供给和粮食安全，是只有乡村才具备的功能；国土面积的绝大部分是乡村，保护生态环境的主体必然是乡村；"乡村文明是中华民族文明史的主体，村庄是这种文明的载

①②③④ 习近平：《加快建设农业强国　推进农业农村现代化》，《求是》2023年第6期。

体，耕读文明是我们的软实力"①。在守护和传承中华民族优秀传统文化的过程中，乡村显然具有重大责任。在国家现代化建设的进程中，必须摈弃"重城轻乡"的偏见。乡村和城镇具有不同的功能，但它们都是国家现代化建设不可或缺的。就像人一样，人有五脏六腑、四肢五官，它们各有各的功能，缺一不可；五脏六腑完备、四肢五官完整，才是健康的人，否则就是病人、残疾人。一个国家也是如此，只有使城镇和乡村各自所特有的功能都得到充分发挥，国家的现代化进程才能是健康的、完整的，否则就是残缺的、不完整的。党中央关于乡村振兴所提出的总要求中，产业兴旺、生态宜居、乡风文明，针对的就是要发挥好乡村的特有功能；实现乡村振兴的主体是农民，而治理有效、生活富裕，则是调动广大农民主动、积极参与乡村振兴的遵循和激励。充分调动广大农民群众的主动性和积极性，围绕发挥好乡村特有功能实施乡村振兴战略，才能加快推进农业农村现代化，在这个基础上，才能把我国建成农业强国。

浙江人民出版社组织了一批在各自研究领域中都颇有建树的知名专家，从实施乡村振兴战略所涉及的各个方面，来撰写、出版的这套关于加快推进我国农业农村现代化的丛书，将在政策解读、理论创新、经验总结和途径探索等各方面，为全面推进乡村振兴、加快在农业农村现代化基础上的农业强国建设作出积极贡献。

陈锡文

2023 年 10 月

---

① 习近平著：《论"三农"工作》，中央文献出版社 2022 年版，第 64 页。

前　言

　　正如实现中国式现代化那样，研究中国式现代化，也需要同时体现各国现代化的共同特征，以及基于自己国情的中国特色。14亿多人口的现代化，特别是其中近5亿农村常住人口和7亿多农村户籍人口，显然最能体现现代化的中国特色。在中国式农业农村现代化的研究中，破除城乡二元结构，无疑是最为紧迫的一项任务目标。作为"中国式农业农村现代化研究丛书"的一个组成部分，本书着眼于探讨破除城乡二元结构相关的理论问题，剖析现实难点和堵点，并提出政策建议。

　　在本书的写作中，我立足于突出以下四个特点：第一，始终把农业农村放在国民经济整体背景下观察和认识，特别突出阐释城乡区域之间和工农产业之间的关系。第二，积极正面地把农业作为一个能够自立自强的产业，把农村视为一片可以大有作为的天地。第三，固然强调长短期问题的交织和政策的配合，更把解决"三农"问题的重点放在制度建设的层面。第四，把农业农村现代化置于新科技革命和更高版本的全球化背景下，把旷日持久的理论和政策讨论置于经济研究的最前沿领域。

　　在全书结构构思和写作风格上，我力求让专业研究者和一般读者都能够乐于阅读本书，启发读者共同思考中国式农业农村现代化的问题。因此，我尽可能避免使用过于专业性的术语，在难以避免的情况下，则将其作为知识点，做出尽可能通识性的说明。出于同样的目的，我在行文中的引注也尽量做到规范化和易读性相结合。在使用统计数据和图表做事实描述时，也努力做到清晰和简洁。凡属他人的研究结果或者涉及专门来源的内容，就做出规范的注释；对于那些在媒体上广为传播且具有公开出处的内容，则不再注释。关于中国和国际比较数据的权威来源，分别是国家统计局"国家数据"（网站地址：https://data.stats.gov.cn/）和世界银行数据库（网站地址：https://data.worldbank.org/）。

多年以来，我的研究领域更加偏重宏观的经济发展和民生问题，较少直接从事"三农"相关的研究。不过，从个人研究的角度来说，城乡二元结构问题，作为经济发展研究中的重要现象和逻辑节点，始终是我关注的对象，我也保持阅读最前沿的学术文献。从客观条件来说，从2008年3月份开始，直至2023年3月份结束，我曾经连续三届担任全国人民代表大会农业与农村委员会组成人员，参与了"三农"相关的一系列重要立法、执法检查和调研工作，使我能够保持对这个领域重大问题的关注和理解。这种学术兴趣和政策关注度，无疑都为本书写作创造了重要的保障条件。

此外，我还要感谢一些机构和个人对我写作本书的直接和间接激励。在中国社会科学院履行国家高端智库职能，有助于我破除认识问题的碎片化倾向，得以把不同方面的经济社会发展问题统筹起来理解，并提出综合性建议。中国社会科学院农村发展研究所的同志们，一如既往地督促我参与许多学术活动，从而使我尽可能追踪着同行们的研究进展。得益于这些长期积累和对问题的新鲜感，更感谢本丛书主编陈锡文同志、本丛书作者之一顾益康同志，以及浙江人民出版社原总编辑王利波同志的督促和鼓励，加之责任编辑和出版社其他同志的高质量工作，使我得以不揣冒昧，以本书作为关注和研究"三农"工作的一份答卷。当然，对于书中存在的任何遗漏和不当之处，我应该承担全部责任。

蔡昉

2023 年 12 月 12 日于北京

目　录

绪　论

习近平总书记在党的二十大报告中指出："中国式现代化，是中国共产党领导的社会主义现代化，既有各国现代化的共同特征，更有基于自己国情的中国特色。"推进农业农村现代化、建设农业强国也要遵循这一根本指引，着力破解现代化途中诸多难解的问题，清除一系列体制机制障碍，克服不容回避的困难，如期完成既定的任务目标。破除历史形成和长期存在的城乡二元结构，就是其中一项重要的任务。本书意图从理论和经验的角度对相关问题进行全面研究和阐释，进而有针对性地提出政策建议。

在本绪论中，我们在深刻领会习近平新时代中国特色社会主义思想、习近平总书记关于"三农"工作的重要讲话精神，以及党中央战略部署的基础上，有针对性地概括各国农业农村现代化的一些共同特征，揭示中国的相关国情和特色路径，着重阐述城乡整体迈入和各产业同步实现现代化的改革要求。此外，还对本书的研究和叙述特点进行简单说明，并概括全书要点。

第一节　中国式农业农村现代化

中国式现代化包含的人口规模巨大国情特点、全体人民共同富裕本质要求、物质文明和精神文明相协调、人与自然和谐共生和走和平发展道路等根本要求，都同样是推进农业农村现代化的根本指引。以习近平新时代中国特色社会主义思想、习近平总书记关于"三农"工作的重要讲话精神为根本遵循，结合近年来党中央对农业农村工作做出的重大部署，下面简要进行一个概括，以其作为推进中国式农业农村现代化的理论指导原则、政策关键点和实践中的抓手。

首先，坚持农业农村优先发展。习近平总书记多次强调，中国要强，农业必须强；中国要美，农村必须美；中国要富，农民必须富。[①]在2022年12月23日至24日召开的中央农村工作会议上，习近平总书记进一步指出，强国必先强农，农强方能国强。[②]

中国有14亿多人口，准确地说，2022年为14.12亿，比联合国定义的发达国家的全部人口还要高出10%以上。2022年中国农村常住人口数量也高达4.9亿多，务农劳动力仍有1.7亿多。因此，中国式现代化必须是这个庞大人口共同参与和共享成果的现代化，在推进改革、发展和现代化的进程中，任何时候都不能忘记、忽视和损害"三农"的利益。农业强、农村美和农民富，是工业化、信息化、城镇化、农业现代化"四化同步"、美丽中国建设和全体人民共同富裕的必然要求。

其次，乡村振兴同城乡融合和均衡发展的任务是一致的。中国社会的主要矛盾，已经转化为人民日益增长的美好生活需要和不平衡不充分

---

① 中共中央党史和文献研究院编：《习近平关于"三农"工作论述摘编》，中央文献出版社2019年版，第3页。

② 《习近平在中央农村工作会议上强调：锚定建设农业强国目标　切实抓好农业农村工作》，《人民日报》2022年12月25日，第1版。

的发展之间的矛盾，促进城乡均衡发展是解决这一主要矛盾的重要途径。缩小城乡之间发展差距、收入差距和基本公共服务供给水平差异，既要建立在乡村振兴和农业农村现代化的基础上，也是推进这一现代化过程的题中应有之义。同时，从城乡产业之间的关联性、城乡区域之间的一体性和城乡人口之间的利益一致性来看，农业农村发展不能就农业谈农业、就农村谈农村，必须在与非农产业（第二产业和第三产业）和城镇发展的融合、均衡和协调中认识和推进。

再次，确保国家粮食安全，把中国人的饭碗牢牢端在自己手中。统筹发展和安全，是党中央新时代发展重要战略部署的内容，也是党的二十大提出的任务要求。保障国家粮食安全是国之大者，是统筹发展和安全的重要任务之一。2020年，中国谷物产量占全球的20.6%，高于中国人口17.9%的全球占比。这一方面反映出，中国的粮食生产和保障能力总体上是比较强的；另一方面，我们也不能掉以轻心，因为从整个世界的粮食分布来看，世界的粮食供给具有较大的脆弱性。

在全球范围内，粮食生产的分布和保障程度都十分不平衡。根据世界银行数据，2020年全球谷物产量为30亿吨，中国谷物产量为6.17亿吨①，在全球占比最大。在图0-1中，我们展示除中国之外181个国家和地区的谷物拥有量，从中可见粮食拥有量在世界各国和各地区之间分布的高度不平衡。

实际上，排在前面的20个国家生产了全世界80%的谷物。相应地，就粮食拥有量（供给）与人口规模（需求）的匹配度而言，在国家和地区之间也存在着严重的失衡。例如，北美国家人口占全世界的4.7%，却拥有全球16.7%的谷物；而撒哈拉南部非洲国家人口占世界的15.0%，却仅仅拥有全球5.9%的谷物。

因此，在一个全球化遭遇逆流、气候变化导致极端天气和灾难频仍、地缘政治风险日趋增大，以及供应链愈益受阻和断裂的国际环境下，避

---

① 根据国家统计局口径和数据，2020年中国的粮食总产量为6.69亿吨。

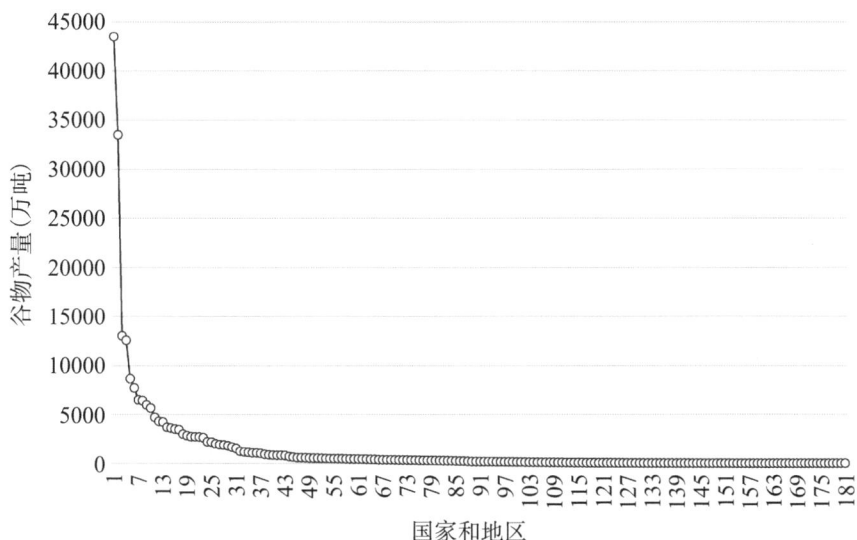

图0-1　世界谷物在中国以外国家和地区的分布

注：为了简洁起见，在图中我们以数字代替国家和地区的名称；图中未包括中国数据。

资料来源：世界银行数据库网站（https://data.worldbank.org/）。

免食品供给短缺、通货膨胀高企、生活成本上升等危机，化解其可能给经济、社会和政治带来的不利影响，越来越要求高度关注与食品供给相关的风险因素。也就是说，对粮食安全的重视应该显著高于以往任何时期。

国家粮食安全需要通过一系列相互关联的途径予以保障，包括以下几个方面：其一，通过促进农业科技进步，推进农业生产方式的现代化，确保粮食生产能力；其二，通过完善市场机制、创新体制机制和强化政策支持，增强农业内生发展的动力，以提高农民种粮积极性；其三，确保种业安全和物种安全，像保护大熊猫一样保护耕地；其四，在确保中国人的饭碗主要装自己的粮、高度重视节约粮食的同时，用好国内国际两种资源、两个市场。

最后，实现农业和农村经济的高质量发展，必须遵循新发展理念。中国农业和农村发展的目标及模式，都随着现代化进程的推进而发生着新的变化。农业发展正在发生的变化，是从满足温饱和小康的阶段迈向农业强国之路；农村发展正在发生的变化，是从全力以赴脱贫攻坚转向全面推进乡村振兴。农业农村发展的新目标和新任务，要求实现发展方式的根本转变，这只有在按照新发展理念的要求、遵循与之相符的路径中才能实现。

推进农业农村现代化，贯彻创新、协调、绿色、开放和共享发展的新理念，体现在以下方面：其一，加强以农业关键核心技术攻关为引领的科技创新，深化农业供给侧结构性改革，推进包括土地制度改革在内的要素市场化改革；其二，推进农村人居环境整治，创新乡村治理，建设宜居宜业和美乡村；其三，以绿色发展引领乡村振兴，发展生态低碳农业，赓续农耕文明；其四，为发展中国家解决农业、农村、农民问题提供中国智慧和中国方案，为世界农业发展做出中国贡献，用好国内国际两种资源、两个市场；其五，拓宽农民增收渠道，推进城乡基本公共服务均等化。

第二节　来自共性的特征化事实

农业农村现代化是各国发展普遍追求的目标，目前大多数发达国家总体上都实现了农业现代化。总结发达国家的成功经验也好，吸取一些发展中国家不成功的教训也好，我们可以发现一些标志性的现象，这些现象有时也体现为某些统计特征，可以用来刻画一个国家的农业现代化水平、剖析国家之间的差距。与此同时，我们也可以看到一些做法和路径，它们被那些已经实现农业现代化的国家证明具有某种程度的普遍性，因而也具有借鉴价值。

虽然难免挂一漏万，这里仍然尝试从经济学的角度，对相关经验做一些提炼和概括。在不那么严谨的意义上，可以将其称为农业农村发展的一般规律，或者更为恰当地称之为特征化事实。对于任何国家来说，只有在总体方向上遵循这些一般路径，或者说农业发展道路大体上展现相关特征的情况下，农业农村现代化的成色才能得到充分和普遍的认同。

特征化事实一：农业现代化过程伴随着农业劳动生产率的提高和农业份额的持续下降。"农业是国民经济的基础"这句话，在农业劳动生产率作为整体经济发展基础的意义上，至今仍然是无比正确的。一方面，农业自身的创新发展和科技进步水平，以及与其他领域现代化进程的同步水平，归根结底会在劳动生产率这个充分信息指标上体现出来。另一方面，农业作为民生衣食之源的产业特点，注定了只有该产业的劳动生产率得到提高，非农产业的发展才能获得充分的保障和广阔的空间。

当发展经济学家描述一个国家经由二元经济发展道路，即农业劳动力不断转移到非农产业中，最终取得经济快速发展以及对发达国家的赶超时，内含的一个关键因素是，随着农业劳动生产率的不断提升，农业产出份额和就业比重相应降低。一个可以被称为农业强国的情形，必然表现为极高的劳均农业产出和极低的农业份额。下面做一个国际比较予以说明。

世界银行按照人均国民总收入（简写为GNI）水平，把各国（地区）划分为四个收入组：（1）低收入组，包括人均GNI在1135美元以下的国家和地区；（2）中等偏下收入组，包括人均GNI在1136—4465美元之间的国家和地区；（3）中等偏上收入组，包括人均GNI在4466—13845美元之间的国家和地区；（4）高收入组，即人均GNI超过13846美元的国家和地区。[①]我们汇集这四类国家和地区的相关统计，可以得出明确的结论：农业农村现代化是一个农业劳动生产率不断提高、农业份额不断降低的过程。平均而言，高收入国家与低收入国家相比，农业劳动生产率高50.2倍，农业劳动力比重低94.8%（见表0-1）。

特征化事实二：农业农村现代化水平的提升对应着更高的城市化率。在发展的早期，当物质资本积累和配置作为经济起飞的决定性条件，因

---

① 参见世界银行相关网站（https://datahelpdesk.worldbank.org/knowledgebase/articles/906519-world-bank-country-and-lending-groups）。

表0-1 各收入组农业发展水平

	农业就业比重（%）	农业产值比重（%）	城市化率（%）	劳均增加值（美元）
高收入	3.1	1.3	80.5	40309
中等偏上收入	21.0	6.7	66.4	6730
中等偏下收入	37.7	15.5	39.4	2833
低收入	59.4	25.3	33.7	788

资料来源：世界银行数据库网站（https://data.worldbank.org/）。

而处于更高的优先地位时，人们通常用规模经济和产业集聚来解释城市化的必然性。在新科技革命和经济全球化的更高发展阶段，人们越来越关注人力资本、创意和创新能力的集聚和流动，更加凸显了城市化的优越性。表0-1中的数据对比也显示出这个特征，即更高的发展水平通常对应着更高的城市化率。

诚然，我们从世界范围也可以观察到一些发展实例，即一些国家具有很高的城市化率，经济和社会的现代化水平却并不高，更谈不上实现了农业和农村现代化。例如，依据世界银行的收入分组来看，拉丁美洲和加勒比地区的中等收入国家，2020年平均城市化率高达80.6%，比全球中等偏上收入国家的平均水平还高出14.2个百分点，与高收入国家的平均水平相当。

然而，从这个非典型现象的存在，并不能推出相反的结论。也就是说，人们找遍全球也难得发现，任何一个国家可以在城市化水平尚低的基础上，实现包括农业农村现代化在内的成色十足的全面现代化。概言之，对于经济发展的成功和现代化的实现而言，城市化虽然不是一个充分条件，却无疑是一个必要条件。

特征化事实三：农业农村现代化同时表现为农业与非农产业的协同发展，以及城乡的均衡发展。虽然在现代化过程中，通常伴随着农业就业和产值比重下降以及农村人口减少的现象，但是，这不意味着农业的生产率要显著低于其他产业，也不意味着农村人口的收入水平以及享受基本公共服务的水平要低于城市。或者说，预期达到的现代化境界应该是：农业作为一个竞争性的产业能够自立自强，农村作为经济社会活动的地域能够同步发展。对中国来说，这既是由现代化的一般产业关系特征所决定的，也是中国式现代化特征和新发展理念的要求。

农业比较劳动生产率，即一个国家农业产值比重与农业就业比重之间的比率，可以在一定程度上反映农业与非农产业之间的协同性和城乡之间的均衡性。这个指标说明，如果较大比重的农业劳动力仅创造较小比重的国内生产总值（GDP），就意味着农业的劳动生产率相对落后于非农产业。

利用世界银行跨国数据计算，世界平均农业比较劳动生产率为0.16，中国为0.29。[①]与之相比，一般认为那些实现了农业农村现代化的国家，农业比较劳动生产率都明显更高，其中以色列高达1.37，澳大利亚为0.90，荷兰为0.74，美国为0.71，德国为0.70，法国为0.65，英国为0.64。

由此可见，虽然大多数国家的农业劳动生产率尚不能做到等同于非农产业特别是制造业，但是，总体来说农业与非农产业之间的劳动生产率差距并不那么大。特别是在农业占国民经济份额已经很低的情况下，仍然保留的生产率差距可以被认为是差强人意的。在此条件下，加上较大幅度针对居民的再分配、基本公共服务的均等化、社会福利的普惠性，以及国家对农业的必要补贴，也就实现了城乡居民生活质量的相对均等，以及城乡经济社会发展的总体均衡。

特征化事实四：农业农村的资源更加可持续、生产生活更加环境友好、生态价值得到更加充分体现。虽然农业份额不断下降，但是，这个产业始终与资源、环境、生态及气候变化密切相关，也需要坚持走绿色发展道路。在城市化过程中，农村仍将长期作为广阔的空间，既是承载

---

① 限于数据的可得性，计算所需要的信息中数据的年份有所差别，农业就业比重为2019年数据，农业产值比重为2021年数据。

全国经济社会活动的一个重要部分，也产生显著的外部效应。特别是，资源、环境和生态，在这里既是稀缺的生产要素，也是高质量消费的内容，还是割不断的乡愁所系和农耕文明传承所在。

可持续发展归根结底涉及的是发展能力的代际关系问题。由此来看，上一代人为下代人留下的可用于发展和消费的资源，可以分别定义为生产资本、人力资本和自然资本。一项对 140 个国家在 1992—2014 年期间数据的分析显示，在这个可以被看作一代人的期间里，生产资本提高了一倍，人力资本提高了 13%，而包括土地、气候、生物多样性等在内的自然资本则减少了 40%。[①]

也就是说，按照目前的趋势，一代人能够从上一代人继承的自然资本将越来越少。与此对应的是，把全球气温较工业革命前水平的升幅限制在 1.5 摄氏度以内，越来越可能成为一个难以兑现的承诺。打破这种僵局，实现国家的碳达峰和碳中和目标，农业农村应该并且也可以做出显著的贡献。

第三节　农业农村现代化的中国特色路径

中国走向现代化的道路，同时伴随着经济社会转型以及体制机制的改革。例如，从计划经济向市场经济体制的转轨，要求始终坚持和推进改革开放，不断释放发展活力；从二元经济向更高发展阶段的转变，要求建设现代化经济体系，转换增长动能；人口发展从高生育率到低生育率的转型，要求适时调整生育政策方向，积极应对人口老龄化，促进人口高质量发展；解决人民日益增长的美好生活需要和不平衡不充分的发展之间的矛盾，要求从三个领域改善收入分配，促进全体人民共同富裕。

① Minouche Shafik, *What We Owe Each Other: A New Social Contract for a Better Society*, Princeton: Princeton University Press, 2021, pp. 150–151.

在对中国式现代化路径进行总体概括的基础上，我们还可以针对中国式农业农村现代化，特别是破除城乡二元结构的任务目标，概括其若干显著特征，讨论这些特征如何影响农业农村现代化的中国特色路径。

首先，从一个重要的国情特征来看，中国仍然拥有众多人口和劳动力，同时日益凸显未富先老的动态特征。国家统计局数字表明，2022年末中国人口总规模为141175万人，比2021年减少了85万人。这不是人口增长的一次波动，而是标志着，中国人口在2021年达到最高点之后，从此进入负增长的轨道。虽然进入了这个新的人口发展阶段，同时人口总规模在世界上不再排在第一位，但是，中国仍将长期保持世界人口大国的地位。

根据世界银行的数据，2021年中国人口占世界的17.9%，印度则占17.8%，两国人口各自均显著超过经济合作与发展组织（OECD）国家人口的总和，以及高收入国家人口的总和。此外，虽然自2011年以来中国的劳动年龄人口便开始负增长，但是，劳动力总数仍然是一个巨大的量级。比人口总量更为重要的人口特征是，老龄化程度大幅度加深，并且形成了一个未富先老的特征。除了在国际比较中，中国的老龄化程度明显高于其他发展中国家之外，未富先老还表现为农村的老龄化严重程度超过了城镇。

本来，农村的人口转变相对滞后于城镇，从自然变化的角度说，人口老龄化的程度应该更轻一些。但是，劳动力转移即农村年轻人口大规模流出，使得留在农村的人口年龄结构明显老化。从60岁及以上人口比重来看，2020年全国为18.7%，其中城镇为15.9%，农村则高达23.8%，并且农村15—64岁劳动年龄人口中，40岁以上的人口已占到接近一半。

这种状况决定了，在推进农业农村现代化的过程中，我们面临着一些额外的挑战。例如，无论是提高农业劳动生产率，还是推动农业剩余劳动力转移，都需要正视农业劳动力老化的问题。此外，农村也需要积极应对人口老龄化，更有针对性地探索提高生育意愿、深化义务教育、为老年人提供更好的保障和赡养条件等政策举措。

其次，受到发展阶段和体制双重影响的生产要素禀赋结构，不仅造成发展早期的劳动力过剩问题，还是导致如今农业经营规模狭小的根源所在。当年，中国的经济改革是从农村起步的，以实行农业家庭联产承包制为标志。这一改革极大地调动了农民生产和劳动的积极性，促进了劳动生产率的大幅度提高。同时，也把农业劳动力比重过高的问题显性化，将农业劳动力剩余现象暴露出来。例如，多数学者和政策研究者都认为，20世纪80年代中期，农业劳动力的剩余程度大约为30%—40%，绝对数量高达1亿—1.5亿人。[1]所以，一系列的改革举措和过程，多是围绕着剩余劳动力转移和重新配置进行的。

经过多年疾风暴雨式的大规模劳动力转移后，农业就业比重大幅度下降，劳动力过剩的程度也显著降低。2004年中国经历的刘易斯转折点，标志着劳动力无限供给特征的消失，经济发展模式的性质也便发生了变化。如果说在这个转折点之前，企业可以以不变的工资水平源源不断得到所需劳动力的话，那么一旦跨过这个转折点，非农产业的雇主只有通过提高工资，才能使其对劳动力的需求得到满足。

农民工群体的人数变化和工资变化（见图0-2），有代表性地反映了普通劳动者的供求状况及趋势。在跨过刘易斯转折点之后，中国在2011年又经过了15—59岁劳动年龄人口从增长到减少的转折点，随后又在2021年经过了总人口从增长到减少的转折点。这些因素都改变了中国劳动力市场的面貌，对经济增长提出新的挑战，对体制机制改革提出紧迫要求。

再次，形成于计划经济时期的二元社会结构尚未得到根本破除，以户籍制度为中心的体制因素仍然维系着这一结构弊端。得益于包括户籍制度改革，以及其他以消除阻碍要素流动的制度性障碍为取向的改革，

---

[1] Taylor, J. R., "Rural Employment Trends and the Legacy of Surplus Labor, 1978—1989", in Kueh, Y. Y. and R. F. Ash(eds.), *Economic Trends in Chinese Agriculture: The Impact of Post-Mao Reforms*, New York: Oxford University Press, 1993, pp. 273-310.

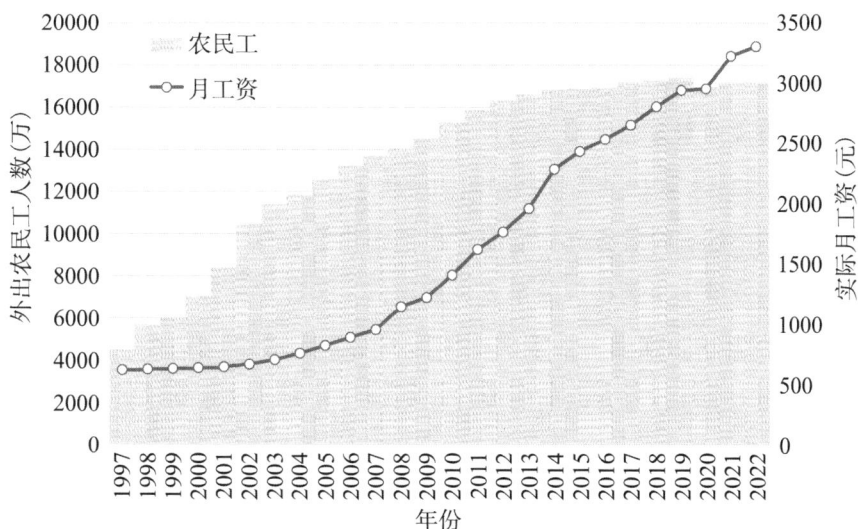

图 0-2　农民工实际月工资和外出人数

资料来源：早期数据系作者根据历年国家统计局《农民工监测调查报告》汇集；近年数据来自国家统计局"国家数据"（https://data.stats.gov.cn/easyquery.htm? cn=C01）。

劳动力跨城乡、区域、产业和行业的流动，实现了资源重新配置效率和社会流动性的双双提高。然而，改革尚未完成，户籍制度及其相关的一系列体制机制，仍然发挥着阻碍人口迁移、劳动力转移的功能，在城乡之间以及流动人口与城镇户籍人口之间，存在着基本公共服务供给方面的不均等，进而妨碍人人向上的社会流动。

这些体制机制弊端导致中国城镇化进程的非典型化特征，表现为常住人口城镇化与户籍人口城镇化之间的脱节。根据统计定义，常住人口城镇化率系在城镇居住 6 个月及以上时间人口的比重，户籍人口城镇化率系具有城镇户口人口的比重。2021 年，这两个内涵和外延皆不尽相同的城镇化率，分别为 64.7% 和 46.7%，两者之间 18 个百分点的差异，对应着高达 2.54 亿常住城镇却没有城镇户口的人口群体。

从另一个角度来看，在全部城镇常住人口中，高达 27.8% 的人并不持有城镇户口，因此，他们的就业仍然具有周期性和临时性特点，也不能均等地享受城镇居民的基本公共服务；在农村户籍人口中，更有高达

33.8%的人并不经常在农村居住，因而不能稳定地参加农业生产和其他农村经济活动，从而使资源要素的使用未能达到最佳效率，也不能在时间上有保障地照料家庭成员。可见，城乡二元结构的存在，仍然是农业农村现代化和城乡居民共同富裕的顽固障碍。

最后，区域发展差异和城乡发展差距仍然存在，且彼此交织、相互影响，是发展不平衡特征的重要表现之一。2021年，江西省的人均地区生产总值为103851元，代表着全国31个省级行政区域发展水平的中位数。以此为基准，排在之前的15个省（区、市）的算术平均值，是排在之后的15个省（区、市）的算术平均值的1.8倍。此外，排在全国前三位省（区、市）的人均地区生产总值算术平均值，更是排在最后12位省（区、市）的3.0倍。

中国地区之间历来就存在发展差距，随着发展阶段的变化，差距产生的原因也有所改变。在1935年的一篇论文中，地理学家胡焕庸在黑龙江省的瑷珲至云南省的腾冲之间画出一条人为的连接线，把中国大陆的版图，划分为面积比较接近的东南和西北两部，他发现当时中国96%的人口集中在这条线的东南部，只有4%的人口居住在西北部。[1]如果说当年这条"胡焕庸线"刻画的东部、中部和西部之间的发展差距，有着很浓厚的地理因素解释力的话，如今三类地区之间的差距有了不尽相同的性质。

把反映人均地区生产总值省际差距的一个指标——泰尔指数（Theil index）进行分解，可以分别观察整体地区差距的两个构成部分，即东中西三类地区内部的省际差距和三类地区之间的差距，以及两种差距对整体差距的相对贡献。计算显示，虽然两个部分的差距都下降了，但每个部分对整体地区差距的相对贡献率发生了显著的变化。在2001—2021年期间，地区内差距的贡献率从39.4%提高到54.5%，地区间差距的贡献率

---

① 胡崇庆编：《胡焕庸人口地理选集》，中国财政经济出版社1990年版，第49页。

从 60.6% 降到一半以下，仅为 45.5%。也就是说，目前存在的地区差距，更多地表现在较小的区域分块层次上，这是由局部性、独特性和非系统性的因素所导致的单个地区发展的相对滞后现象。①

由于在各省级区划单位之间，存在着在城镇化水平和城乡收入水平上的显著不均等，各省（区、市）也普遍存在着城乡收入差距。区际和区域内存在的这两种差距，构成一种彼此交织、互为因果的关系，放大了城乡收入差距的反差。例如，从平均水平来看，2021 年排在人均收入水平前五位省（区、市）的城镇人均可支配收入，是排在后五位省（区、市）的农村人均可支配收入的 8.7 倍。此外，研究也显示，在全国居民收入的不均等表现中，有较大的贡献部分来自城乡收入差距。因此，破除城乡二元结构、缩小城乡之间的发展差距和收入差距，是缩小区域差距的重要内容和有效途径。

第四节　城乡整体迈入和各产业同步实现现代化

城市和乡村整体迈入现代化、农业同其他产业同步实现现代化，是以人民为中心的发展思想、促进全体人民共同富裕的目标，以及共享发展理念的共同要求，同时也符合和反映着经济社会发展的一般规律。经济发展是资源和要素不断得到重新配置的一个过程，只要在配置格局上存在着任何不均衡和不同步的现象，都意味着尚有未予充分挖掘的重新配置余地。

这种资源和要素重新配置的潜力，通常以空间和时间的形式表现出来，正如经济发展的横截面格局和时间序列所展示的那样。一般来说，旨在从空间上消除不均衡、在时间上消除不同步的宏观和微观重新配置

---

① 蔡昉、贾朋：《中国地区差距类型变化及其政策含义》，《中国工业经济》2022 年第 12 期。

过程，可以获得资源重新配置效率，表现为劳动生产率或全要素生产率的提高。不过，这个重新配置的过程又根据特有的性质，分别以两种方式进行。为了论述的方便起见，我们将其区分为经济资源重新配置和社会资源重新配置两种方式。

经济资源配置和再配置的过程，对应着各领域的经济活动，各类市场主体如投资机构、企业、农户、合作组织、个体工商户等，是主要的参与者。在存在着配置不均衡和不同步的情况下，市场主体推动要素的流动，改变资源的配置领域，从微观上可以以利润和工资的形式获得更高的回报，从而在宏观上提高整体经济的生产率。可见，在这个层面的重新配置中，激励、效率和收益之间可以取得一致性。城乡产业之间在资本、劳动力、土地和其他要素配置上的不均衡，城乡居民之间在劳动报酬和收入水平提高上的不同步，都意味着资源重新配置的潜力，自然会产生一定的激励，促进要素跨地区和跨部门流动。

中国农业在国民经济中的比重多年来处于下降的趋势。2022年，第一产业增加值在GDP中的占比为7.3%，第一产业增长对GDP增长的贡献率也仅为10.5%。然而，这种格局并不意味着农业的产业地位已经无关紧要，也不意味着涉农资源配置的意义微不足道。在国民经济的投入产出关系中，每个产业和行业都以自身的投入和产出，与国民经济的其他部分发生一定的产业关联。

在中国经济运行中，农业作为整体投入产出的一个组成部分，仍然以其产业关联发挥着积极和显著的作用。例如，从中间投入来看，在2020年农林牧渔业全部中间投入中，来自其他行业的部分占64.1%；从最终消费来看，在农村居民全部消费中，来自其他行业的产出比重为40.1%。国内外研究都显示，对农业的科技发展、基础设施建设和人力资本等方面的投资，仍然具有较大的乘数效应，对其他部门和区域发展都能够产生积极的影响。与此同时，从农业中所获收入的使用，也可以产生较大的支出乘数。[①]

　　社会资源配置和再配置的过程，主要指公共品的供给及其相关政策的制定与调整。由于这方面的支出责任主体通常是各级政府，因此，通常是以国民收入再分配和基本公共服务供给的方式进行。迄今为止，作为城乡二元结构的表现，城乡居民之间享受的基本公共服务供给仍是不均等的，体现在妇幼保健、托幼和学前教育、义务教育、就业服务、医疗保险、养老保障和社会救助等方面，都存在着保障水平和覆盖程度上的巨大差距。

　　消除公共品供给方面的各种差距，是摆在我们面前的一项重要而紧迫的任务，同时，加快完成这项任务也具有必然性和可行性。社会资源和公共资源的重新配置效率，分别表现在这种资源本身的使用效率改善，以及公共资源合理配置带来的宏观经济社会效益提高。因此，一方面，推进公共服务供给均等化，本身就是政府职能作用的一个关键领域；另一方面，相应公共资源的重新配置，也可以提高配置效率，从而为经济社会整体带来巨大的收益。

　　可见，无论在微观环节还是在宏观层面，经济资源和社会资源的重新配置，都可以带来配置效率的提高。在微观环节，经济资源的重新配置更多地通过市场机制进行，因此，改善配置效率要求推进相关领域的改革，以完善市场竞争。在宏观层面，社会资源的重新配置主要通过政府主导的再分配进行，因此，提高基本公共服务的供给水平和均等化程度，要求推动中国式福利国家建设。

---

　　① C. Peter Timmer, *A World without Agriculture: The Structural Transformation in Historical Perspective*, Chapter 3, Washington, D. C.: The AEI Press, 2009；樊胜根、张林秀、张晓波著：《经济增长、地区差距与贫困——中国农村公共投资研究》，中国农业出版社2002年版。

第五节 二元经济发展与二元社会结构

诺贝尔经济学奖获得者阿瑟·刘易斯从理论上构建了一种经济发展模式，这种模式通常被称为劳动力无限供给条件下的经济发展，或二元经济发展。[①]该理论模型的基本含义如下：处在较低发展阶段上的国家，通常积淀着大量过剩的劳动力。不过，剩余劳动力并不均等地分布在国民经济的各行各业，而是主要集中于农业这个传统部门，从而使得农业劳动生产率处于极为低下的水平。于是，作为剩余劳动力蓄水池的农业与受制于资本积累的非农产业之间，就构成一个二元经济结构。从这个起点开始的经济发展，表现为工业中资本的不断积累同农业中劳动力的持续转移的统一。在这个过程中，企业可以持续地以不变的工资水平，雇用到所需劳动力，在工业化水平提高的同时，农业产值和就业份额相应降低。

这个刘易斯式的二元经济发展过程，一直持续到剩余劳动力转移完成。改革开放时期的中国经济发展，在很大程度上可以用二元经济发展模式来刻画。用简单的统计描述这个过程，可以看到农业产业份额的大幅度下降，以及第二产业和第三产业份额的显著提高。在1978—2022年期间，农业就业比重从70.5%下降到22.9%，非农产业增加值比重则从72.3%提高到92.7%。同时，这个二元经济发展过程也是中国奇迹的创造过程，在同一时期，中国的实际劳动生产率（劳均GDP）和实际人均GDP，分别提高了22.4倍和28.6倍。

二元经济发展只是长期经济史的一个阶段，不会永远存在。随着工业化过程对农业剩余劳动力的吸收达到一定程度，虽然劳动力供给潜力

---

① Arthur Lewis, "Economic Development with Unlimited Supplies of Labour", *The Manchester School*, Vol. 22, No. 2, 1954: 139–191.

并未枯竭，但是，对劳动力的进一步需求将导致工资整体提高，经济增长便迎来一个重要的转折点，即所谓刘易斯转折点。以劳动力短缺和工资上涨现象的普遍化为标志，中国大约在2004年迎来了刘易斯转折点，二元经济发展过程即便不能算结束，也可以说进入了尾声，经济增长不再具有典型的劳动力无限供给特征。与此同时，作为二元经济发展的一个遗产，即无论是由于这个过程尚未彻底完成，还是作为这个过程本身的结果，中国仍然存在着一个城乡二元社会结构。

在一些发展中国家，之所以产生二元社会结构现象，主要原因是二元经济发展没有完成，农业剩余劳动力转移不彻底，或者从低生产率的农业转移到同样低生产率的城市传统部门，以致工业化滞后于城市化。例如，在拉丁美洲和南亚的一些国家，制造业未能创造出足够的就业岗位，政府的社会治理不到位，这些国家不仅保留着城乡二元结构，其城市内部还形成了二元劳动力市场，及至造成整个社会收入和财富的两极分化，出现大量的城乡贫困现象。这种格局或者表现为国家未能摆脱贫困陷阱，或者表现为经济发展陷入中等收入陷阱。

如果说二元经济发展是一个必然的发展阶段，它的结束是剩余劳动力转移和工业化的自然结果，而它所遗留下的二元社会结构，则具有妨碍经济发展成果共享的特征，需要通过体制机制改革予以破除。中国的人均GDP已经在2021年和2022年连续两年超过12000美元，与1978年改革伊始的人均GDP仅为156美元相比，不仅意味着根本摆脱了贫困陷阱，也可以说基本跨越了中等收入阶段，避免了中等收入陷阱的困扰。然而，由于户籍制度等体制因素的作用，城乡二元结构仍然存在。

可以从两个方面来看造成这种城乡二元结构现象的根本原因。一是按照户籍身份区别对待的基本公共服务供给体制，造成城乡居民在就业机会、居住环境和公共产品的获得方面存在较大的差别。二是农业与非农产业之间存在的巨大劳动生产率差异，从可供分享的物质基础上，把劳动者和居民在城乡之间予以分割。这两个根本原因，最终都表现为城乡之间在可支配收入、消费水平、基本公共服务供给、文化生活选择机会等方面的显著差异。

更有甚者，城乡二元结构还具有自我强化的效应。这种城乡二元分割和差异性格局，既是社会流动性不足的结果，同时又会进一步阻碍社会性流动。例如，农业劳动力转移本来是结构变革的一个组成部分，产业结构的非农化和人口的城市化也是不可逆转的过程，然而，实际劳动力转移过程，在中国却表现为农民工外出和返乡的周而复始，农村劳动力在年轻时外出参与非农产业就业和城镇发展，到一定年龄又回到农村，因而使得人口的横向流动未能转化为社会性的纵向流动。

党的十九大报告要求，破除妨碍劳动力、人才社会性流动的体制机制弊端，使人人都有通过辛勤劳动实现自身发展的机会。党的二十大报告强调，推进以人为核心的新型城镇化，加快农业转移人口市民化。这些重大部署都正确地指向了走向现代化的一项关键任务——破除城乡二元结构。把这个任务要求作为中国式农业农村现代化的重大而关键课题，对相关的理论和政策问题进行深入分析，正是本书的写作目的。

第六节 本书的特点、结构和要点

关于中国式农业农村现代化，有诸多方面的课题尚待研究。本书尝试从学术的视角切入，研究和阐释其中一个重要方面——破除城乡二元结构，讨论与之相关的理论问题，剖析现实难点和堵点，进而提出政策建议。基于作者的研究背景和知识积累，本着扬长避短的原则，本书力图在研究方法和叙述手段上体现一些自己的特色，也希望能够在理论上有所创新，在政策方面能够有所助益。

首先，把农业农村放在国民经济整体背景下观察和认识。在经济学说史上，多位经济学家从产业的角度对国民经济进行结构性划分，分别定义了第一产业（primary sector）、第二产业（secondary sector）和第三产业（tertiary sector）。这个划分本身，就在一定意义上暗示了三个产业形成发展的历史顺序、相互之间的联系和此消彼长的趋势。农业作为第一产业或初级产业，是产业结构变革的起点。农村是城乡两大地域划分的重要一方，是城市化的出发地，与城市发展从来具有相辅相成、荣衰与共的关系。

各国发展经验表明，在经济发展过程中农业产值和就业份额下降是一个"铁律"，但是，这并不改变农业在国民经济中的基础性地位；城市化水平不断提高，固然表明农村作为经济活动和社会生活区域的相对作用趋于式微，但是并不意味着可以受到忽视。对于有着14亿多人口以及庞大农村地区的中国来说，尤其需要创造一种格局，使农业农村的相对份额下降与牢固基础地位之间始终保持有机统一。在研究中，把农业农村发展置于宏观经济格局之中，把农业农村现代化作为整体现代化的重要组成部分，有助于在理论上认识、在政策上确立、在实践中落实农业农村发展的优先地位。

其次，把农业作为一个能够自立自强的产业，把农村视为一片可以大有作为的天地。在很多国家的经济发展史上，都经历过农业农村为工业化、城市化提供原始积累的过程。改革开放前后，中国的农业农村也为国家工业化做出过重大的要素贡献。特别是在计划经济时期，资源要素无偿或者不等价地向工业和城市单向流出的经历，也是在改革之初农业农村处于发展滞后状态的原因。因此，工业反哺农业、城市支持农村，是一个必要的补课阶段。

展望未来，宏观政策给予农业农村以更高的优先地位，国家财政金融加大对农业农村的投入力度，都是需要坚持的方向和方针。与此同时，实现农业农村现代化、完成乡村振兴的各项任务，终究要靠产业和地域自身的活力。仅仅依靠来自外部的支持和补贴，无法形成一个有竞争力的农业，也不足以建成一个成色十足的富足农村。因此，本书既探讨国家对农业农村的支持，更突出研究农业如何改变"弱势产业"的地位，农村如何成为吸引资源的天地，务农如何获得堪与其他职业相比的收益。

再次，把解决"三农"问题的重点放在制度建设上面。我们都观察到，一些领域的改革在必要性和紧迫性上，多年以来具有来自各方面的较大共识，在政策上也早有部署，甚至制定了相关的具体措施，然而，实质性进展并不明显。旨在促进农民工在城镇落户的户籍制度改革，就是一个这样的改革领域。影响改革进程的主要原因之一，无疑是影响措施落地的激励问题，特别是参与各方的激励相容问题没有得到解决。

例如，户籍制度改革有利于增加劳动力供给、提高资源配置效率和扩大消费，因而可以产生提高经济增长速度的改革红利。然而，现实中改革的埋单者与改革红利的获得者不是同一个主体，因而存在着付出与获得之间的不对称现象。具体来说，一方面，地方政府特别是城市政府要为规模扩大的新市民提供更多的基本公共服务，是主要的支出责任人；另一方面，这一改革带来的供给侧和需求侧收益并不完全是地方性的，而是具有惠及整体经济的正外部性，因此，推进改革的积极性在中央政府和地方政府之间是不对等的。

从其他一些具有碎片化特征的改革措施中，也可以观察到类似的情形。找到破解这一难题的出路，需要超越零打碎敲的政策思路，不计一城一地的得失，从更为根本性的制度建设着眼进行顶层设计。只有按照新发展理念的要求，从更高的层面建立起新体制的四梁八柱，为改革和政策调整树立起规范性的框架，才能使具体措施之间产生合力，达到纲举目张、四两拨千斤的改革效果。

最后，把农业农村现代化置于新科技革命和更高版本的全球化背景下。我们正处于以人工智能、数字技术、生物工程、新能源、新材料、空间技术等突飞猛进为特征的新一轮科技革命时代。全球化虽然遭遇到逆流，但是，国际贸易和跨境投资、供应链重组、科技合作，以及应对气候变化的共同行动，都仍然以强大的动力维系着世界经济的一体化。

新科技革命和经济全球化深刻地影响着各国的经济发展，同时改写了经济学的一些传统假设，也应该为推动农业农村发展的政策思路增加新的维度。例如，各种颠覆性新技术与互联网及其平台的结合，特别是数字技术转化为数字经济，进而与其他产业的深度融合，不再表现为传统的"机器替代人"的自动化模式，也就是说新科技及其应用方式，不仅可以替代劳动力，还可以替代资本、土地和其他要素，或者延展各种要素的使用深度，也预期可以改变市场效率，因而使经济活动较少受到报酬递减现象的困扰。这些新科技、新现象、新趋势将重塑农业农村发展的模式，为中国式农业农村现代化道路提供新的机遇。

根据问题之间的内在逻辑，全书的章节安排和结构布局大体上反映在五个板块的设置中。第一个板块切入主题，指出在历史性地完成脱贫攻坚任务、全面建成小康社会之后，在迈向中国式现代化道路过程中，破除城乡二元结构正处于关键的时间窗口。第二个板块强调农业在产业发展中的基础地位，以及从此出发的要素动员和配置过程。第三个板块着重讨论城乡关系变化、新型城镇化的内涵和推动方式，特别突出劳动力在城乡之间的流动对于缩小收入差距及至破除二元经济和社会结构的意义。第四个板块着眼于研究农村人口红利的潜力、人力资本积累的路径，以及农业农村在扩大内需中的作用。第五个板块论述城乡基本公共服务均等化的要求，以及中国式福利国家建设的必要性和紧迫性。

第一章

破除城乡二元结构的
窗口期

习近平总书记在 2020 年 12 月 28 日中央农村工作会议上的讲话中强调：
"今后 15 年是破除城乡二元结构、健全城乡融合发展体制机制的窗口期。"
党的二十大报告对全面建成社会主义现代化强国，做出了分两步走的总的
战略安排：从 2020 年到 2035 年基本实现社会主义现代化；从 2035 年到本世
纪中叶把我国建成富强民主文明和谐美丽的社会主义现代化强国。在 2035
年基本实现现代化的目标，包括基本实现农业现代化、农村基本具备现代
生活条件等重要内容。为此，中国需要抓住破除城乡二元结构的重要窗
口期。

之所以称之为"窗口期"，一方面，这一时期仍然是中国发展潜力最大
的时期，可供挖掘的改革红利具有报酬递增的性质和真金白银的成色，足
以支撑旨在破除城乡二元结构的体制机制改革任务；另一方面，2035 年基
本实现现代化的任务已经进入倒计时，要求树立只争朝夕和时不我待的紧
迫感。本章着眼于中国国情发生的一些重要变化，特别是针对人口负增长
时代的新特征，对中国经济所处的发展阶段进行描述，阐释党中央为基本
实现现代化确立的定性和定量目标，揭示推动实现现代化和破除城乡二元
结构所要攻克的难点和堵点。

第一节 中国经济处在什么发展阶段?

2022年,中国经济总规模达到121万亿元。相应地,人均GDP达到85698元,按照全年平均汇率折算则为12741美元,意味着中国在2021年和2022年,人均GDP已经连续保持在1.2万美元以上,均已超过世界平均水平。我们知道,人均GDP是衡量一个国家经济地位和富裕程度的关键指标。那么,人均GDP连续超过1.2万美元,对于中国来说意味着什么呢?

在绪论中,我们曾经引用过世界银行对各国(地区)进行收入分组的最新标准。按照这个划分,人均GNI超过13846美元即被列入高收入组的行列。①按照这个统一、可比的标准,我们先来回顾一下中国在人均GDP这个指标上的赶超历程,即如何以史无前例的速度实现收入组别的跨越。为了在横向和纵向上同时具有可比性,我们采用世界银行数据库提供的、按2015年不变价计算的人均GDP来进行比较。

在改革开放初期的1981年,中国人均GDP仅为447美元,同年低收入国家平均为697美元,世界平均为5933美元。1992年,中国的人均GDP达到1101美元,同年中等偏下收入国家平均为1066美元,世界平均为6807美元。2007年,中国人均GDP达到4319美元,同年中等偏上收入国家平均为5583美元,世界平均为9192美元。2022年,中国人均GDP达到11560美元,同年中等偏上收入国家平均为9732美元,世界平均为11287美元,高收入国家平均为43677美元。

上述比较说明,按照人均GDP水平,中国跨越了若干个重要的门槛,已经从一个典型的低收入国家,提升至即将从中等收入阶段毕业,进而

---

① 由于对中国来说,GNI与GDP两个指标在数值上的差别并不明显,我们在进行收入的跨国比较时,除非另加说明,一般将使用人均GDP这个指标。

跨入高收入国家的行列。诚然,以人均GDP这个单一的指标、以是否列入世界银行定义的高收入国家行列为标准,判断一个国家的现代化水平,依据明显仍是不充分的。我们暂且撇开GDP众所周知的缺陷,把与之相关的讨论留到下一节。这里仅从标准本身来说,至少有两个普遍存在的情形,使我们不能在这个以人均收入水平为代表的发展阶段上放慢脚步。

第一,无论从中国人均GDP于2022年达到的12720现价美元来说,还是就高收入国家的人均GDP门槛标准(即世界银行最新确定的13846美元)而言,我国均与高收入国家的人均GDP平均水平相去甚远。例如,2022年高收入国家人均GDP的平均水平为49430现价美元,分别是中国目前水平和世界银行门槛标准的3.9倍和3.6倍。可见,从入门水平到平均水平仍有很长的路途要赶超。

从另一个角度来说,目前高收入国家的人口加到一起,还明显小于中国的人口规模。这意味着,一旦中国进入世界银行定义的高收入国家行列,这一收入组国家的总人口将增加一倍以上,同时,人均GDP水平也将显著降低。这就是增长理论中所谓"趋同"的含义,因此也是中国经济成功赶超的具体体现,以及对全球经济趋同做出贡献的统计表达。

第二,人均GDP达到的高度,并不代表整体现代化达到了同等水平。例如,在具有很高人均收入水平的国家和地区行列中,有些只能称得上是小型乃至微型经济体,并不具有完整的区域经济和产业体系,科技发展水平也不全面;还有些过度依赖单一的产业,如银行保险业、旅游业和博彩业等;此外还有一些则高度依赖单一的石油或其他矿产资源,然而整体国力并不强。由此来看,具有高收入甚至极高收入的水平,并不能够成为显示一个国家或地区发达的凭证。

然而,中国经济发展所达到的高度,毕竟是当之无愧发展奇迹的表现,应该被看作一个重要的里程碑。从发展速度来看,改革开放以来中国经济增长率,在世界经济发展中可谓史无前例。例如,按2015年不变价计算,1978—2022年期间GDP增长率,中国高达9.0%,显著高于所有其他国家和地区。按照收入组来看,即使在受到中国巨大份额影响的情况下，中等偏上收入国家平均也仅为4.7%，世界平均仅为3.0%。至于不受中国数据影响的高收入国家，平均增长速度则只有2.3%。

从发展的全面性来看，中国的跨越是经济社会全方位的。从经济发展角度来看，经济总量、人均GDP和产业结构变革总体上并驾齐驱。从社会发展角度来看，改革开放发展成果被广泛转化为居民消费、财产和公共品，以及人民生活质量的提高。以常住人口城镇化率这个较为综合的指标为代表，则是从1978年的17.9%提高到2022年的65.2%。

第二节　基本实现现代化的定性定量目标

党的二十大报告对2035年的总体目标要求是："经济实力、科技实力、综合国力大幅跃升，人均国内生产总值迈上新的大台阶，达到中等发达国家水平。"从人均GDP的口径，可以做以下的理解：在按照收入水平大致上把世界银行所定义的高收入国家进行三等分组的情况下，一个经济体如果跨过其中较低收入组与中间收入组的门槛，便可以被认为是"中等发达国家"。

2021年，中国的人均GDP为12556美元。紧邻中国的人均收入更高国家为巴拿马和塞舌尔，人均GDP均超过14000美元。人均GDP超过中国的国家和地区皆被列入高收入组。将其进行三等分可以发现，进入中间组的人均GDP门槛，大约在22000—24000美元之间。观察近几年的数据可以发现，葡萄牙是一个相对稳定的参照系，可以充当进入中等发达国家的门槛国家。也可以说，人均收入排在中国前面和葡萄牙后面的所有国家和地区，都是到2035年之前中国所要赶超的对象。

换句话说，以不变价格计算，中国的人均GDP至少要达到如今葡萄牙的水平，才能算是进入中等发达国家的行列。在此之前，中国不仅要保持经济增长快于更高收入国家和地区，还要在一系列经济社会指标上以更快的速度改善，才能实现赶超。从中国目前的收入水平出发，在

2035年成为中等发达国家，需要一定的经济增长速度保障。以2022年人均GDP的水平即12720美元为起点，以2035年达到23000美元为终点，剔除价格和汇率因素影响之后，要求人均GDP保持大约4.7%的年均增长率。鉴于这一期间中国人口已经处于负增长，预测表明人口以年均1.3‰的速度减少，GDP只需以4.5%的速度增长，即可实现2035年的目标。

在后面的章节中，我们将深入讨论如何保持合理、合意经济增长速度的问题。这里，我们先来看在GDP总量和人均水平这样的指标之外，还有哪些重要的方面，需要纳入基本实现现代化的任务清单之中。讨论这个问题之所以重要，在于中国式现代化是一个内涵丰富和覆盖全面的现代化，而作为题中应有之义的诸多方面，譬如说有关国家发展和人民富裕的内容，却是GDP一个指标所不能充分涵盖的。

全面准确刻画基本实现现代化任务目标的内涵和路径，需要基于以人民为中心的发展思想，体现新发展理念，立足于当代中国国情及其在经济社会方面的表现。从本书和本章的主题出发，我们将重点阐释农业农村现代化以及破除城乡二元结构的目标，揭示GDP增长所不能替代、涵盖和表达，因而需要在其基础上进一步延伸的现代化内容。

一、居民收入和经济同步增长

共同富裕目标和共享发展理念，要求把GDP的增长转化为居民可支配收入的提高。经济活动创造出的GDP以及国民可支配总收入，需要在住户部门、政府部门、非金融企业和金融机构之间形成合理的分配结构。如果这种分配的结果和结构出现了偏倚，譬如说住户部门所得份额系统性和持续性地偏低，并且表现为居民可支配收入和劳动报酬的份额较低，则意味着居民收入和国民经济未能保持同步增长。

根据国家统计局资金流量表，国民可支配总收入不仅整体增长较快，而且从结构来看，住户、政府、非金融企业和金融机构等各部门的可支配收入均获得增长，其中住户部门所占份额和劳动者报酬占GDP的比重也有所改进（见图1-1）。然而，进一步观察这里的数据，并进行国际比

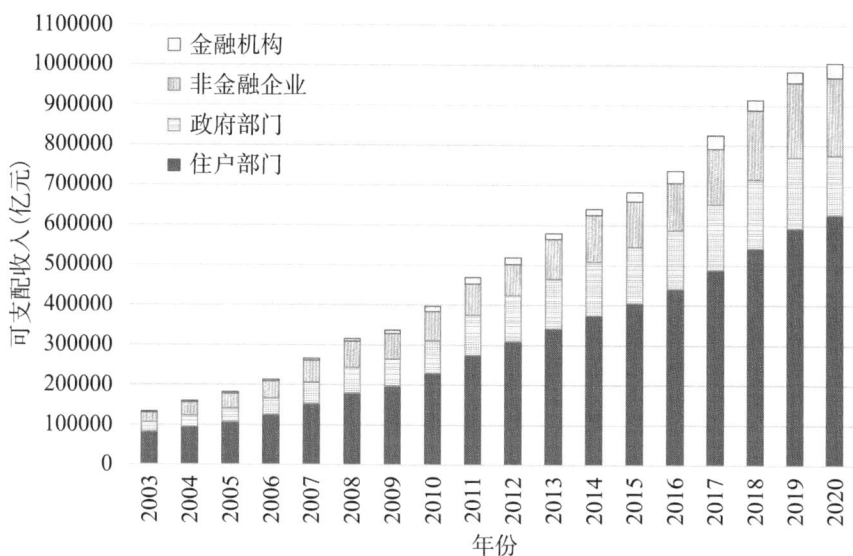

图1-1　国民可支配总收入的分配结构

资料来源：国家统计局 "国家数据"（https://data.stats.gov.cn/easyquery.htm? cn =C01）。

较，可以看到住户可支配收入和劳动者报酬的占比仍然偏低。不言而喻，这种情况与目前中国收入分配整体状况是一致的。然而，通过分析我们可以得出内涵更丰富的结论。

先来看中国资金流量表数据显示的趋势。从住户可支配收入来看，近年来的改善幅度并不显著。2020年，国民可支配总收入中住户部门占比为62.2%，如果说相比于2013年有所提高的话，实际上只是回到了2003年的水平上。与此几乎完全相同的变化轨迹，便是劳动者报酬占GDP的比重，2020年该比重达到52.3%，虽然比2013年有所提高，也只是回到2003年的水平上。

很多研究往往把中国同一些高收入国家进行比较，得出中国住户可支配收入和劳动者报酬份额明显偏低的结论。如果根据国家所处的发展阶段，按照更可比的方法做这种国际比较，可以得到更符合实际的结论。固然，中国的劳动者报酬份额存在着改善的余地，或者说有待向高收入国家看齐。然而，中国总体上符合人均GDP分组地位，即处于超越了中等收入阶段、正在迈入高收入国家行列的阶段。例如，按照国际劳工组织的口径和数据，劳动者报酬占 GDP 比重，2019 年中国为 51.6%，高于中等偏上收入国家平均 49.4% 的水平，略低于世界平均 52.6% 的水平和金砖国家平均 53.5% 的水平，与高收入国家平均 56.8% 的水平尚有一定差距。[①]

劳动者报酬在 GDP 中的比例，是一个反映收入分配均等化水平的指标。对高收入国家的研究表明，该指标与基尼系数呈现显著的负相关关系，即劳动者报酬占比越高，收入不平等的程度越低。[②]一般来说，劳动者报酬占比与人均 GDP 成正比关系，即高收入国家普遍具有更高的劳动者报酬份额，因而国家之间的差距主要表现在低收入国家的这一份额偏低。对国际劳工组织数据进行分析可以发现，该份额自 2004 年以来处于降低的趋势，欧美发达国家则是这个趋势的主要驱动力。由此产生一定程度的全球趋同，穷国和富国之间的收入差距也相应有所缩小。[③]

总而言之，面向城乡全体居民，通过扩大劳动参与率和提升就业质量，提高劳动者报酬及其在国民经济分配中的份额，是中国在迈向更高发展阶段过程中不可回避的任务。中国目前最大的就业不充分现象，表现为农业劳动力转移的不彻底，这也是居民收入和经济增长不能保持同步的突出制约。因此，破除城乡二元结构，畅通生产要素在城乡之间的自由流动，提高资源配置效率，是完成这一历史性任务的必要途径。

---

① International Labour Organization, "ILO modelled estimates database" ILOSTAT.

② Maura Francese and Carlos Mulas-Granados, "Functional Income Distribution and Its Role in Explaining Inequality", Figure 1, *IMF Working Paper*, WP/15/244, November 2015, p. 5.

③ Data Production and Analysis Unit, ILO Department of Statistics, *The Global Labour Income Share and Distribution: Key Findings*, International Labour Office, Geneva, July 2019; David Lagakos, "Urban-Rural Gaps in the Developing World: Does Internal Migration Offer Opportunities?", *Journal of Economic Perspectives*, Vol. 34, No. 3, 2020, pp. 174–192.

二、缩小城乡收入差距

持续提高的人均收入，应该更合理、均等地在城乡之间、区域之间、行业之间和居民群体之间分配。由于城乡收入差距始终构成社会整体收入不平等中的重要组成部分，也出于本书的研究目的，这里，我们把关注点放在城乡收入差距上面。由于后面的章节仍会涉及城乡收入差距问题，这里我们着眼于描述城乡收入差距的变化趋势，并对这一收入差距的程度进行国际比较，以便认清缩小乃至消除这个差距在推进现代化的进程中具有怎样的优先序。

在图1-2中，我们分别展示两个时间序列的城乡收入差距。一个数据系列是按照现价计算的城乡可支配收入比率，另一个数据系列是按照城乡居民消费价格调整后的城乡可支配收入比率，两个数据系列可以侧重讲述不同的故事。一方面，实际收入差距和名义收入差距经历了大体相同的变化轨迹，即在20世纪80年代后期开始扩大，在2009年达到最高点之后开始缩小，并且差距缩小的趋势仍在继续。另一方面，考虑到城乡价格变化上的差异，实际城乡收入差距的绝对水平和波动幅度，与名义指标相比都更小一些。换句话说，城乡收入差距的实际水平，比名义数字所显示的要低一些。2022年，实际和名义城乡收入比率分别为1.97和2.45。

有比较才有鉴别。在国际比较的视野中，中国的城乡收入差距究竟属于何种水平呢？早在20多年前，笔者与合作者在一篇文章中指出，当时中国的城乡收入差距，无论与发达国家相比，还是与发展中国家相比，可以说都处于最高的水平。[1]最新的一项比较研究，收集了包括OECD成员国和发展中国家在内的27个国家的数据，发现这些国家的城乡收入比

---

[1] Dennis Tao Yang and Cai Fang, "The Political Economy of China's Rural-Urban Divide", in Nicholas C. Hope, Dennis Tao Yang, and Mu Yang Li(eds.), *How Far Across the River? Chinese Policy Reform at the Millennium*, Stanford, California: Stanford University Press, 2003, pp. 389–416.

图 1-2　实际和名义城乡收入差距

资料来源：国家统计局"国家数据"（https://data.stats.gov.cn/easyquery.htm? cn=C01）。

率均小于 2∶1。由此推论，中国的城乡收入差距在世界上仍处于较高的水平。[①]

城乡收入差距的度量，所涉及的数据问题和其他因素均十分复杂，在统计上进行比较，并不像比较 GDP 和居民收入基尼系数那样简单。因此，进行国际比较需要格外谨慎，充其量只能据此做出相当粗略的判断。不过，很多学者也做了种种尝试，旨在消除在城乡居民人口划分、农村与城市就业方式、工资与家庭收入方面的国别差异，进而克服城乡之间购买力差异等因素对结论的干扰，以便得出具有可比意义的度量结果。

综合这方面的文献，我们可以归纳出以下几个研究结论：[②]首先，城乡收入差距在各国普遍存在，是整体收入不平等的一个组成部分。因此，

[①] 郭燕、李家家、杜志雄：《城乡居民收入差距的演变趋势：国际经验及其对中国的启示》，《世界农业》2022 年第 6 期。

[②] Berthold Herrendorf and Todd Schoellman, "Wages, Human Capital, and Barriers to Structural Transformation", *American Economic Journal: Macroeconomics*, Vol. 10, No. 2, 2018, pp. 1–23.

收入分配较为均等的国家，通常有着较小的城乡收入差距。其次，城乡收入差距与城乡居民之间在人力资本积累和公共服务供给等方面的差异同时存在，并且常常是这些社会发展差异导致的结果。再次，在初次分配和再分配的共同作用下，在更高的经济社会发展阶段上，城乡收入差距通常较小。缩小收入差距的因素包括劳动力在区域之间和行业之间的充分流动，社会福利体系日趋完善进而推动基本公共服务均等化水平提高。最后，城乡居民收入比率超过2∶1通常属于较大的差距。也就是说，从国际比较来看，中国目前仍然有着较大的城乡收入差距。

三、基本公共服务均等化

伴随经济和社会发展更加均衡的一个现象，便是基本公共服务供给水平和均等化程度的加快提高。经济发展成果的分享，不仅体现在随着人均可支配收入提高，人们从市场供给的各种产品和服务中获得更好的满足，还体现在人们从一系列公共产品，特别是基本公共服务中得到的满足。幼有所育、学有所教、劳有所得、病有所医、老有所养、住有所居、弱有所扶这七个方面，从内涵和外延上最好地界定了这种基本公共服务供给。

迄今建成的世界上规模最大的教育体系、社会保障体系、医疗卫生体系，以及教育水平的历史性跨越、很高的基本社会保险覆盖水平，彰显出中国在基本公共服务方面取得的成绩。鉴于政府在基本公共服务供给上承担着主要支出责任，财政支出结构的变化和增长状况，可以充分验证这个不凡的成绩。在2007—2022年期间，国家财政一般公共服务名义支出增加了1.46倍，其中国家财政的教育支出、社会保障和就业支出、医疗卫生支出增加幅度更大，分别为4.54倍、5.72倍和10.33倍。

同时也要看到，基本公共服务的覆盖和供给方式，在一定程度上仍然与人们的户籍所在地、就业部门、职业类型等因素相关联，因而存在着在城乡之间、区域之间、行业之间以及不同规模和类型企业之间的不均等现象。其中，城乡之间在基本公共服务供给水平上的差距，是一种旷日持久存在、系统性固化以及影响人数众多的不均等现象，因而也是影响中国式现代化成色的潜在不利因素。因此，消除这种差距，应该作为破除城乡二元结构改革的关键任务。我们可以通过数据对比，从以下两个方面观察城乡之间的这种不均等化现象：

一方面，城乡之间存在着较大的教育发展水平差距。这方面的城乡差异情况，既可以从教育发展格局来观察，也可以从教育发展差异性产生的结果来观察。从结果看可以得出最直截了当的结论：农村人口的教育水平显著低于城镇人口。根据第七次全国人口普查数据，2020年在农村三岁以上人口中，86.4%仅具有初中及以下教育水平，8.8%具有高中教育水平，只有4.8%受过大专及以上教育。而在城镇三岁以上人口中，具有这三个层次教育程度的比重分别为58.5%、19.3%和22.2%。

另一方面，城乡之间存在着较大的社会保障水平差距。例如，农村人口参加的城乡居民养老保险，在待遇水平上显著低于城镇职工基本养老保险。2021年，前者的实际给付水平仅为后者的5.3%。即便是已经进城就业和居住的农民工群体，由于没有所在城市的户口，也未能获得均等的社会保障覆盖和给付。根据2016年的一项调查①，农民工的养老保险、失业保险和医疗保险覆盖率，分别仅为城镇户籍劳动者的48.2%、39.5%和45.1%。

第三节 人口转变与人口红利

在2035年基本实现现代化，要求经济总量和人均GDP保持期望的增长速度，更要求居民收入与经济保持同步增长，同时改善收入分配状况，

---

① 2016年下半年进行的第四轮中国城市劳动力调查，包括上海、福州、武汉、沈阳、西安、广州6个城市。调查有效样本涉及260个社区的6478个家庭共15448人，其中包括3897个本地家庭共9753人，2581个外来家庭共5695人。调查采用分层概率抽样方法，样本对所调查的城市具有代表性。

显著提高基本公共服务均等化水平。这涉及在做大蛋糕和分好蛋糕两方面做出努力，同时处理好两者之间的辩证关系。在分好蛋糕越来越成为做大蛋糕的前提条件的同时，如何做大蛋糕，即如何保持合理和合意的经济增长速度，遇到包括来自供给侧和需求侧的日益严峻的挑战。

挑战及其严峻性在于，在改革开放的很大一部分时间里，中国经济高速增长得益于人口红利，而如今这个红利正在加快消失。任何时代的经济增长，都伴随着特定的人口转变。事实上，经济发展阶段与人口转变阶段从来都是相互交织、彼此产生影响，甚至互为因果的。中国所经历的经济发展及其转折点，可以为理解人口红利从产生到消失的变化提供典型的素材。

在1982—2013年期间，中国人口以年均7.6‰的速度增长。同时，作为对生育率逐步下降的一种回声效应，不同年龄组人口具有不尽相同的增长趋势。15—64岁劳动年龄人口，在这期间以年均12.4‰的高速度增长；而非劳动年龄人口，即14岁及以下和65岁及以上人口之和，则以年均14.6‰的速度减少。

可见，劳动年龄人口的增长曲线和非劳动年龄人口的减少曲线，呈现出一种剪刀差形状的变化趋势，不断降低着人口抚养比（即非劳动年龄人口与劳动年龄人口的比率），意味着形成了一种"生之者众、食之者寡"的有利年龄结构，创造出人口红利。不过，人口红利虽然源自劳动年龄人口的快速增长，却并不仅仅表现为劳动力丰富这个单一有利条件。

我们知道，长期经济增长可以用一个总体生产函数来表达。在这个方程式的左边，GDP增长率作为被解释变量，可以由方程式右边的相关变量来解释。在中国经济高速增长期间，总体生产函数的这些解释变量，包括劳动力、人力资本、资本的积累和投入，以及劳动生产率或全要素生产率的提高等因素，几乎均由背后的人口特征所决定。也就是说，1982—2013年期间人口增长的年龄模式，决定了这个时期具有更为有利的高速增长条件。[①]

人口红利首先表现为有利的人力资源。劳动年龄人口增长快，无疑意味着劳动力数量的丰富，为经济增长提供充沛的劳动力。不仅如此，人口红利对经济增长的人力资源贡献，在表现为劳动力数量增加的同时，还由于受教育程度更高的新成长劳动力相对于存量劳动力而言具有数量优势，加速了就业群体在人力资本上的整体提升。改革开放以来，中国在教育事业上经历了两次大的发展，分别是普及九年制义务教育和高等学校扩大招生，都大幅度提高了新成长劳动力的受教育水平，并被转化为劳动力整体素质的改善。

人口抚养比的降低，或者说形成的更多人口作为生产者、较少人口作为纯消费者的结构，无疑有利于储蓄率的提高，为这个时期中国经济得以保持较高的资本积累率创造了条件。与此同时，这一条件与劳动力无限供给特征相结合，确保资本投入不会遇到边际报酬递减现象的困扰，得以把投资回报率长期保持在很高的水平，从而使资本投入成为这个时期经济增长的重要驱动力。既然这个增长源泉正是人口红利的一种表现，那么在人口红利消失之前，它也不会失去作为经济增长主要驱动力的地位。

旨在消除阻碍要素跨城乡、跨地区、跨产业和跨生产单位流动的体制性障碍的各项改革，推动剩余劳动力从农业转移到非农产业、从农村转移到城镇、从中西部地区转移到沿海地区，在增加了农村居民务工收入的同时，提高了农业劳动生产率以及产业间的资源配置效率，支撑着这一时期劳动生产率和全要素生产率的快速提高。

上述有利的人口因素汇总起来，形成了这个时期中国经济的很高增长能力，或称潜在增长率，也实现了举世瞩目的实际增长速度。准确地说，改革开放所创造的制度条件，归根结底决定了这个时期中国经济的持续快速发展；然而，高速增长达到怎样的水平，则是由人口红利决定

---

① 作者曾经在一篇文章中，综述了关于人口红利相关变量对中国经济增长的贡献。参见蔡昉：《中国改革成功经验的逻辑》，《中国社会科学》2018年第1期。

的。反过来看，随着15—64岁这个劳动年龄人口从2013年之后开始负增长，所有上述因素也便产生降低潜在增长率的效应，相应地，实际增长也趋于减速。基于作者与合作者的研究结果，图1-3展示了改革开放以来中国经济的潜在增长率和实际增长率，其中也包括对2035年前潜在增长率的预测。从中可见，人口转变处在什么样的阶段，对潜在增长率进而对实际增长绩效有着不容忽视的影响。

第四节　人口负增长时代的新常态

在图1-3中，中国经济增长能力、实际绩效和对未来的预测，对应着不同的人口转变阶段，其中具有重要影响的阶段性变化包括两个转折点。观察这两个人口转折点，不仅有助于认识中国的人口转变，更有助于理解人口因素如何影响经济增长，从而增进对不同时期增长的速度、动能、模式及其变化的理解。

第一个人口转折点，表现为劳动年龄人口达到峰值，随后进入负增长。这个转折点大约发生在21世纪第二个十年开始之际。如果按照15—64岁这个劳动年龄人口的口径，其达到峰值的时间为2013年。此后，在2013—2021年期间，这个劳动年龄人口进入负增长时代，以年均5.7‰的速度减少；与此同时，总人口增长速度降低到年均4.1‰，65岁及以上老年人口则以53.1‰的速度增长。

如前所述，中国经济在收获人口红利时期实现的高速增长，得益于劳动年龄人口快速增长、人口抚养比显著下降等人口特征，这些特征被转化为生产要素的充分供给潜力和巨大配置空间。由此不难理解，随着劳动年龄人口变化趋势的根本性逆转，即从上升轨道转换到下降轨道，经济增长源泉和动能自然发生极大的变化，潜在增长率和实际增长率的降低，也便成为自然而然会发生的现象。

第二个人口转折点，表现为总人口达到峰值，随后进入不可逆的负

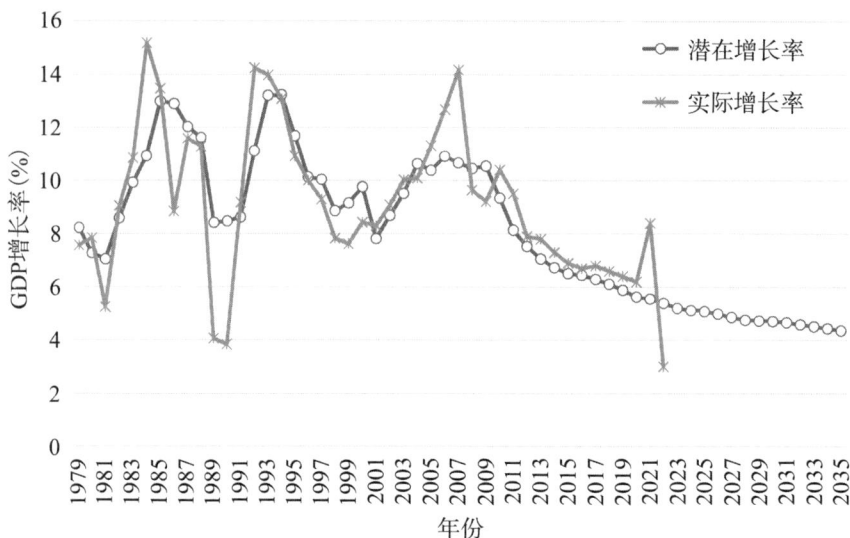

图1-3　不同人口转变阶段的中国经济增长

资料来源：潜在增长率的估计数参见 Cai Fang and Lu Yang, "The End of China's Demographic Dividend: the Perspective of Potential GDP Growth", in Garnaut Ross, Cai Fang and Song Ligang(eds.), *China: A New Model for Growth and Development*, Canberra: ANU E Press, 2013, pp. 55-74；蔡昉、李雪松、陆旸：《中国经济将回归怎样的常态》，《中共中央党校（国家行政学院）学报》2023年第1期。实际增长率系采用国家统计局数据。

增长。根据国家统计局发布的数字，2021年中国人口在141260万这个总规模上达到峰值，从2022年起开始了负增长，当年的人口自然增长率为−0.60‰。上一次中国人口负增长发生在1960年，人口以4.57‰的幅度减少。然而，时隔62年的两次人口负增长，在性质上是完全不同的。1960年的人口负增长是一次冲击性事件，随后自然回到原来的轨道上。2022年开始的人口负增长，则开启了一个不可逆转的新时代。根据联合国2022年预测，在2022—2035年期间，中国人口将以年均1.43‰的速度减少。

我们描述中国人口转变的两个重要转折点，目的在于由此认识经济增长面对的新挑战，以便深入探讨挖掘增长潜力的应对手段，从而能够实现预期的发展目标。由此出发，在认识到这些转折是发展过程中规律性现象的同时，还有必要特别关注中国遇到的两个特殊情况。

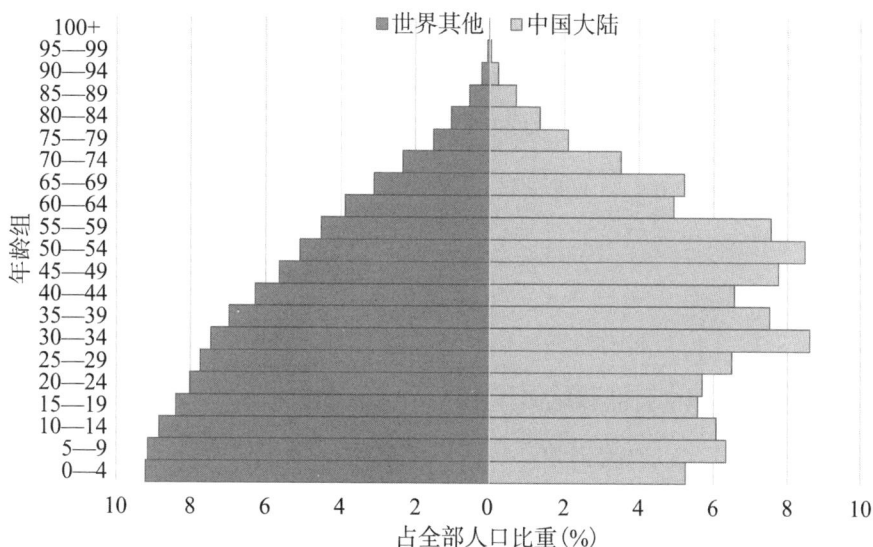

图1-4　中国大陆与世界其他地区的人口金字塔

资料来源: United Nations, Department of Economic and Social Affairs, Population Division, *World Population Prospects 2022, Online Edition*, 2022.

　　我们把第一种情况称为"未富先老"。即便中国经历两个人口转折点是一般规律的作用结果，从大趋势上说是水到渠成和不可避免的，但也应该看到，相对于中国所处的经济发展阶段而言，劳动年龄人口和总人口的峰值及负增长，以及老龄化的加深，都比预期时间来得要早。总体来说，中国经济发展阶段特征与世界平均水平是比较接近的。例如，在人口达到峰值的2021年，中国人均GDP为12556美元，与世界12237美元的平均水平大体相当。这样，当我们在图1-4中分别画出中国大陆和世界（不包括中国大陆数据）的人口金字塔，便可以直观地看到，中国大陆与世界其他地区的平均水平相比，老龄化程度明显更高。未富先老无疑意味着应对老龄化面临着额外的困难，但是，我们也将揭示其中蕴含的额外机遇。

　　另一种情况可以被称为"不期而至"。在相当长的时间里，人们对于中国人口增长率和老龄化程度，都存在着明显的低估。中国并不定期发布官方的人口预测数据，不过，联合国经济和社会事务部人口司，经常性地根据各国（地区）提供的基础信息，对人口趋势进行预测并予以发布。该机构在2019年进行的预测，仍然显示出中国人口将在2025年后达到峰值，对65岁及以上人口比重（即老龄化率）的预测也明显低估。

只是在国家统计局公布2022年的人口数据后，人们才发现，中国人口达峰的年份和老龄化的程度，至少比联合国的预测提前了五年。虽然联合国于2022年及时修正了对中国人口的预测，但是，多年来信息的不可得、不充分和不准确状态，仍然导致我们对人口峰值和负增长的到来，缺乏必要的思想准备和政策储备。

毋庸置疑，人口负增长意味着老龄化的加剧和加深。正是在人口达到峰值的2021年，中国的老龄化率达到14.2%。那么，这是个怎样的老龄化水平呢？一个国际上使用的分类是，老龄化率超过7%就标志着一个国家进入老龄化社会，超过14%标志着进入老龄社会，超过21%则标志着进入超老龄社会。[1]未富先老也好，不期而至也好，无疑都意味着对养老相关体制体系的挑战。不过，鉴于能否有效应对养老挑战，归根结底在于经济发展水平及其决定的综合国力，所以，下面将主要讨论人口负增长对经济增长的不利影响。

通过前面的讨论，我们对于人口红利的积极作用，以及人口红利消失的负面效应，特别是对供给侧产生的冲击已经有所认识。值得做出的一个确定性判断是，如果说第一个人口转折点开启了人口红利减弱过程的话，那么第二个人口转折点则意味着人口红利的加快消失，潜在增长率和实际增长率将随之进一步降低。

依据此前被低估的人口数据，或者依据修正过的人口数据，对2021—2035年期间中国潜在增长率的预测会存在差异。不过，根据新的人口情况重新预测的潜在增长率（年均4.53%）与此前的预测（年均4.84%）相比，仅仅降低了0.31个百分点，对如期达到基本实现现代化的

---

① Okamura Yoshifumi, "Mainstreaming Gender and Aging in the SDGs", Presentation at a side event to the High Level Political Forum, 13 July 2016.

目标，即按人均GDP衡量进入中等发达国家行列，可以说没有颠覆性的影响。

更进一步来说，如果加快出台酝酿已久的关键领域改革举措，尽早转换经济增长动能，使全要素生产率的增长速度上一个台阶，中国在潜在增长能力上失去的人口红利，则可以由改革红利所补偿。[1]更何况，改革红利不仅体现在生产率的提高上，诸如增加要素供给的改革同样具有提高潜在增长率的效果。换句话说，通过赢得改革红利，便可达到"取乎其上、得乎其中"的效果。

然而，人口负增长产生的更为重要且在某种程度上政策准备仍然不足的冲击，在于经济增长的需求侧制约。我们通常把社会总需求因素简称为"三驾马车"，包括出口、投资和消费三大需求。消费的主体是居民，因此，人口因素对消费的影响，主要通过人口增速减慢、人口总量减少和年龄结构变老表现出来。

首先，中国的人口、经济和消费增长相互影响、互为因果，近年来已经显现出同步减速的趋势。例如，人口自然增长率、GDP增长率和居民消费增长率，分别从2001—2011年期间的6.5‰、9.7%和8.3%，降低到新冠疫情前即2011—2019年期间的6.0‰、7.0%和8.0%。根据三者之间的关系可以预期，人口开始负增长后，对经济的负面冲击力更趋明显，将在一定时期以更大的力度抑制居民消费的增长，进而成为GDP增长的常态制约。

其次，老龄化不利于消费的扩大，更深度的老龄化具有抑制消费的效应，既是一般规律，也与中国未富先老的特征相关。中国老年人偏低的就业率、劳动收入、养老保障水平，最终都表现为消费能力和消费倾向的下降。不仅如此，就业人口也面临着三重负担，即他们需要为社会养老保险缴费、赡养家庭老人和进行预防性储蓄，因此，无论退休与否，

---

[1] 蔡昉、李雪松、陆旸：《中国经济将回归怎样的常态》，《中共中央党校（国家行政学院）学报》2023年第1期。

居民的消费支出都会随着年龄的增长而下降。从跨国数据来看，消费需求和投资需求都趋于减弱，在统计规律上表现为过度储蓄率（总储蓄大于总投资的比例）随人口老龄化而提高的趋势。

再次，国际经验表明，人口因素特别是老龄化对消费的冲击，在统计意义上存在一个显著增强的转折点或引爆点。长时期跨国数据显示，在65岁及以上人口比重（老龄化率）超过14%这个进入老龄社会的门槛水平之后，居民消费占GDP比重即居民消费率，趋势性地进入下降的轨道。对中国来说，2021年老龄化率为14.2%，标志着进入老龄社会，同年总人口也达到峰值，可以说已经进入这个居民消费趋于疲弱的轨道。

人口转变的趋势不可逆转，在可预期的将来，中国的人口不可能再回归正增长，老龄化也将日益加深，人口总量和年龄结构抑制消费的效应不可避免。然而，通过改革促进居民消费仍有巨大的潜力。提高劳动报酬和居民收入，改善收入分配，扩大基本公共服务水平、覆盖面和均等化程度，以及实施旨在扩大中等收入群体的改革和制度建设，既直接有利于改善民生和提高人民福祉，实现促进共同富裕的发展目标，也是挖掘居民消费潜力、扩大社会总需求，进而保障经济增长、发挥自身潜力的重要手段。在这些改革任务之中，破除城乡二元结构能够发挥纲举目张的作用。

第五节　从刘易斯转折点到库兹涅茨转折点

在人口转变发生阶段性变化的同时，经济发展也呈现出一系列阶段性的变化趋势。在这方面，有两个与我们讨论问题相关的此类变化，或者称为转折点，分别以最早做出理论概括和经验描述的经济学家命名，即刘易斯转折点和库兹涅茨转折点。

我们已经考查的刘易斯二元经济发展，是一个在经济增长过程中，农业剩余劳动力逐渐被工业化过程所吸纳的过程。那么，如果这种发展模式确乎卓有成效的话，终究会在某一个时刻，剩余劳动力被这个过程吸纳殆尽。不过，正如对剩余劳动力做出定义和度量从来就是一项勉为其难的工作一样，实际上，我们既难以定性地判断剩余劳动力存在与否，也难以定量地估算出劳动力的剩余程度。

然而，刘易斯二元经济发展过程的本质特征，即企业可以按照不变的工资水平获得源源不断的劳动力供给[①]，提示我们可以采用一种显示性的方法，来界定农业剩余劳动力的转移程度，对劳动力转移过程的关键节点做出判断。这就是看非农产业所感受到的劳动力短缺程度，是否导致普通劳动者工资的实质性和趋势性上涨。如果这种趋势的确出现，则意味着刘易斯转折点的到来。

回顾绪论中的图0-2，可以帮助我们认识中国的刘易斯转折点。根据该图的数据计算可以发现，在1997—2004年期间，外出农民工规模以每年14.9%的幅度扩大，农民工的实际工资水平却仅仅以年均2.9%的速度提高。然而，由于2004年正是中国经济的刘易斯转折点，上述劳动力以不变工资具有的无限供给特征从此开始淡化。在2013—2022年期间，这种趋势得以继续，农民工数量和平均工资的年均增长率分别为0.4%和6.0%。

库兹涅茨转折点讲的是，在经济发展的早期，收入不平等通常具有加剧的趋势，直到某个发展阶段的时点上，收入不平等程度达到峰值，随后转入下降的轨道。[②]如果把诸如基尼系数这样的反映收入不平等的指标，按时间轴或者人均GDP水平描绘在统计图上，我们便可以看到一个先上升后下降的倒U字形曲线，这就是库兹涅茨曲线，其中收入不平等达到的峰值即为库兹涅茨转折点。

两个转折点有什么内在的逻辑关系呢？如果把图0-2与图1-1结合起

---

① Arthur Lewis, "Economic Development with Unlimited Supplies of Labour", *The Manchester School*, Vol. 22, No. 2, 1954: 139–191.

② Simon Kuznets, "Economic Growth and Income Inequality", *American Economic Review*, Vol. 5, 1955, pp. 1–28.

来观察，不难得到一个结论，即劳动力短缺现象的普遍化，改变了劳动力市场上的供求关系，提高了劳动者在制度安排中的谈判地位，推动工资上涨并使劳动关系更加和谐，从而改善整体收入分配状况。因此可以说，刘易斯转折点为库兹涅茨转折点创造了条件。不过，在某种意义上，刘易斯转折点作为一个对客观现实的描述，不仅标志着劳动力供求关系的转折性变化，更揭示经济增长源泉或动能的转变要求；而库兹涅茨转折点更主要的是一个概念，近乎一种对收入分配状况及其转变的期望，显然并不意味着任何相关的转变可以自然而然地发生。

如果法国经济学家托马斯·皮凯蒂的著名不等式 $r>g$ 成立的话[①]，即资本报酬的增长始终快于劳动报酬的增长，则经济发展的自然结果并不是收入分配的不断改善，也就意味着劳动力供求关系的变化并不足以根本改善收入分配状况。这种历史现象似乎否定了库兹涅茨曲线的存在。不过，如果我们把收入分配状况看作是初次分配和再分配共同决定的结果，皮凯蒂不等式和库兹涅茨曲线就可以取得一致性。

实际上，正是由于初次分配不足以把收入差距缩小到相对合理的水平，譬如说把基尼系数降低到0.4以下，再分配的必要性才特别彰显出来。跨国数据显示，剔除智利、墨西哥、土耳其、巴西、哥斯达黎加这五个收入分配状况不甚合理的国家之后，其余33个OECD成员国的平均基尼系数，在再分配前后分别为0.47和0.30，也就是说，税收和转移支付等再分配手段，使这些国家的基尼系数降低了1/3左右。而智利、墨西哥、巴西和哥斯达黎加这四个收入差距较大的拉丁美洲国家，再分配前后的平均基尼系数，分别为0.52和0.46，也就是说再分配仅导致基尼系数降低10%左右。[②]

除了税收和转移支付这样的直接调节手段之外，政府一系列基本公

---

① ［法］托马斯·皮凯蒂著，巴曙松、陈剑、余江等译：《21世纪资本论》，中信出版社2014年版。

② 作者根据经济合作与发展组织数据库数据计算。

共服务保障政策的实施程度，特别是在社会福利领域的政府支出力度，也具有明显改善收入分配状况的效果。例如，从包括OECD成员在内的38个国家看，政府在社会领域的公共支出占GDP比重越大，居民收入的基尼系数就越小，两个指标之间存在着显著的负相关关系。[①]

第六节 消除现代化途中的制度障碍

通过初次分配领域和再分配领域的共同努力，缩小城乡收入差距和基本公共服务供给差异，在逻辑上与两个任务目标的转变紧密相连，即从二元经济发展到消除城乡二元结构的转变，以及从刘易斯转折点到库兹涅茨转折点的转变。作为计划经济体制遗产的城乡二元结构，是一个阻碍发展和分享的痼疾，因此，维系这个既定格局的一系列体制机制，均面临着进行改革的必要性和紧迫性。

后面的章节将对与本书主题相关的阻碍农业农村优先发展的体制机制障碍进行深入分析，对如何通过消除这些障碍以实现农业农村现代化提出政策建议。这里，我们先来分别从经济增长和社会发展两个方面，提出一些具有标志性的要求，并对相关的体制机制弊端做出简单的概括，以此作为进一步观察和分析的基础。需要识别、聚焦并予以消除的制度性障碍，总体上属于两种类型：一类是妨碍资源要素有效配置的体制因素，一类是阻碍人的充分社会流动的体制因素。

包括总量增长和结构变化在内的经济发展过程，本质就在于动员资源和要素，并进行更具生产性的配置和再配置。这里涉及的资源和要素，既包括传统的有形要素，如资本、劳动力、土地和自然资源，也包括管理、人力资本、创意等无形要素。至于配置和再配置，则包括生产本身、

---

① OECD, Social spending (indicator). doi: 10.1787/7497563b-en (Accessed on 12 November 2021).

要素市场交易、要素再生产等过程。计划经济的根本弊端，就在于通过一系列制度安排，阻碍资源和要素的流动和有效配置；而20世纪70年代末开启的改革开放，正是一个重新进行制度安排，进而不断清除资源配置障碍的过程。

以全民共享改革开放发展成果为核心的社会发展过程，本质是促进人口的社会性流动，使人人都有通过勤奋劳动实现自身发展的机会。这里所称的社会性流动，可以从手段和目的的统一性上来理解。也就是说，社会流动即指各人口群体通过横向流动，即改变居住地、户籍身份、行业、职业类型等途径，实现在收入、基本公共服务、生活品质、社会身份等方面得到提升目的的过程。在改革开放过程中，通过不断解除制度约束和扩大市场机会，城乡居民的社会性流动得以显著增强。随着人口红利消失和经济增长速度放缓，必然要求以更大的力度消除体制性障碍，以保持和扩大社会性流动。

更高的经济社会发展目标，也对资源配置和社会性流动提出了更高的要求。中国式现代化是14亿多人口共同富裕的现代化，农业农村现代化的最终目标则是让农村居民均等地享受与现代化含义相匹配的生活质量。主要由户籍制度等体制因素所维系的现存城乡二元结构，迄今仍然发挥着阻碍资源合理配置的体制功能，也构成禁锢劳动力和人才社会性流动的樊篱。

因此，破除城乡二元结构、改变传统体制格局，是畅通资源配置渠道、通过高质量发展做大蛋糕，以及畅通社会流动通道、通过共享发展分好蛋糕的必由之路。按照中国式现代化的第一步任务要求，以2035年基本实现现代化为时间节点，破除城乡二元结构的必要性、紧迫性和不可回避性均日益凸显，我们必须充分利用好这个短暂的时间窗口。

第二章

从摆脱贫困到乡村振兴

习近平总书记在全国脱贫攻坚总结表彰大会上的讲话中指出："脱贫摘帽不是终点，而是新生活、新奋斗的起点。解决发展不平衡不充分问题、缩小城乡区域发展差距、实现人的全面发展和全体人民共同富裕仍然任重道远。""要切实做好巩固拓展脱贫攻坚成果同乡村振兴有效衔接各项工作，让脱贫基础更加稳固、成效更可持续。"作为实现中华民族伟大复兴的一项重大任务，作为实现农业农村现代化目标和推动农业强国建设的战略支点，乡村振兴战略是脱贫攻坚战略逻辑上的延伸和拓展，因此，中国脱贫攻坚实践中结晶形成的经验和理论，对于乡村振兴也将具有重要的指导意义。

本章将对脱贫理念、实践和成果做出经济学分析和叙事，在阐述扶贫事业及其成就的基础上，我们将揭示这一伟大的实践结果对于改革开放以来中国创造并延续的发展奇迹的意义，以及对于全球反贫困实践的借鉴和启示。更进一步，我们将尝试从理论逻辑和实践任务的角度，阐释脱贫攻坚向乡村振兴任务转变的内容，揭示巩固脱贫攻坚成果同推进乡村振兴有效衔接的内在逻辑。

第一节　中国脱贫理念、实践和成就

经济发展的目的就是消除贫困，改善人民生活水平，提高社会福祉。因此，扶贫和减贫是发展的题中应有之义，也应该是经济社会发展成效的试金石。就中国来说，20世纪70年代末开启的改革开放，释放出被压抑的生产力，推动了高速经济增长，也取得了史无前例的减贫成效。在1978—2022年期间，中国的人均GDP实际增长了29.3倍，居民人均可支配收入实际提高了29.4倍。至于农村绝对贫困现象，1978年有高达2.5亿人年收入不到现价100元，到2020年，所有农村人口的年收入均超过现价4000元。

不过，在谈到扶贫脱贫战略时，我们通常指把特定人群作为扶助重点，以政策和扶助项目的方式实施，体现的是一种政府的主动努力。专门实施的扶贫战略之所以必要，是因为虽然初期的经济增长可以产生明显的减贫效果，例如，在1978—1984年短短的时间里，农村贫困发生率便从按100元标准计算的30.7%，下降到按200元标准计算的15.1%，但是，贫困现象也日益具有了边缘化的性质，即越来越集中于特定地区和特定人群。因此，仅仅依靠整体经济增长的"涓流效应"，不足以更有效地消除绝对贫困现象。

正是在经济发展表现出显著减贫成效的同时，贫困也日益成为一种边缘现象，对政府的专门政策努力提出现实的需求。从20世纪80年代中期开始，国家正式宣示并实施扶贫战略，包括成立了专门的扶贫工作机构，多渠道安排了专项资金，制定了相应的优惠政策，对传统的救济式扶贫进行改革并确定了开发式扶贫方针。国家于1994年起实施《国家八七扶贫攻坚计划》，预计在20世纪内最后7年，集中力量基本解决当时全国农村8000万贫困人口的温饱问题。从政府以实施战略的方式，利用强大的社会动员力和较高的共识度，着力在较短的时间里达到最大扶贫效果的特点来说，这个规划在中国的发展史上可谓首开先河。

随着《国家八七扶贫攻坚计划》基本实现了预期目标，从21世纪开始，政府的扶贫战略更加关注贫困分布的区域特征，在中西部地区确定了592个国家扶贫开发工作重点县。2002年，重点县的绝对贫困人口占全国总数的62.1%，低收入人口占全国总数的52.8%。不过，这一时期的扶贫实践也暴露出新的问题。例如，国家投入的扶贫资金与对应的脱贫人口不相匹配，区域开发计划已经不像以前那样具有明显的扶贫效果，而由地理、气候等自然条件，以及家庭和个人能力所导致的长期贫困，已经成为农村贫困的主要特征，即边缘化贫困。

为了增强扶贫政策措施的聚焦度，有效提高扶贫资金的使用效率，使扶贫资源真正送达贫困人口，2001年，国务院制定并颁布实施了《中国农村扶贫开发纲要（2001—2010年）》。这个《纲要》的一个显著特点是考虑到一系列能够反映生产、生活和地理环境状况的经济社会指标，实施"整村推进扶贫战略"。在贫困县之外也确定了重点贫困村，全国共识别出14.8万个重点贫困村。在此基础上，脱贫攻坚进入扶贫到村的层面。

随着全国贫困人口进一步减少，并且在2010年底率先实现了联合国千年发展目标中贫困人口减半的目标，我国随即开始实施《中国农村扶贫开发纲要（2011—2020年）》，将集中连片的特殊困难地区确定为扶贫攻坚的重点。国家同时把扶贫标准提高到当时采用的国际贫困线之上，加强了自身的扶贫责任，把更多的农村低收入人口纳入扶贫范围。从此时开始，国家对贫困地区和贫困人口给予更大的扶持力度，对连片特困地区加大投入和支持力度，中央财政专项扶贫资金的新增部分主要用于连片特困地区。

党的十八大以来，中国以打一场新的攻坚战的姿态，加大力度实施脱贫攻坚工程，着力精准扶贫、精准脱贫，分类扶持贫困家庭，取得了扶贫脱贫的新成就。2016年开始实施的"十三五"规划确立了更为宏大的扶贫脱贫目标，即按照现行扶贫标准，2020年实现农村贫困人口全部脱贫，贫困县全部摘帽，消除区域性贫困现象。这里的"现行扶贫标准"，系在2010年2300元的基础上考虑物价指数等因素进行调整的标准，2020年大约为人均年收入4000元。

脱贫攻坚成就表现为中国农村历史性摆脱了绝对贫困。2021年2月25日，习近平总书记在全国脱贫攻坚总结表彰大会上庄严宣告："经过全党全国各族人民共同努力，在迎来中国共产党成立一百周年的重要时刻，我国脱贫攻坚战取得了全面胜利，现行标准下9899万农村贫困人口全部脱贫，832个贫困县全部摘帽，12.8万个贫困村全部出列，区域性整体贫困得到解决，完成了消除绝对贫困的艰巨任务，创造了又一个彪炳史册的人间奇迹！"[1]

中国脱贫攻坚事业的成功，受益于一系列卓有成效的政策举措和工作经验。其中具有统领意义的，莫过于以人民为中心的发展思想，这一思想始终体现在战略的确立和实施之中。从理论总结和国际比较的角度来看，把中国的成功与许多其他国家的不成功区别开来的关键点，在于如何认识和解决扶贫效果的边际递减现象。

如前所述，在整体贫困现象减少的情况下，贫困的边缘化特征反而表现得愈加突出。这时，社会扶贫努力的边际成效呈现递减特征，而最典型的现象是扶贫资金的使用效果逐渐减弱。如果单纯从资金投入与贫困人口减少之间的数量关系来看，扶贫资金的边际效应甚至会降到极低的水平。中国在实施扶贫战略过程中，特别是在打赢脱贫攻坚战的决战时刻，这种扶贫效果边际递减的现象也发生了。

如图2-1所示，党的十八大以来中国各级财政用于扶贫的资金大幅度增加，以名义数额计算，在2014—2020年期间增长了近三倍。由于同期实现脱贫人口的绝对数逐年减少，每亿元财政扶贫资金对应的脱贫人口，相应从8.8万减少到1.5万。对此，至少应该从两个角度来看待：第一，

---

[1] 习近平：《在全国脱贫攻坚总结表彰大会上的讲话》，《人民日报》2021年2月26日，第2版。

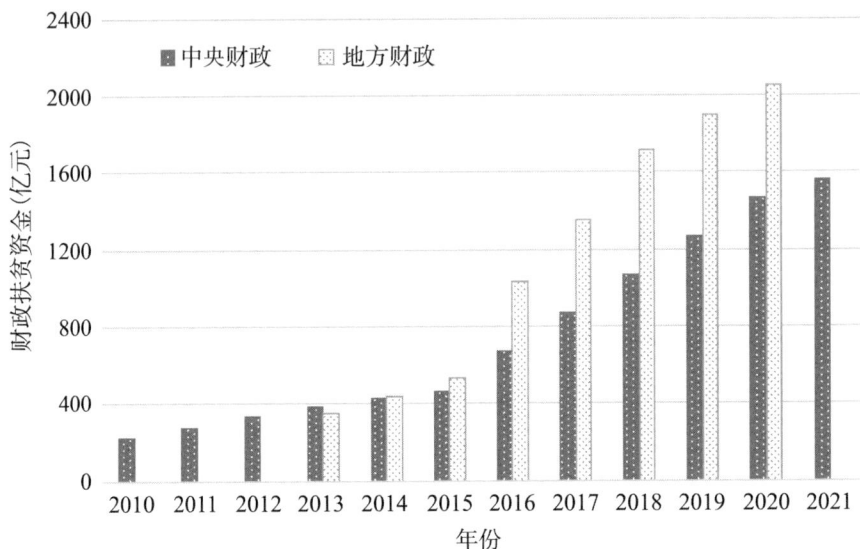

图 2-1　财政专项扶贫资金的增长情况

资料来源：2013年之前的中央财政专项扶贫资金数据，来自中华人民共和国国务院新闻办公室：《中国的减贫行动与人权进步》，《经济日报》2016年10月18日；2013—2020年中央财政专项扶贫资金和其他专项扶贫资金数据，来自中华人民共和国国务院新闻办公室：《人类减贫的中国实践》，《经济日报》2021年4月7日；2021年数字来自李华林：《助力脱贫攻坚成果与乡村振兴有效衔接　今年中央财政将安排衔接资金1561亿元》，《经济日报》2021年4月1日。

可以设想，如果没有这种大规模的资金和资源投入，脱贫攻坚战可以说是打不赢的。第二，兑现消除绝对贫困的庄严承诺，从财政支出、资源投入和工作努力方面不遗余力，正是中国实现脱贫攻坚的一个重要特征，也是有益的经验。下面，我们可以通过国际比较，增强对这个现象的理解。

世界银行在2022年秋季开始使用新的国际贫困线，把每人每天1.9美元的标准，调整为按照2017年不变价计算的2.15购买力平价美元。[1]按照

---

[1] Deon Filmer, Haishan Fu and Carolina Sánchez-Páramo, *An Adjustment to Global Poverty Lines*, May 2, 2022: https://blogs.worldbank.org/voices/adjustment-global-poverty-lines? cid=eap_wc_worldbank_zh_ext.

这一新标准，低收入国家有极高的贫困发生率。例如，世界银行低收入国家的平均贫困发生率，2018 年为 43.9%；2019 年，中等偏下收入国家的平均贫困发生率为 10.2%，中等偏上收入国家平均为 1.5%。就连高收入国家，也并没有与绝对贫困现象绝缘，2019 年平均贫困发生率也仍有 0.6%。

需要指出的是，中国消除农村绝对贫困的标准，不仅显著高于当时普遍应用的每人每天 1.9 美元标准，也高于 2.15 美元的新标准。按照 2017 年购买力平价与现价美元计算的中国 GDP 之间的换算关系，并根据全年平均人民币兑换美元汇率计算，2020 年 4000 元的脱贫标准相当于每人每天 2.49 美元。在这一水平上取得的贫困人口清零，无疑是史无前例、无出其右和成色十足的成就。中国扶贫事业取得的成效及其遵循的理念，标志着中国特色经济学理论创新与实践相统一的一个新高度。

中国的实践表明，扶贫事业从性质上来说，是政府直接介入并履行再分配职能，与初次分配领域协同达到脱贫效果的公共政策实践。因此，一般投资项目所采取的成本收益分析，并不适用于对这项事业的评估。首先，公共政策本质上就是对应着那些具有外部性的领域，与商业性甚至政策性投资相比，有着更长远和更广泛的社会效益，无法以货币价值来充分度量。其次，诸如脱贫攻坚这样的国家战略，旨在通过对人的全面覆盖，显著缩小收入和生活水平差距，达到社会福祉的整体提升，其中涉及的人的生命价值和福祉也是无法度量的。

在西方经济学中，公共政策的成本收益考量，有时被纳入所谓的"政治经济学"分析框架。这个框架也应用成本和收益的概念，即政策实施的政治成本和政治收益。对于西方的政治家来说，成本和收益都以能够获得的选票多少来衡量。政策实施的成本即为丧失的选票，政策实施的收益即为增加的选票。按照这个逻辑，在一个不遵循以人为中心的发展思想的政治体系下，花费较大数额的资金解决较少人数的脱贫，在政治上是不划算的。

然而，从所有人的福祉出发，就必然要求摆脱和超越这个思维框架。

也就是说，基本生活需要作为一项基本人权的具体内涵，正如中国扶贫目标所体现的"两不愁三保障"，即不愁吃、不愁穿，以及义务教育、基本医疗、住房安全有保障，在发展的哲学意义上是建构性的，既不能用经济活动领域的成本收益来论证，也不能由西方政治家的选票动机来支配。

第二节　摆脱绝对贫困对中国奇迹的意义

改革开放至今，中国创造并保持着经济快速增长和社会长期稳定两大奇迹。以历史性消除绝对贫困为标志，脱贫攻坚取得决定性胜利，使中国社会的脆弱群体既积极参与了改革开放发展过程，也分享了这个过程所创造的成果，从而最有说服力地验证和诠释了这两大奇迹。在整个改革开放期间，居民收入增长与经济增长保持了同步。特别是党的十八大以来，这种同步性得到进一步提高，还表现在农村居民收入增长快于城镇居民收入增长，由此产生对以往差距的补偿效应，缩小了城乡收入差距。实施扶贫战略对于中国发展的两大奇迹做出的重要贡献，表现在这种增长同步性背后的更深刻内涵中。

首先，最大限度地发挥了人力资源在经济活动中的积极作用。传统的经济增长理论通常是从总量意义上，把劳动力数量和质量的投入作为增长的关键要素，而并没有给予特殊群体以特别的关注。中国扶贫脱贫理念和实践则突破了这一理论上的局限性。在这个实践过程中，甚至那些由于生产和生活条件恶劣，以及受病、残、灾等因素影响，而处于相对边缘状态的农村人口，也得以在提升脱贫信心、劳动能力和实际努力的基础上，参与了改变自身生活和国家命运的过程。

其次，由于在脱贫攻坚这个同一过程中，政府也倾注了实施社会政策和构建社会保障体系的努力，农村脱贫人口不仅获得了基本生活保障、增加了收入、享受到更多的基本公共服务，还得以凭借自身的努力和社会扶助，在得到制度性保障的前提下，得以拥抱更多、更均等的发展机会，迈入向上流动的社会通道，搭上国家发展的快车。

无论是更具有地域性特点的开发式扶贫，还是更注重瞄准个人、家庭和村的精准扶贫，都突出强调扶贫主体的内生动力。倾斜性的政策和资金等资源投入，也着眼于形成自我发展能力，以及产业和就业的可持续性。在进入脱贫攻坚最关键时期后，中央确立的"四个一批"行动计划，仍然把"通过扶持生产和就业发展一批"作为一种主要方式；此外，针对在这个阶段上扶贫对象的特殊困难和人口特征，分别还部署了通过移民搬迁安置一批、通过低保政策兜底一批和通过医疗救助扶持一批的举措，旨在让每一个群体都能共享到发展的成果。

通过解析在不同扶贫标准下农村贫困人口的大幅度减少，我们可以更好地理解这个伟大事业及其历程。改革开放以来，中国曾经采用过不同的扶贫标准，名称也不尽相同。并且，即便被分别称为"1978年标准""2008年标准""2010年标准"（见图2-2），每个标准下的实际金额水平也有很大的差异。总的变化情况是，随着经济发展水平的提高和国家财力的增强，以及扶贫政策力度的加大，脱贫标准连续不断地大幅度提高。

例如，以名义金额计算，1978年贫困标准仅为100元，到1988年该标准调整为236元，1997年为640元，2010年提高到1274元。从2011年开始，"农村现行贫困标准"被设定在以2010年不变价为基准的2300元，根据价格变化和其他因素逐年有所调整，到2020年全国实现脱贫目标时为4000元，名义水平高达1978年标准的40倍。[1]

实施扶贫战略释放出巨大的生产力。作为最重要的扶贫手段，农村产业的发展特别是非农产业发展，以及劳动力向城镇转移，在微观环节和宏观层面都具有显著的发展效应。

从微观视角来看，这种效应表现在农村居民收入持续提高，并从结

---

[1] 蔡昉著：《中国经济发展的世界意义》，中国社会科学出版社2019年版，第九章。

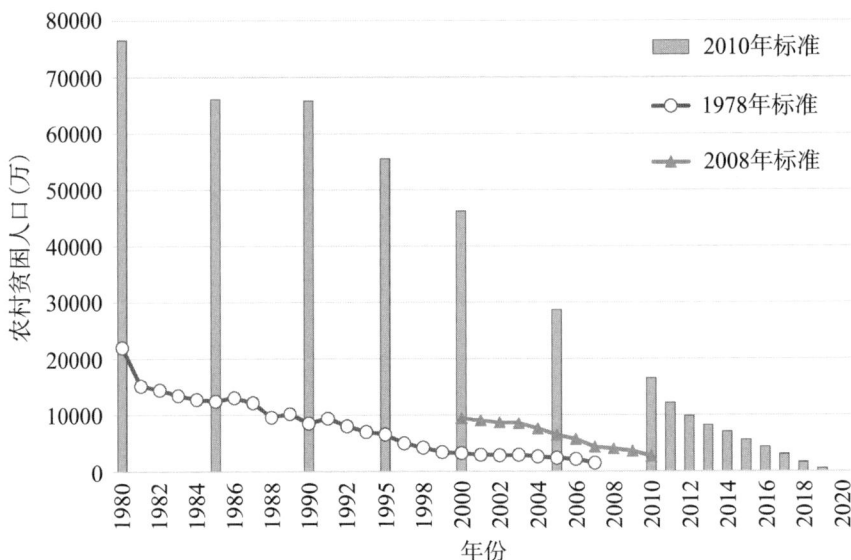

图2-2 按不同扶贫标准统计的贫困人口

资料来源：国家统计局编：《中国统计年鉴2021》，中国统计出版社2021年版，表6-3。

构上增强了收入流的可持续性。在2003—2022年期间，在农村居民可支配收入实际增长3.5倍的同时，反映农村劳动力转移就业效果的工资性收入，在可支配收入中的比重从32.8%提高到42.0%；反映政府扶持力度的转移净收入，其比重从4.9%提高到20.9%。

从宏观视角来看，农村生产力的大规模释放，促进了产业结构的迅速变化，推动资源和要素的重新配置，整体提高了劳动生产率，对中国经济增长做出显著贡献。[1]这个过程可以从两个产业范围来观察。其一，农林牧渔业这个广义农业内部的产业变化。其中农业产值占农林牧渔业总产值的比重，从1979年的80.0%下降到1994年的60.1%，进一步下降到2022年的53.3%。其二，整个国民经济范围的产业变化。第一产业增加值占GDP比重大幅度下降，在上述时间点分别为30.7%、19.5%和7.3%。

---

[1] 蔡昉：《中国经济改革效应分析——劳动力重新配置的视角》，《经济研究》2017年第7期。

实施扶贫战略促进了社会流动。扶贫行动导致的经济结构变化，进而推动的人口迁移和劳动力流动，从收入分层、职业类型、社会身份，乃至生活方式等各方面，全面地改变了农村居民的面貌，总体表现为向上的社会性流动。人口的城镇化水平可以作为这种社会性流动的一个综合性指标。1978年，中国的城镇化率仅为17.9%，到2022年，常住人口城镇化率已经达到65.2%。虽然户籍人口城镇化率有较明显的滞后性，2021年仅为46.7%，但是，高达1.72亿外出农民工的大多数已经成为城镇常住人口这个事实本身，无疑也是社会流动性增强的结果。

国际比较显示，中国在人均收入迅速提高的同时，在社会流动性方面的进步也是可圈可点的。根据世界经济论坛《2020年全球社会流动性报告》，2020年中国的社会流动指数得分61.5，在全部82个参加排名国家中排在第45位。[1]这个排名比同年中国在全球人均GDP比较中的排名（第59位）明显靠前。根据这个指数排名，中国与人均GDP水平更高的智利、哥斯达黎加、希腊、沙特阿拉伯等国家相比，有着更高的社会流动性。

第三节　减贫实践及其成效的世界意义

世界银行前首席经济学家威廉·伊斯特利在2006年的一部著作中指出，世界上的穷人面临着两大悲剧：一是全球数亿人处于极度贫困状态，亟待国际社会给予发展援助；二是在数十年的时间里，尽管发达国家以援助的形式斥资数以万亿美元，却没有产生明显的减贫效果。[2]从这两个

---

[1] World Economic Forum, *The Global Social Mobility Report 2020: Equality, Opportunity and a New Economic Imperative*, World Economic Forum, Cologny/Geneva, Switzerland, 2020, pp. 62–63.

[2] [美] 威廉·伊斯特利著，崔新钰译：《白人的负担》，中信出版社2008年版，第2—3页。

"伊斯特利悲剧"引出的学理和政策含义在于，对于世界银行这样的国际减贫机构，以及包括像伊斯特利这样的发展经济学家来说，如何理解贫困的本质、找到不同国家的贫困根源，以符合国情的方式实施相应政策，进而根本消除贫困，可以说迄今没有破题。

对此，中国已经以自身的经济发展和减贫成效，对世界经济和全球减贫做出了直接贡献。同时，中国也完全可以以自己的成功发展经验，为发展中国家的减贫和发展提供有益借鉴。相应经验的理论升华，更应该从理论上对发展经济学做出贡献。由此来看，中国对世界发展和国际扶贫的巨大贡献，也就是对人类文明和进步事业的巨大贡献。

根据世界银行的数据，我们可以从定量的角度来观察中国减贫的全球贡献。在世界银行还使用每人每天1.9购买力平价美元（2011年不变价）作为国际贫困线时，数据显示在1981—2015年期间，全球贫困人口数量从18.93亿减少为7.53亿，同期中国从8.78亿减少为959.9万。这就是说，中国对全球减贫的直接贡献为76.2%。按照世界银行的最新国际贫困线，即2.15购买力平价美元（2017年不变价），全球贫困人口数量从1990年的20.0亿减少到2019年的6.5亿，同期中国从8.2亿减少到141万，2020年则全部清零。按照这个指标，中国对全球减贫的直接贡献为60.4%。换个方式来看，在1990—2019年期间，世界上其他国家和地区的贫困人口减少幅度为67.5%，中国为99.8%，2020年中国更达到100%。

习近平总书记在全国脱贫攻坚总结表彰大会上的讲话，对关于中国扶贫的政治理念和成功经验进行了高屋建瓴的总结。[①]理论界也从不同学科的角度进行了相应的学理探讨和经验归纳。根据本书的主题即破除城乡二元结构，结合本章的关注点即脱贫攻坚到乡村振兴的战略转变，也着眼于从中国故事中揭示中国智慧，这里特别强调几点与政府职能相关

---

① 习近平：《在全国脱贫攻坚总结表彰大会上的讲话》，《人民日报》2021年2月26日，第2版。

的经验。

首先，坚持推动经济发展、做大蛋糕是硬道理。中国经历的二元经济发展过程，基本特征就是劳动力从剩余状态被重新配置到更有生产性的用途中。因此，经济增长和结构变化本身，就是通过扩大就业和创业，提高农村人口对整体发展的参与度，从而实现减贫的过程。从这个意义上说，经济发展的成效，决定了脱贫致富的高度。此外，通过再分配手段和公共政策实施减贫战略，归根结底要依靠经济增长带来的国力增强。也就是说，分好蛋糕需要建立在做大蛋糕的基础上。

其次，破除"涓流效应"迷思，实施以再分配为中心的公共政策。扶贫减贫乃至消除贫困，是旨在分好蛋糕的社会政策中最基础的一环。在西方国家，新自由主义经济学一方面倡导不受约束、政府最低限度介入的自由市场制度，另一方面宣称任何使大企业和大资本赢利的制度安排，只要创造出收入和财富，总能以涓流的方式惠及穷人，因而把政府以再分配为中心的公共政策限制在最小的范围内。这种政策理念的实施，终究会造成收入的两极分化，进而导致严重的社会分歧和政治对抗。

固然，经济增长本身可以通过创造就业，增加普通劳动者的收入。但是，不同的经济发展方式具有不尽相同的就业效果。并且，如果没有包括转移支付和扶贫在内的再分配政策，一方面，收入分配尚不足以达到社会认同的平等境界，另一方面，处在收入最底层的群体，终究不能自然而然地摆脱绝对贫困状况。因此，按照尽力而为和量力而行原则推动的消除贫困行动，应该放在社会福利政策的优先位置。

再次，经济政策和社会政策的手段要综合运用。人民生活质量的提高，既包括消费得起的产品和服务数量的增加，也包括享受得到的社会福利水平的提升。寄希望于把这两个方面结合起来，以便更加全面地评估一个国家的经济社会发展成效，催生了联合国开发计划署编制人类发展指数的努力。这个综合了人均GDP、健康和教育等表现的指数，很好地反映了中国经济发展和社会发展之间的总体均衡性。

人类发展指标的编制和发布始于1990年。从那时至今，中国恰好经历了从世界银行定义的低收入国家，经由中等偏下收入国家和中等偏上收入国家地位，即将跨过按人均GDP衡量的高收入国家门槛。与此同时，中国也成为人类发展指数发布以来，唯一实现从"低人类发展水平"起步，跨越"中等人类发展水平"，进入"高人类发展水平"的国家。2021年，中国的人类发展指数为0.768，在该指标上的世界排位比2020年进一步提高。①

最后，国家治理能力、政府执行力和公信力至为关键。打赢脱贫攻坚战，是党的执政成就和国家治理成效的重要体现，也彰显了政府执行力和公信力。早在20世纪80年代中期，在中央政府层面就成立了常设的扶贫工作领导机构。在脱贫攻坚过程中，充分发挥举国体制优势，动员全党全国全社会力量，使脱贫攻坚成为一项举世瞩目的社会干预实验；逐步形成了一套行之有效的工作机制，党的十八大以来被确立为坚持中央统筹、省负总责、市县抓落实的工作机制；不断调整扶贫工作重心，政策更加聚焦，措施更加精准；区域均衡发展战略与扶贫片区、扶贫重点县、重点村乃至贫困户相结合。

第四节　乘势而上：乡村振兴的新实践

党的十九大提出实施乡村振兴战略，党的二十大报告再次强调全面推进乡村振兴，是党中央对"三农"工作做出的重大决策部署。脱贫攻坚和乡村振兴是在空间上具有并存关系、时间上具有继起关系的两大战略，遵循着相同的以人民为中心的发展思想和新发展理念。因此，延续打赢脱贫攻坚战的精神面貌和工作方法，乡村振兴必定能够达到既定的

---

① The United Nations Development Programme, *Human Development Report 2021/22: Uncertain Times, Unsettled Lives: Shaping Our Future in a Transforming World*, UNDP, 1 UN Plaza, New York, NY 10017 USA, 2022, p. 273.

目标。

我们当前面临的这个关键时间节点，更加凸显了实施乡村振兴战略的重要意义。在全面建成小康社会后，开启全面建设社会主义现代化国家新征程的同时，从"三农"政策的连续性即巩固脱贫攻坚成果的要求、最新的奋斗目标即基本实现中国式农业农村现代化，以及扎扎实实完成每一年的推进任务来看，推进乡村振兴都是新时代做好"三农"工作的总抓手。

第十三届全国人民代表大会常务委员会第二十八次会议通过的《中华人民共和国乡村振兴促进法》规定，全面实施乡村振兴战略的任务目标为"促进农业全面升级、农村全面进步、农民全面发展，加快农业农村现代化"，总要求是"产业兴旺、生态宜居、乡风文明、治理有效、生活富裕"。①从中可见，全面实施乡村振兴战略的任务特点是综合性和全面性，因此也是新发展理念在"三农"工作中的集中体现。从实现任务目标和达到总要求出发，实施乡村振兴战略还包括若干重要的制度保障因素。

一是筑牢制度基础。坚持社会主义基本经济制度、巩固和完善农村基本经营制度的基础，使这一战略的实施有正确的引领，并在此基础上，完善党委领导、政府负责、民主协商、社会协同、公众参与、法制保障、科技支撑的组织建设和乡村治理体系。例如，《中华人民共和国乡村振兴促进法》规定了"国家巩固和完善以家庭承包经营为基础、统分结合的双层经营体制，发展壮大农村集体所有制经济"。2023年中央一号文件部署了研究制定第二轮土地承包到期后再延长30年试点工作。②

二是创造政策环境。建立健全城乡融合发展的体制机制和政策体系，一方面，要求在干部、人才配备上优先考虑，在要素配备上优先满足，

---

① 《中华人民共和国乡村振兴促进法》，人民出版社2021年版，第2—3页。
② 《中共中央国务院关于做好二〇二三年全面推进乡村振兴重点工作的意见》，《人民日报》2023年2月14日，第1版。

在资金投入上优先保障，在公共服务上优先安排；另一方面，强调促进城乡要素有序流动、平等交换和公共资源均衡配置，破除二元结构和促进形成新型城乡关系。《中华人民共和国乡村振兴促进法》和政府相关政策分别从财政、金融、保险、土地等方面，制定了优先、优惠农业农村发展的具体措施。

地方政府也做出了有益的探讨，产生了一些可复制可推广的经验。例如，2022年全国人大常委会执法检查表明，实地和委托检查的省（区、市）均按照《中华人民共和国乡村振兴促进法》相关条款的规定，明确了"十四五"期末土地出让收入用于农业农村的比例应达到土地出让收益50%以上且不低于土地出让收入8%，或达到土地出让收入10%以上的要求。[①]

三是坚持改革驱动。党中央部署了一系列"三农"领域的改革任务。例如，深化农村土地制度改革，完善承包地"三权分置"制度，赋予农民更加充分的财产权益。2023年中央一号文件进一步部署了稳慎推进农村宅基地制度改革试点，探索宅基地"三权分置"的有效实现形式。党的二十大报告强调发展新型农村集体经济，发展新型农业经营主体和社会化服务，发展农业适度规模经营，也要求以顶层设计与基层试验相结合的改革方式推动和落实。

例如，被浙江省委、省政府确定为统筹城乡综合配套改革试点城市的嘉兴，在促进农村土地资源更有效配置方面做出了有益的探索。其中一条经验是"飞地抱团"的土地整合模式。嘉兴平湖市的实践是，通过创造机制，让各集体经济组织数量小且分散的建设用地使用权"飞起来"，集聚到一起集中开发使用，在精准扶贫、创办企业和发展产业等方面发挥了积极的作用。[②]

---

① 《中华人民共和国全国人民代表大会常务委员会公报》2022年第六号，第971页。

② 蔡昉、魏后凯主编：《共富之城》，社会科学文献出版社2023年版，第59—61页。

四是依托农户主体。农民的主体地位包含农户和农村劳动者作为发展生力军和发展分享者双重含义。首先是紧紧依靠农民在乡村振兴中的主人翁地位和企业家精神，以及就业和创业的积极性，以人力资源为核心激发农业农村发展活力。其次是在乡村振兴实践中，充分尊重农民意愿，维护农民根本利益。这包括切实保障农民集体经济组织成员的权利，如对集体资产股份占有、收益、有偿退出及抵押、担保、继承权、宅基地用益物权等各项合法权益，以及农民工公平就业和均等享受公共就业服务等权益的有效保护。

第五节　自立产业和自生发展能力

乡村振兴固然要求实施以工补农、以城带乡的支持扶助政策，推进乡村振兴也紧紧依靠政府和社会的公共品供给。但是，这丝毫不意味着，农业和农村发展可以在缺乏自立和自生能力的条件下实现产业兴旺。换句话说，旨在支持农业和农村产业高质量发展的各项政策，必须综合考虑一系列特有的产业发展问题。不过，在讨论这些问题之前，需要先对拟讨论问题在中国情境下的针对性做一点说明。

从历史的维度和国际的视野来看，不同发展阶段和不同国家的农业可以被概括为三种模式。第一，在发展的早期阶段或者在一些发展中国家，政策立足于从农业中汲取工业化积累，可以被称为对农业的"征税"模式。由于采取工农业产品不等价交换模式，资源要素从农村单向流出，市场机制也受到扭曲。第二，在以东亚为典型的一些较发达经济体，随着农业份额下降，在农业缺乏比较优势的条件下，采取了各种对农业进行保护的政策，也造成了价格的扭曲，农业始终不具备国际竞争力。第三，在一些土地资源丰富的发达国家，虽然不乏政府对农业的各种支持措施，但总体来说农业的发展依靠的是价格激励，因而农业同时具有比较优势和国际竞争力。

中国农业的发展经历过对工业化做贡献的阶段，如今已经进入工业反哺农业、城市支持农村的发展阶段。与此同时，鉴于中国人多地少的资源禀赋特征和经营规模狭小的现实状况，一个传统观念也应运而生，即许多"三农"问题学者和政策研究者，仍然把农业看作是一个天生的弱质产业，认为中国农业天然缺乏比较优势和国际竞争力，从而不能完全自生自立。

其实，这种理论观念和政策倾向的流行，并不只是中国特有的现象，因为资源禀赋毕竟会对一个国家的农业发展路径产生影响。例如，一项基于跨国数据进行的计量分析显示，一国农业的比较优势越弱，该国农业的保护水平通常就越高。与此同时，许多国家和地区的教训也表明，实行这种保护措施会造成价格的扭曲，进而产生经济效率和社会福利的损失。[1]

推进农业农村现代化，是全面建设社会主义现代化国家中最艰巨最繁重的任务。上述资源禀赋特征只能说明，在推进农业农村现代化进程中，中国需要付出格外艰辛的努力，以更大的智慧才能破解难题，而不意味着可以用较低的标准和成色达到目标。结合必须具有的政策力度和执行智慧，下面我们提出需要关注的四类问题，以作为政策实施中的约束条件。

首先，不能造成农产品价格和农村要素价格的扭曲。社会主义市场经济体制是社会主义基本经济制度的重要内涵，完善这一体制要求充分发挥市场在资源配置中的决定性作用，更好发挥政府作用。农业和农村经济并不是市场经济的例外，因此，只有价格充分反映市场供求关系和要素稀缺程度，市场机制配置资源的作用才能是决定性的，市场才能发挥有效的功能。

---

[1] Masayoshi Honma and Yujiro Hayami, "The Determinants of Agricultural Protection Levels: An Econometric Analysis", in Kym Anderson and Yujiro Hayami(eds.), *The Political Economy of Agricultural Protection*, Chapter 4, Sydney: Allen & Unwin, 1986.

因此，从建设农业强国目标出发，完善对农业农村发展的政策扶持，需要审视和梳理相关的农业支持措施，以便达到最佳的支持效果，避免产生不利的结果。例如，对于"三农"实施的各项补贴，应该根据国情决定的可能性，从世界贸易组织（WTO）定义的"黄箱"政策，调整为更多采取"绿箱"政策方式。①这样，既遵循WTO的规则，使中国在国际贸易活动中占据主动，更可以避免因扭曲市场而损害农业的产业竞争力。

其次，不能产生损伤生产者和经营者激励的结果。农业生产和经营，以及农村产业发展，如同市场经济中任何经济活动一样，激励因素主要来自要素回报和价格信号。完善农业农村发展的内生动力，要求在实施各项政策的时候，确保微观生产经营环节激励机制的合理和价格信号的准确。即便是那些用意良好的政策措施，如果过于着眼于短期和直接目标，以致伤害激励机制和价格机制，从长期和宏观的视角，政策实施的效果也可能事倍功半。

在市场经济条件下，国内国际市场上的产品供求关系，始终处于千变万化的状态下，能够对此做出及时反应的主体，归根结底是生产经营者自身。有的时候，针对某一类产品或者特定生产领域的产业政策，固然出自引导的意图，但是，政策的实施必须"瞻前顾后"和"左顾右盼"，也就是说需要兼顾短期和长期目标，以及政策所干预的领域与相关领域的关系，把握好政策实施方式和力度的分寸感，以不伤害各方面市场主体的长期激励为限。

再次，不能妨碍农业和农村经济竞争力的内生性提高。在政策研究领域，长期存在着"输血"与"增强造血功能"两种扶助手段孰优孰劣之争。实际上，两种手段既有时间上的前后接续关系，在空间上也可以

---

① 世界贸易组织《农业协定》按照农业支持政策工具对市场的扭曲程度，将各成员农业支持和补贴措施分为"绿箱"政策、"黄箱"政策和"蓝箱"政策。"绿箱"政策没有或者仅有微小的扭曲作用、对农业生产影响最小，"黄箱"政策和"蓝箱"政策分别次之。

做出合理安排，使之并行不悖地发挥作用。农业发展政策需要考虑发展阶段和特定国情，产业政策也需要协同好社会、民生和粮食安全等关系。然而，对农业的产业保护，归根结底受到国际农产品价格"天花板"、国内农产品生产成本"地板"、WTO 规则黄线和土地资源红线等因素制约。在探索所有需要采纳的解决方案时，农业生产方式现代化终究是统筹解决问题的根基。

最后，不能阻碍工农业协同和城乡均衡发展。农业农村现代化是"四化同步"的组成部分之一，建设农业强国也与整体意义上的现代化强国互为条件。因此，市场经济体制、高质量发展、现代化产业体系，是对国民经济和农业农村的共同要求。为了在内涵、时间和成色协同一致的基础上实现上述任务目标，在农业与非农产业之间，以及在农村与城镇之间，现代化的进程既要具有同步性，也需要在相同的政策环境、兼容的激励机制和统一的市场信号下推动。

第三章

农业农村现代化的
产业抓手

党的二十大报告要求，到2035年基本实现新型工业化、信息化、城镇化、农业现代化。这个宣示有两层含义，一是中国式现代化第一步的目标即基本实现现代化，必然包含着农业农村现代化；二是中国式农业农村现代化，必须走"四化同步"的道路。农业农村现代化有多重目标和丰富含义，产业兴旺是根本。而农业的自立自强、生产方式的现代化和竞争力的提升，是产业兴旺的核心。

经济发展的核心是资源和要素的动员与配置。农业农村现代化的关键推动力，则是通过农村产业特别是农业的资源配置和再配置，实现配置效率即劳动生产率的提高。在此基础上，把发展的动能转换到依靠科学技术和现代要素上面，使农业和农村其他产业的发展同国家整体现代化相适应，并且具有自立自强能力和长期可持续性。本章将揭示中国农业劳动生产率现状，剖析制约农业生产率进一步提高的主要因素，从产业协同、技术进步、扩大土地经营规模、创新产品市场机制和提高流通效率等方面，阐述提高农业劳动生产率和农业生产经营者收益的关键途径。

第一节　如何实现同步现代化？

农民是农业生产要素的配置主体，因而农户是推动农业现代化的微观基础。任何时候都不能忘记农民，既包含着关注和保护农民群众的根本利益的含义，也包含着尊重农民的创造精神、调动农民的生产经营积极性的含义。在20世纪80年代初实行家庭联产承包制之后，中国农业的经营主体是农户。总体来说，中国农户是小规模的经营单位。因此，从理论和实践上认识农业农村国情，需要更好地理解这种小规模农户的特征。

在经济学说史上，认为小农天生不具备有效配置要素能力的观念，长期占据着主流的位置。诺贝尔经济学奖获得者西奥多·舒尔茨的主要贡献，就是批判了这种传统理念，指出传统农业的根本症结不在于农民不具备有效配置资源的能力，而在于缺乏现代生产要素，因此，改造传统农业的核心，是引入可以打破既有技术稳态和效率均衡的新要素。[1]

19世纪伟大的德国化学家冯·李比希，1861年以巴伐利亚科学院院长的身份做了一个报告，在学术界掀起一场大辩论。由于坚信农业的进步紧密地依赖于更为基础的各科学领域发展，他力主把农业院校从农村搬到城市来办。幸运的是，李比希舌战群儒、力排众议，最终在争论中胜出，农业院校由此改变了在农村兴办的做法。[2]从那以后一个半世纪的科技进步、产业发展和农业现代化的历史，都证明了李比希的先见之明。

新科技革命的蓬勃兴起和农业现代化的新实践，并没有使李比希和舒尔茨所揭示的规律过时，反而更加突出地显示出：保持与新型工业化、

---

[1] Theodore William Schultz, *Transforming Traditional Agriculture*, University of Chicago Press, 1964.

[2] ［德］考茨基著，梁琳译：《土地问题》，生活·读书·新知三联书店1955年版，第69—70页。

信息化和城镇化的同步发展，是农业获得最新现代要素的根本途径和主要渠道。只不过，这个新要素的概念更加丰富，包括一切科技创新和市场机制设计的成果。从现状出发来认识，"四化同步"中的农业现代化，面临着双重的任务或两步战略。

相对于已经实现了农业现代化的国家，以及相较于新型工业、信息产业和城市，中国农业面临着加速赶超的繁重任务，亟待填补诸多现代化差距和缺口。这可以被视为一个"静态赶超"的过程。与此同时，科学技术的最新进展，特别是人工智能革命、气候变化提出的更高要求，以及其他产业领域的突飞猛进，要求农业实现跨越式赶超，即尽快进入"动态赶超"的轨道。

中国式农业现代化应该把这样两个赶超过程有机地结合起来，毕其功于一役。首先，新型工业化为农业生产方式现代化提供软件和硬件支撑，其发展水平的高或低以及与农业产业关联的疏或密，决定了农业生产要素的性质和配置的高度。其次，信息化的发展和数字技术的广泛应用，以对农业农村的覆盖和普及为标志，在多大程度上消除甚至避免城乡之间的数字鸿沟，决定了农业与数字经济的融合深度。再次，新型城镇化和乡村振兴是同一枚硬币的两面，两者之间的同步性，既要体现在数量上，也要体现在质量上。

当代科技的发展对农业现代化提出空前严峻的挑战，设定了紧迫应对的时间表，也为农业现代化提供了前所未有的机会窗口和潜力空间。我们可以从世界农业科技发展前沿和方向、农业发展的一般趋势，以及中国在2035年基本实现农业现代化需要克服的创新障碍等方面，认识这种挑战和机遇。

实际上，科学技术革命的最新进展，同时打开了农业科技的前沿，揭示了世界农业发展的前景。相应地，农业这个产业也日益进入信息化主导、生物工程引领、智能化生产和可持续驱动的现代农业发展阶段，世界农业科技、生产、经营和贸易格局得到根本改观。[①]

例如，生物科学特别是微生物科学、基因科学、新材料科学、互联网特别是移动互联技术、人工智能特别是生成式人工智能、机器人和无人机、大数据及其分析技术、卫星定位、新型装备技术等，一方面通过改变制造业的面貌、形成新型基础设施、显著增强数字经济的联结性等方式，间接促进农业的技术变革和高质量发展；另一方面通过在农业中发挥直接作用，改善农业生产的受控环境，降低农业对水资源和土地要素等的依赖，形成高产高质、精准、可再生和低碳等新特征，同时也促进更高效率的产品市场发育，直接推动农业现代化。

第二节　农业强国的内涵与特征

建设农业强国是党中央依据国情、针对中国式现代化要求做出的战略部署。农业强国在内涵上无疑与农业现代化相一致，也可以用一系列相同的指标进行描述。然而，之所以提出这个战略要求，毕竟在于它并不完全等同于农业现代化的要求。学术界进行了相关的讨论，对于这个要求的特殊必要性做出有益的阐释。[②]这里，我们尝试做一个高度浓缩的陈述，即农业强国的根本目标，是通过与中国式现代化相一致的农业现代化路径，建设一个与中国大国地位相匹配、与整体现代化相适应的农业经济。

为了更好地认识农业强国的内涵、中国农业仍然存在的差距，以及实现任务目标的着眼点和关键抓手，有必要进行国际比较。客观地说，我们无法确定地指出哪些国家具有农业强国的地位，更不确定哪些国家

---

① 黄季焜、解伟、盛誉等：《全球农业发展趋势及2050年中国农业发展展望》，《中国工程科学》2022年第1期。

② 参见姜长云著：《农业强国》，东方出版社2023年版，第一章。

的农业发展对于中国建设农业强国具有直接的借鉴意义。这里，我们尝试根据一定的标准或指标水平，按照距离农业强国由近及远的方式列出一组国家，希望能够提供一个有用的参照系。在判断标准或指标的选择上，总体上有以下几点考虑：

首先，农业劳动生产率是衡量农业强与不强的最重要指标，在相当大的程度上涵盖了诸多更具体的农业现代化指标，也反映一个国家经济整体的劳动生产率水平。保障粮食安全，归根结底表现为持续增强的农业自生发展能力和竞争力，需要不断提高的劳动生产率予以支撑。因此，在比较中我们把农业劳动生产率，即按每个农业就业人员对应的农业增加值作为核心的比较依据。

其次，以人均GDP衡量的经济整体发达程度，通常也与科技发展水平相对应，因此是国家强与不强的基本标识。那些尚未进入高收入国家行列的国家，即便具有较重要的农业经济，甚至可能在国际上具有举足轻重的农业贸易地位，也很难成为一个农业强国。所以，我们将低收入和中等收入国家排除在比较范围之外。由于2021年和2022年中国人均GDP均超过12000美元，十分接近于世界银行定义的高收入国家门槛水平，所以，我们进行比较的对象，按人均GDP水平来说均高于中国。

再次，农业强国与农业现代化两个概念毕竟有不同的侧重点。特别是考虑到国际比较对中国的针对性和借鉴意义，我们对农业强国做出较为严苛的界定。如果一个国家不能保持粮食的基本自给自足，即便是靠高效、盈利的经济作物这种被视为具有竞争力的农业经济，或许符合现代化农业的标准，却未必具有农业强国的地位。不过，考虑到有些国家以现代化畜牧业著称，因此，也不妨把农牧渔业增加值占世界比重作为一个参考因素，以避免把新西兰这样的国家排除在比较范围之外。

最后，诸如农业就业比重和增加值比重、农产品出口比重、农业科技发展水平等指标，既显示一国农业的比较优势，反映农业现代化水平，也与农业强国地位相关，都值得予以考量。然而，一方面，这些指标有些已经体现在农业劳动生产率的决定因素之中，另一方面，有些因素也

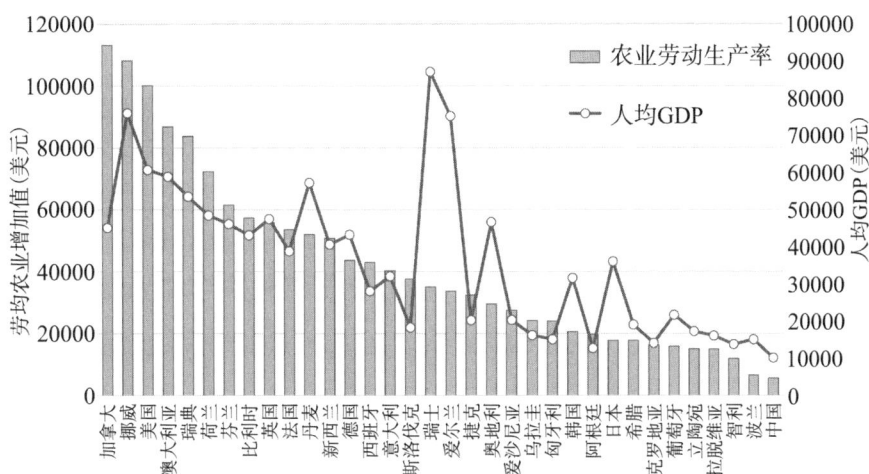

图3-1 部分国家的农业劳动生产率

注：阿根廷的劳均农业增加值系根据其他信息估算的现价数字。

资料来源：世界银行数据库网站（https://data.worldbank.org/）。

同人均GDP水平相关联，并且我们的目的只是确立一个参照系，而不是构造一个农业强国的指标体系，故为了简洁起见，这里没有把类似的指标纳入考量。

当然，任何国际比较都受限于数据的可获得性。因此，由缺乏数据所导致的对某些可能属于农业强国的国家的遗漏，也是在所难免的遗憾。此外，即便进入这个排列，甚至排位相对靠前，由于未能考虑到的其他因素，也不排除把算不上农业强国的国家置于其中。于是，我们拟进行的国际比较，旨在表明这些处在高收入阶段的国家，具有较高的农业劳动生产率，并且农业经济并非只是处于微不足道的位置。

全面考虑各因素后，列入比较范围的国家需要符合以下条件：第一，以人均GDP为准，均为世界银行定义的高收入国家。第二，如果谷物的人均拥有量低于世界平均水平（3829千克），则需要引入另一个指标，即农业增加值占世界比重至少不应低于1‰。第三，农业劳动生产率均排在中国目前的该指标水平之前。如图3-1所示，可以被纳入视野，或者说在一定程度上可以作为参照系的此类国家，充其量不过33个。或许，其中有些国家作为农业强国并非当之无愧，但是，把这些国家作为整体，特别关注其劳动生产率的良好表现，不啻为中国在建设农业强国道路上的他山之石。

在本书的绪论中，我们归纳了农业农村现代化的若干特征化事实，与这里描述的农业强国特征也是契合的。如果说这里涵盖的国家可以被称为农业强国，或者接近于农业强国的话，大可将其作为中国建设农业强国的一个参照系。诚然，在农业份额、城市化率、工农业协同和城乡均衡发展，以及资源可持续、环境友好和生态文明等方面，中国均有待缩小与这个参照系的差距。然而，最根本的差距，从而也是建设农业强国的主要难点，在于农业劳动生产率。

第三节　农业劳动生产率徘徊之谜

一般来说，影响农业劳动生产率的因素包括农业技术水平、国家财政支持力度、剩余劳动力转移程度，以及人力资本改善程度等诸多方面。中国在大多数这些领域的改善都十分显著的同时，也有少数指标的情况不尽如人意。从改善明显的方面看：一是农业技术进步。目前中国农业科技成果转化率已经超过62%，农作物良种覆盖率稳定在96%以上，农作物耕种收综合机械化率超过72%。二是财政投入。在2007—2022年期间，国家财政用于农林水事务支出的增长幅度（5.6倍），显著高于国家财政支出增长幅度（4.2倍），该项支出占国家财政支出的比重从6.8%提高到8.6%。三是剩余劳动力转移。第一产业就业比重已经从2003年的49.1%下降到2022年的24.1%。

改善不尽如人意的，是农业生产经营者的人力资本状况。我们用第一次和第三次全国农业普查数据的对比，反映1996—2016年期间的变化（见表3-1）。在此期间，农业生产经营者人数从4.34亿减少为3.14亿。虽然农业生产经营者整体受教育程度有明显的提高，但是，务农人员的大龄化和老龄化程度也明显提高。鉴于中国人力资本的年龄分布特征，表

表3-1　农业生产经营者人口特征

单位：%

年龄结构			教育结构		
统计时间	1996年	2016年	统计时间	1996年	2016年
35岁以下	85.1	19.2	小学以下	62.9	43.4
36—55岁	37.1	47.3	初中	32.9	48.4
56岁以上	14.0	33.6	高中以上	4.1	8.3

资料来源：国家统计局"国家数据"（http://www.stats.gov.cn/sj/pcsj/）。

现为年龄越大受教育程度越低，在农村尤其如此，因此，务农人员年龄的提高，不可避免地大幅抵消了这个人群受教育水平整体提高的效果，务农人员的人力资本要么没什么改善，要么改善的幅度不甚显著。

改革开放以来，中国农业发展的外部环境和内在动力均得到显著改善，不仅表现在农业经济的整体增长上面，也表现为农业劳动生产率的显著提高。以平均每个农业就业人员生产的农业增加值来衡量，在1978—2022年期间，以现价计算的第一产业劳动生产率提高了138倍，增长幅度显著高于第二产业（90倍）和第三产业（99倍）；如果以1978年不变价计算，第一产业劳动生产率提高了10倍，增长幅度比增长了8倍的第三产业高出不少，但是，依然显著地低于增长了21倍的第二产业。

固然，农业劳动生产率提高的成效，就这个产业自身面貌的变化而言可谓差强人意。但是，与非农产业的劳动生产率表现相比，仍然存在着非常明显的滞后。这里所谓农业劳动生产率"滞后"，同第二产业相比，就意味着农业生产率提高速度的绝对落后；同第三产业相比，则意味着农业生产率提高速度尚不足以缩小既有的差距。我们可以分别按照1978年不变价和现价两种口径，计算三个产业的劳动生产率并进行比较。从中清晰地看到，第一产业劳动生产率相当于第二产业和第三产业劳动生产率的百分比，基本处于30%以下的水平，虽然在整个改革期间经历过起伏，但是，农业劳动生产率大幅度偏低的状况，至今没有得到根本性的改变（见图3-2）。

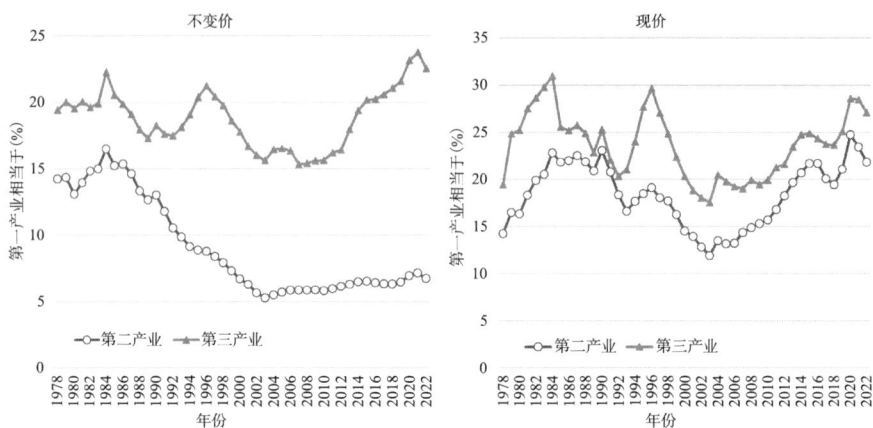

图3-2 农业劳动生产率与非农产业劳动生产率的差距

资料来源：国家统计局"国家数据"(https://data.stats.gov.cn/easyquery.htm? cn=
C01)。

为了更清晰地观察农业劳动生产率的相对表现，以便进一步剖析问题产生的原因，进而破解农业劳动生产率徘徊之谜，我们还可以计算一个有用的指标——比较劳动生产率，即一个产业增加值比重与该产业就业比重之间的比率。从计算方法可见，一个产业的比较劳动生产率如果小于1，则意味着既定水平的劳动力投入，未能创造出与之量级相对应的产业增加值。

在图3-3中，我们展示按照1978年不变价口径计算的三个产业比较劳动生产率。在1978—2022年期间，第一产业的比较劳动生产率始终显著小于1，并且具有降低的趋势，大体上从0.4降低到0.2；第二产业的比较劳动生产率一直大幅度地大于1，显著高于第一产业和第三产业，在2003年曾经高达3.2；第三产业的比较劳动生产率虽然显著大于第一产业，但是一直处于降低的趋势中。大约在中国经济到达刘易斯转折点之后，即2004年以来，在三个产业的比较劳动生产率之间，出现了相互靠拢的趋势。虽然这只是一种微弱的趋同现象，也在一定程度上反映了农业剩余劳动力转移以及产业结构调整的效果。

笔者以前的研究表明，统计部门的分类口径，易于导致对农业劳动

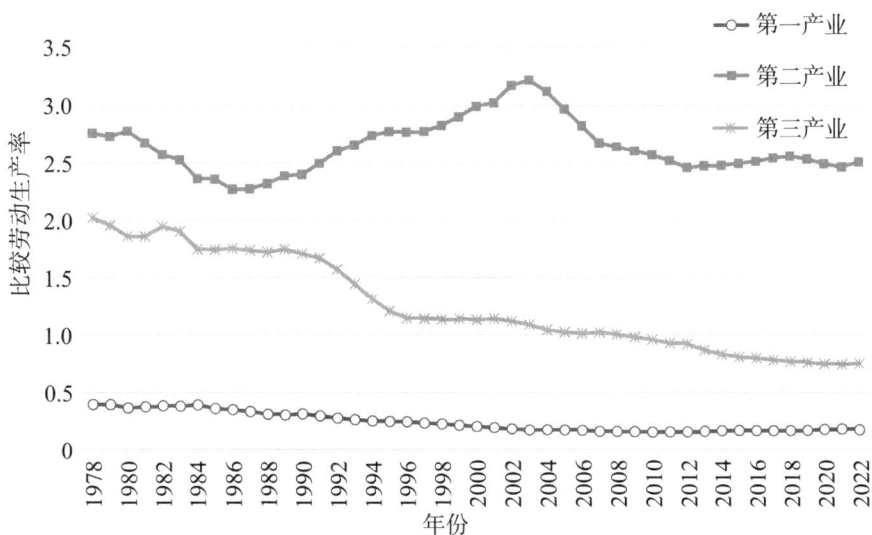

图3-3　三个产业的比较劳动生产率及其变化

资料来源：国家统计局"国家数据"（http://www.stats.gov.cn/）。

力数量和比重的高估。①如果考虑到这一因素，现实中农业比较劳动生产率与第二产业和第三产业之间的差距，应该不像官方统计数字所显示的那么大，因而近年来在三个产业之间发生的劳动生产率趋同，在幅度上或许更明显。不过，农业与非农产业在这个指标上的显著差距，无论如何还是存在的。因此，农业劳动生产率之谜仍然有待破解。

　　为了进一步认识中国农业比较劳动生产率的表现特点，我们可以进行一个农业比较劳动生产率的国际比较。也就是说，把中国与图3-1中农业劳动生产率排在中国之前的国家进行比较。我们先来看农业劳动生产率最高的一组国家，即排在最前面的5个国家。这些国家农业比较劳动生产率的算术平均值为0.81，明显高于中国。再来看最靠近中国的5个国家，其农业比较劳动生产率的算术平均值为0.42，略高于中国，其中波兰还低于中国。

――――――――――

① 蔡昉：《中国经济改革效应分析——劳动力重新配置的视角》，《经济研究》2017年第7期。

由此可以得到两点启示。其一，农业劳动生产率的较高水平，对应着农业比较劳动生产率的较高水平。如果说农业比较劳动生产率的定义本身，便能够提示出改善这一指标的方法，这也就同时指出了提高农业劳动生产率的途径。显而易见，这就是农业比较劳动生产率的分子效应（增加农业产出）和分母效应（减少农业劳动力）。其二，即便那些农业比较劳动生产率与中国比较接近的国家，农业就业比重也明显比中国要小，这意味着，中国在降低农业就业比重，或者说发挥潜在的分母效应上仍有很大潜力。

从比较劳动生产率的计算方法来看，造成农业在这个指标上相对落后的原因，无非在于该产业的就业比重，相对于产值比重而言过高。例如，2022年第一产业的增加值占GDP比重只有7.3%，就业在全国就业中的比重却高达24.1%；与之相比，第二产业的增加值比重和就业比重分别为39.9%和28.8%，第三产业这两个比重分别为52.8%和47.1%。

可见，农业比较劳动生产率低的直接原因，就是增加值比重与就业比重之间的严重不对称。既然以这两个比重降低为内涵的农业份额相对下降，是经济发展的一般规律，那么问题出在农业就业比重的下降，严重滞后于增加值比重的下降。由此得出的政策含义便是，农业劳动力的转移应该继续并加速。不过，同时阻碍农业劳动力转移，以及农业劳动生产率进一步提高的深层障碍，是土地经营规模过于狭小。我们将在第五节更深入地讨论这个问题。

第四节　新科技革命与农业技术进步

当今世界正在经历新一轮科技革命。无论是用提炼的方式定义这一轮科技革命的特点，还是用列举的方式揭示这一轮科技革命的关键领域，都必然得出一个结论，那就是这次科技革命具有不同于以往的优越性。相应地，也如同以往任何一轮科技革命一样，这一轮科技革命必然导致不同寻常的产业格局剧变，特别表现在不断取得新突破的生命科学、新材料、人工智能、移动互联网、大数据、云计算、物联网等技术应用对产业的根本改造。

科学技术进步和在产业中的应用，是劳动生产率提高的根本源泉。这对新科技革命来说更是如此，对农业来说意义尤其重大。对于农业中的技术变迁来说，长期以来颇具解释力的经济学理论，是所谓的"诱致性技术变迁"。[①]按照这个理论预期，一个国家或地区的农业技术变迁，是由反映要素相对稀缺性的要素相对价格所诱导出来的。

从传统的农业要素来看，在土地稀缺而劳动力富余的禀赋下，技术变迁通常遵循更节约地使用稀缺土地，以及更充分使用丰裕劳动力的方向发生。换句话说，在这种禀赋条件下，农业技术变迁更着重于提高土地生产率。例如，我们熟知的在诸如育种、栽培、合理施用农药化肥等方面发生的农业技术进步，就是着眼于提高土地的单位面积产量。

随着经济发展阶段的变化，要素的相对稀缺性也会发生变化。一旦劳动力变成短缺的要素，提高劳动生产率就成为技术变化的新方向。例如，如果把农业机械按照小型与大中型做一个区分，大体上以小型农业机械的增长作为技术变迁对节约土地需求的反映，以大中型农业机械的增长作为技术变迁对节约劳动力需求的反映，可以想象得到，在2004年中国迎来刘易斯转折点前后，劳动力与土地的相对稀缺性发生变化，这两类农业机械的相对增长速度必然是不一样的。

实际数据的确表明，大体上以2004年为转折，此前小型农业机械的增长速度相对快，之后大中型农业机械则实现了增长的反超。相应地，农业中物质资本的投入增长，也表现出比劳动力投入增长更快的速度。一项基于全国农产品成本收益调查数据的研究也表明，2004年之后，粮食生产的实际物质与服务费用加快上升，单位面积的用工数量则呈现出

---

① Yujiro Hayami and Vernon Ruttan, *Agricultural Development: An International Perspective*, Baltimore and London: The John Hopkins University Press, 1980.

大幅度的下降。与此同时，资本与劳动之间的投入比率加快提高，导致资本的边际生产力显著降低。[①]

这种趋势也符合经济学的传统预期，即农业发展遭遇到报酬递减规律的困扰，成为农业劳动生产率提高的一个新的堵点。然而，新科技革命的崭新特点，特别是具有深度学习能力的人工智能的最新发展、数字技术与包括农业在内的产业的深度融合，已经在改变经济学的传统范式，也呈现出有助于中国农业发展摆脱各种困扰的希望。相对于传统的诱致性技术变迁理论，新的农业技术变迁经济学范式，预示着若干可能的突破。把这个领域理论范式的转变与关于经济学的新思考结合起来，我们将阐释中国农业技术进步的新方向及其政策含义。

首先，打破技术偏好的传统界限。随着新的科技要素，譬如说数据要素进入直接经济增长过程，农业发展的投入要素不再局限于土地、劳动力和资本。相应地，技术变迁也不仅仅由节约这些传统要素的动机所引导，提高各种要素生产率的任务如今可以集于一身。不过在统计上，无论是由何种技术导致的资本、土地和劳动力等传统要素的效率提高，最终仍然可以用产出与投入劳动力数量之比，或者说广义的劳动生产率指标来衡量。正因为如此，我们始终应该把劳动生产率放在中心位置，让其发挥引领和激励技术变迁的作用。

其次，打破资源要素边界和报酬递减规律。经济学的传统理念认为资源是有限的，要素也总是具有相对和绝对的稀缺性。但是，人工智能引领的数字技术，特别是借助互联网平台被应用到产业中之后，扩大使用者范围所产生的边际成本几近为零。数据要素充分替代其他要素的可能性，也打破了始终困扰经济发展的要素稀缺制约、报酬递减规律和比较优势约束等"定律"。不过，新科技潜在具有的这个终极效应，并不会自然而然地产生，需要从促进生产要素的充分流动和重新配置入手，根

---

① 蔡昉、王美艳：《从穷人经济到规模经济——发展阶段变化对中国农业提出的挑战》，《经济研究》2016年第5期。

据制度需求不断创造体制条件和市场环境，通过数字技术与产业的高度融合实现。

再次，技术创新具有更广泛的含义。在经济学家约瑟夫·熊彼特看来，创新包括生产新产品、采用新方法、开辟新市场、获得新的投入品，以及采取新的组织形式。创新的这几个方面同时也可以被看作是创新的几个环节，其中技术创新既是整个过程的起点，也是贯穿始终的红线。对于农业技术创新而言，整个过程包括基础研究、应用研究、技术推广和技术应用等几个环节，分别由不同的主体推动，也受不尽相同的经济规律支配。

例如，基础研究产生结果的主要特点是社会效益，因此这个过程更多依靠政府的投入推动；应用研究和技术推广则融合社会效益和市场效益，可以由具有一定盈利动机的技术机构来实施；技术应用取决于市场主体譬如农业生产经营者，按照市场盈利的原则进行选择。在气候变化日益危及人类生存的条件下，政府与市场主体的职能交界点越来越多。因此，技术创新不仅受到要素禀赋的影响，也越来越需要对土地、水资源、生物多样性和生态环境的新要求做出反应。[①]

最后，技术创新需借助资源配置和再配置机制。从创新的角度来看科技进步和应用对提高生产率的作用，需要认识到，劳动生产率归根结底是一种资源配置效率。技术进步从来不是平铺直叙和波澜不惊地发生的，而是通过不断进行的资源要素重新配置才能实现。也就是说，只有让那些创造和应用新技术，从而提高了生产率的市场主体生存和壮大，让那些在创造和应用新技术方面失败，从而生产率停滞不前的市场主体退出和萎缩，宏观经济或产业才能实现创新发展，劳动生产率才能获得整体提高。这个道理也说明，为什么熊彼特把创新定义为一个创造性破

---

① Stéphane Marcel, *Numérique : les promesses de la transformation du monde agricole*, Les Echos website, Publié le 27 févr. 2023: https://www.lesechos.fr/idees-debats/cercle/opinion-numerique-les-promesses-de-la-transformation-du-monde-agricole-1910341.

坏的过程。

在市场经济条件下，实质性提高农业劳动生产率的要求，决定了这个产业不能置身于创造性破坏和优胜劣汰机制之外。然而，国家粮食安全的要求、食品供给在民生中的特殊重要性，以及农业劳动者和农户利益的考量，都要求在促进农业发展的过程中，既要抓住阻碍劳动生产率提高的堵点和难点，着力予以破解，也要做出符合该产业特点和特殊国情的制度安排，实现效率与公平、创造与破坏、优胜与劣汰的有机统一。

第五节　打破狭小经营规模的制约

如前所述，农业经营规模的狭小，构成农业劳动生产率提高的一个关键堵点。那么，中国农业经营规模究竟有多小呢？我们可以结合国家统计局的年度统计数据与三次全国农业普查数据，归纳一下平均每个农业生产经营单位（含农户）耕种的土地规模及其变化。[1]总体上说，从农村实行家庭联产承包制，农户成为土地的承包经营者即基本经营主体以来，户均耕种的土地面积在规模上没有发生实质性的变化。

从起点来看，1984年全国在总体上完成了土地的承包到户，当年的农村住户数为1.88亿户，全国耕地总面积为9785万公顷，因此，户均耕种的土地面积为0.52公顷。从那之后，土地经营规模的变动情况如何呢？由于关于全国耕地面积数据的发布不那么具有系统性，从不同来源获得的数据在口径和数值上也略有差异，所以，我们尝试做了一些必要且可信的调整，得以按照大体相同的口径，展示平均每个农户耕种土地规模的变化（见图3-4）。

从图3-4中，我们可以解读到以下信息：首先，自20世纪80年代中

---

① 参见国家统计局"国家数据"（http://www.stats.gov.cn/sj/），以及图3-4中注释的出处。

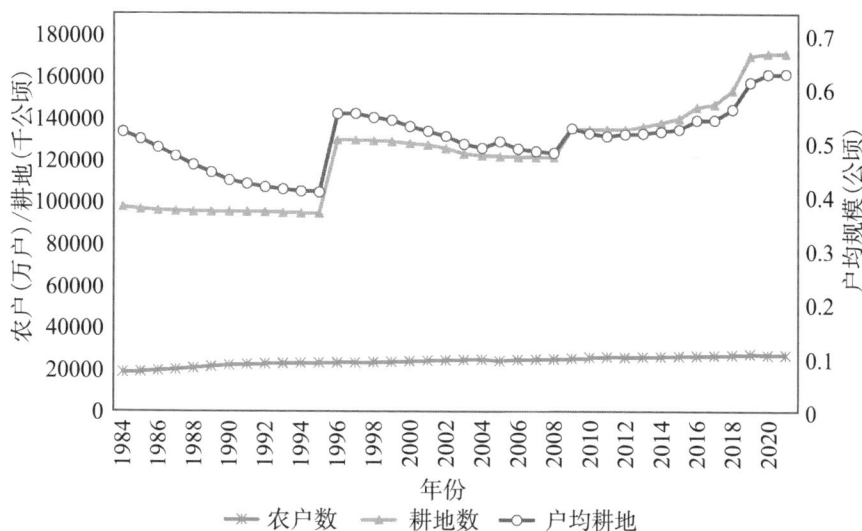

图3-4　户均耕种土地规模的变化

资料来源：计算所用到的全国农户数和耕地总规模数据，分别来自国家统计局《新中国六十年统计资料汇编》（中国统计出版社2010年版）、农业农村部《中国农村经营管理统计年报》（中国农业出版社，历年）和农业农村部《中国农村政策与改革统计年报》（中国农业出版社，历年）。

期以来，户均土地规模的变化微小，总体上在0.5—0.6公顷之间徘徊。其次，全国耕地数据发生过一些扰动，并影响了户均耕地的数值，但是，这主要是由于统计和调查口径的影响，未必是实际发生的规模变动。再次，这期间全国农户总数平稳地增加了45%，从1.88亿户增加到2.73亿户。同期，农村人口和劳动力却大幅度减少。这不仅反映了农村家庭规模的缩小，也必然意味着农村家庭的老龄化。甚至也可以说，农户总数的超稳定结构也是城镇化的一个非典型特征，在一定程度上也是制约农村劳动力彻底转移的一个因素。

我们还可以利用三次全国农业普查数据，与上述农户经营规模数据做一个相互印证。在1996年第一次全国农业普查时，包括农户在内的全国农业生产经营单位数为1.93亿个，总耕地面积为1.22亿公顷，每个单位平均耕种土地面积为0.63公顷。2006年第二次全国农业普查显示，全国有2.0亿个农业生产经营户、39.5万个农业生产经营单位，当年耕地总面积为1.22亿公顷，如果我们把农业经营单位与农业经营户合并看待，每个农业生产经营单位耕种的土地面积为0.61公顷。第三次全国农业普查显示，2016年全国共有204万个农业经营单位和2.07亿个农业经营户，同年全国有耕地1.35亿公顷，平均每个农业经营单位耕种的土地面积为0.64公顷。[①]

以农业普查最新数据即0.64公顷代表目前中国的农业经营规模，我们可以通过国际比较，看一看这是一个怎样的水平。从联合国粮食及农业组织（FAO）汇集的农业普查数据中，我们可以看到136个国家和地区最近时期的平均农业规模。[②]从中可见，农业经营规模最小的5个国家和地区（中国在其中），土地规模的简单平均值仅为0.46公顷，排在这一组之后的5个国家和地区，平均土地规模便提高到0.77公顷，已经显著高于中国的水平；而农业经营规模最大的5个国家和地区，平均农场面积则高达1492公顷。可见，世界上农业土地的经营规模可谓天差地别。

从中国居于世界上农业经营规模最小的位置上这一事实，不难解答农业劳动生产率徘徊之谜。从根本上说，这种狭小的土地耕种规模，容纳不下适宜规模的其他要素投入，更不用说有一定规模经济要求的现代化生产要素了。不过，改变小规模农业经营现状，是一个需要假以时日的长期历史过程。现实的路径应该是，一方面，创造必要的外部政策环境，促进小农户和现代农业发展的有机衔接[③]；另一方面，激发农户的内生动力，建立有效的体制和机制，促进农业逐步转向适度规模经营。这都有赖于我们对于适度规模经营的必要性有一个到位的认识，进而对现状做出准确的判断。

首先，在目前的土地经营规模格局下，劳动力的利用是不充分的，

---

① 需要指出的是，并非所有耕地都承包到了农户，所以实际的户均耕种面积甚至可能更小。

② 参见FAO官方网站数据库（https://www.fao.org/faostat/en/#data/WCAD）。

③《中共中央办公厅　国务院办公厅印发〈关于促进小农户和现代农业发展有机衔接的意见〉》，新华社北京2019年2月21日电。

人均产出必然受到限制。例如，第二次全国农业普查数据显示，2006年近80%的务农劳动力，其耕种土地面积不超过0.67公顷这个户均水平。换句话说，每个农业劳动力的平均产出，无法超过每户平均拥有土地规模所能容纳的水平，从而劳动生产率受到制约。这实际上也造成一种悖论：在现实中不乏转移就业机会的条件下，农业劳动力却依然处于剩余状态。

其次，在这样的狭小土地面积上，以农业机械、装备和设施等为表现形态的物质资本投入，无法达到现代化农业生产方式的规模要求。这表现为，在现代化要素投入尚未达到最佳水平时，就过早发生边际投入的报酬递减现象。也就是说，由于狭小的农业经营规模无法与物质资本投入和现代科技应用相适应，制约农业劳动生产率的提高就成为一种难以避免的现象。

再次，过于狭小的土地经营规模，也使得农业生产经营单位，在与社会化程度更高的其他产业联结时、与社会化程度更高的产品和要素市场对接中，以及在借助政府和社会扶助以取得新的发展机遇时，在相当大的程度上受到制约，陷于生产效率和政策实效都较低的境地，从而妨碍其与现代农业发展进行有机衔接。学术界热衷于讨论的农户难以获得必要的金融服务等难题，就是一个典型的例子。

"小的是美好的"一度成为经济学的流行理念。就农业经济而言，舒尔茨在其著作《改造传统农业》中论证，规模经济并不是绝对必要的，小农户完全可以有效率。很多其他研究也发现，小规模农业对于减贫、容纳就业、食物供给均可以发挥积极的作用。在中国实现家庭联产承包制的早期，为了论证这种改革的必要性和有效性，也为了稳定家庭的经营主体地位，学术界和政策研究圈也热衷于论证，小规模农户与当时的生产力状况是相适应的。

从众多关于小规模农业前途的国际研究中，可以揭示出一个规律性的现象，即小规模农场的作用与发展阶段密切相关。[①]也就是说，随着经济发展进入更高的阶段，在全球经济大环境的新变化下，维系小农经济的难度越来越大，同时，小规模农业在农村减贫、经济增长、增加农民收入等方面的作用也有所式微，因而提出了紧迫的小农经济转型任务。对中国来说，在更高的发展阶段上实行农业强国的更高目标，在更高层次上发挥农业经济在经济发展中的基础性作用，也要求打破现行经营规模的制约。

在进行国际比较时我们可以看到，很多具有人均耕地稀少的资源禀赋特征，因而农业经营规模具有偏小特征的国家，也随着农业现代化的推进，不断扩大了户均土地规模。在发达国家中，日本一直以来就以农业经营规模小著称，然而，进入21世纪以来，日本农场平均规模的扩大速度明显加快。例如，2000—2005年日本农场平均规模为1.2公顷，为中国的1.85倍；2010—2015年提高到2.51公顷，为中国的3.86倍；2020年进一步提高到3.01公顷，为中国的4.63倍。

对于中国而言，促进小规模农业的转型，特别是扩大经营规模，既与跨越了刘易斯转折点、人口红利加速消失、亟待转换增长动能的发展阶段变化相适应，也更加符合建设农业强国、实现农业农村现代化和"四化同步"的要求。中国农业经营规模太过狭小的不利特征，也可以被看作是推进上述过程的巨大潜力。一方面，无论从哪个角度来说，在推进现代化的进程中，通过土地流转、农业劳动力的转移和劳动生产率的提高，实质性扩大农业经营规模，均显现出一种必然性和紧迫性。另一方面，这个过程带来的农业乃至整体劳动生产率的提高，也足以在宏观层面产生实实在在的改革收益，并转化成为微观环节改革推进的激励。

[①] Peter Hazell, Colin Poulton, Steve Wiggins, and Andrew Dorward, "The Future of Small Farms for Poverty Reduction and Growth", *2020 Discussion Paper*, No. 42, 2007, Washington, D.C.: International Food Policy Research Institute.

第六节 制度创新与市场机制设计

中国农业劳动生产率长期徘徊之谜，或者说农业劳动生产率的提高始终跑不赢非农产业的原因，的确与农业作为一个产业所具有的若干特殊性有关。这些产业特殊性，同时也是农产品作为市场交易的对象，以及农村作为一个经济社会活动领域，存在着诸多独特表现的原因。这些产业特征的存在，与其说直接造成对农业发展的不利结果，不如说易于使人们在理念上低估扩大农业经营规模的必然性、必要性和紧迫性，从而在政策上可能偏离解决问题的正确方向。

作为农业和农产品的一个特点，大多数农产品具有不同于其他产品的供给价格弹性，必然在市场运行中有所反映，成为一种经济现象。包括农牧渔业产品在内的农产品，通常具有生产周期相对长、土地这类要素在配置过程中流动性弱等特点，导致农产品供给对市场信号的反应较慢，或者说供给的价格弹性较小。与此同时，农业生产过程易于受到如气候和瘟病等不确定因素的影响，农产品的供给波动通常较大。此外，作为一种生活必需品或刚需消费品，农产品需求量常常也不会随着价格的变动做出迅速调整。

农产品供给和需求的诸种复杂关系，使这种产品的市场结清面对着更大的难度、需要花费更长的时间，因而在恢复供求均衡的过程中，生产者和消费者双方都会遭受损失。这种产品市场的过大波动以及缓慢恢复均衡的现象，在经济学中被称为"蛛网现象"。其中一种特殊表现就是生猪生产和猪肉供给中的巨大市场波动现象，在中国被称为"猪周期"。

与其他农业部门和非农产业相比，生猪的生产周期和调整过程尤其长，还面对着一些对其他产业来说不甚明显的风险。一方面，即便面对可以接受的市场价格，生产者通过重置能繁母猪形成产能，进而经过繁育仔猪、存栏饲养直到出栏的过程，也往往成本高、风险大且耗时长；

另一方面，在价格变得不利时，生产者不仅减少饲养和出栏数量，还不得已地破坏生产能力即淘汰能繁母猪，使下一轮恢复生产必须从头做起。

市场供求关系达到均衡的这种滞后性，通常导致猪肉价格的大起大落，反过来还会造成生产者的过度反应，使市场均衡更难实现，以致周期性、过剧波动反复出现。结合观察图3-5，有两个现象值得特别指出来。其一，猪肉在其中占比高达73%的畜肉类价格波动极大，并且形成以数年为一个波段的周而复始。其二，肉价对食品消费价格的影响巨大，随着这种冲击效应被传导至消费者价格指数的变化上，便会产生对居民消费乃至基本民生的不利影响。

农产品市场供求关系的发散性是一种被普遍观察到的现象，"蛛网模型"也是经济学中一个重要的研究话题。例如，据说凯恩斯早在1942年就曾经访问美国物价管理局，希望与美国同行探讨粮肉价格的周期波动，或者用他自己的话说，探讨"玉米和猪"的问题。[1] 由此可见，把"猪周期"现象归咎于诸如散户养猪这样的单一因素，很可能没有抓住问题的关键。至少可以说，为了增进理论认识以及揭示政策含义，我们需要考虑到更为一般的生产者行为因素，而不是过于强调这个生猪市场的特殊性。认识到位有助于得出正确的政策结论，破解"猪周期"现象也就并非不可能完成的任务。

农产品市场表现出的发散性并不意味着市场的完全失灵，尝试用非市场的手段去应对，则无异于缘木求鱼，反而贻误农业劳动生产率提高的机会，使得这个产业无法形成自身的竞争力。与此同时，当我们说农业不是市场配置资源的例外情形，也丝毫不意味着可以假设市场是完美无瑕的。让易于波动的农产品市场自发作用成为主宰，对农业产能特别是生产者采取招之即来、挥之即去的态度，也是不可取的。

20世纪早期任美国财政部部长的安德鲁·梅隆曾经说过一段话，可

---

① ［美］约翰·肯尼思·加尔布雷思著，何永昌译：《权力》，中信出版社2023年版，第Ⅶ页。

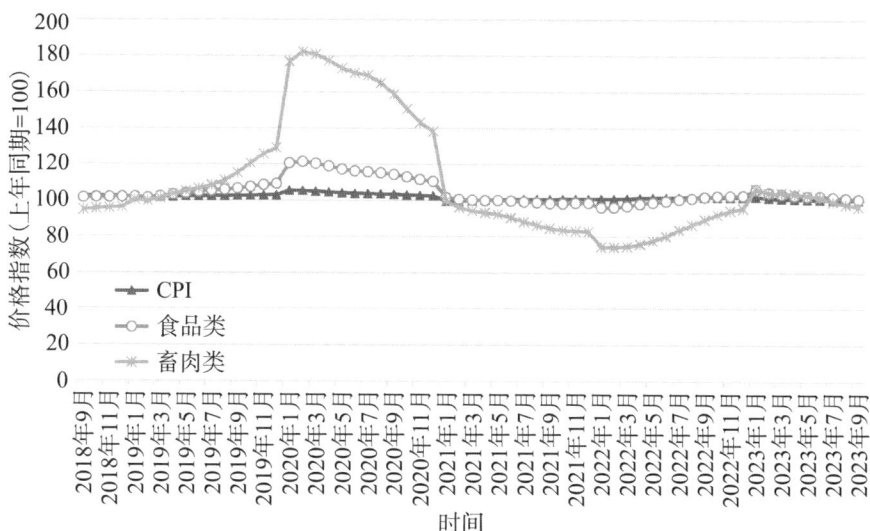

图3-5 各种消费价格指数变动趋势

资料来源：国家统计局"国家数据"（https://data.stats.gov.cn/easyquery.htm? cn= A01）。

以说是市场原教旨主义或者新自由主义经济政策的宣言：结清劳工、结清股票、结清农民、结清房地产。[①]这里所谓的市场结清，是指在产品价格和供求数量不受任何限制的条件下，通过价格浮动调整供求数量，在当期实现市场均衡。不受限制地"结清"市场，就意味着不计价格涨跌和产能兴衰的后果。在农业经济情形下，供求关系的调整涉及农业产能、农民收入、消费者价格和供给保障，关乎宏观经济和民生的稳定，显然不能任由市场以自发作用结清农业生产能力和农民本身。

同样重要的是，农产品市场并不注定要遭遇市场失灵。很久以来，就有经济学家发现，农产品市场难以实现均衡，因而形成一种蛛网模式，是假设生产者仅仅具有静态预期，仅仅把当前的价格作为一系列调整行为的依据。因此，如果生产者事实上具有适应性预期，即借助动态反馈机制来修正自己的预期，并据此做出生产调整，则市场更容易实现均衡。进一步，如果假设生产者具有理性预期，即可以有效利用能够获得的所

---

① Martin Wolf, "The Battle over Monetary Policy", *Financial Times*, 30/31 July 2022.

有信息，据此做出供给决策，则市场过度波动现象在很大程度上可以得到克服。[①]

然而，身处尚未充分发育的产品市场，单个生产者并不会天然地获得所有必要的信息，形成理性预期需要一定的制度环境、市场条件和经营能力。换句话说，理性预期产生于制度创新、市场机制设计和市场参与者合理行为。这三个方面互为条件、缺一不可，不仅以相互依存的方式协同促进市场均衡，也是提高生产和经营效率的保障。概括而言，政策调整、制度创新和市场机制设计需要围绕下列目标进行：

首先，促进产品生产发育，形成更高的市场形态。这要求建设、完善和提升农产品期货市场，通过市场交易机制的创新，帮助农业生产经营者和农产品交易者做出更理性的决策。创新各种金融支农的模式，促进期货、保险、金融等手段与农业产业的深度融合。同时要求构建完善的市场信息汇集系统，借助大数据和云计算等高端分析手段，以及体现集成、共享理念的信息发布体系，确保市场信息的充分性、准确性和可得性。

其次，加强农业生产经营者的决策能力建设，使其足以驾驭更高的市场形态，能够根据所有可获得信息，结合损益得失情景的判断，做出理性的市场决策。实际上，现代化和市场经济相结合条件下的农业生产方式，对生产经营的更高人力资本要求，不仅体现在帮助提升农民的素质上面，还可以通过规模化和社会化的方式，满足他们对技术、市场、管理的咨询需求。这种社会化的决策机制和管理方式，也是小规模农户、农场和饲养场与社会化农业有效衔接的重要途径。

再次，通过消除技术鸿沟和数字鸿沟，把人工智能最新发展和应用的潜在红利，转化为农业生产经营者收益和消费者剩余。数字技术已经

[①] Marc Nerlove, "Cobweb Diagrams", in Mark Blaug and Peter Llioyd (eds.), *Famous Figures and Diagrams in Economics*, Cheltenham, UK/Northampton, MA, USA: Edward Elgar, pp. 184–189.

不局限于替代人工等传统技术变迁功能，也不再仅仅受到要素稀缺信号的诱致。大数据、云计算、（移动）互联网乃至物联网和算法有助于解决诸多农产品流通中的传统难题，例如，千千万万农户与流通企业之间的信息不对称问题，丰富多样的产品及其质量的标准化问题，产品保鲜的运输和销售时效问题，节约流通成本和交易费用以减少中间环节，以及用丰富要素（如快递员）替代稀缺要素（店铺空间），从而拓宽农民盈利空间问题等。

最后，实现制度安排和机制设计之间相互配套，社会政策与产业政策协同实施。这包括保护农业作为产业的利益和农民作为生产者的利益，坚持实施WTO规则所允许的农业保护措施。此外，建立健全普惠性的社会福利体系，满足农村居民基本公共服务需求，为面对风险冲击的农业生产者提供托底保障。虽然规制性和限制性政策常常也是必要的，但要避免对信息和激励造成扭曲，也要防止在出台的力度和节奏上产生同频共振，以致放大市场波动和延长调整周期。

第四章

农业农村的
要素积累和配置

城乡二元结构弊端的重要表现之一，是生产要素在城乡之间的不对称流动、不均衡配置及其导致的不均等回报。第一产业的比较劳动生产率持续处于很低的水平，并且显著低于第二产业和第三产业，根本原因也在于此。中国农业的发展现状，固然不再应该以小农经济这样的用语来刻画，然而也尚未进入现代农业的发展阶段。也就是说，虽然农业中并不缺乏资源，并且现实中也的确投入了大量的现代要素，这些投入要素却未能获得堪比非农产业的回报。打破这个农业发展瓶颈，需要从完善城乡要素市场入手，深化资源配置以获得更高的要素回报，使农业成为有竞争力的产业。

本章尝试澄清一个传统观念，即认为农业农村的发展受到资源的制约。实际上，这种认识恰恰是形成阻碍要素流动政策倾向的原因，从而造成农业中资源配置效率的低下。一旦破除这一认识上的迷思，相应的政策结论便是水到渠成的：单纯依靠加大资源投入本身，尚不足以实现中国式农业现代化的目标。只有从深化资源要素的配置入手，使农业中使用的各种要素均能获得堪比其他产业的回报率，物质投入才有激励和可持续性，农业农村发展才能进入良性循环，乡村振兴的目标才能实现。

第一节　破除资源不足的迷思

在早期关于农业对国民经济贡献的讨论中，发展经济学家在指出农业的产品贡献、市场贡献、外汇贡献的同时，还特别提出了要素贡献。在这个方面，多数研究者关注的是通过要素市场，推动诸如资本、劳动力和土地等农业部门的生产要素向非农产业转移。所以，与农业同工业的产业联系相比，这种要素贡献更是一种直接而可见的贡献。[①]然而，农业剩余劳动力转移问题始终吸引着广泛的学术和政策兴趣，并且被视为积极且重要的发展现象；与此同时，对于资本和土地在城乡之间的用途转移，却存在着诸多的争议，研究结论莫衷一是，常常造成实践中的两难抉择。

在关于中国城乡资源要素流动和配置的研究以及政策讨论中，存在着两个需要澄清的认识，或者说存在着两个有待在理论上予以回答的问题。其一，在发展阶段变化的情况下，是否还存在着城乡之间和农业与非农产业之间的要素双向流动。其二，农业农村发展面临的是资源绝对不足的问题，还是要素未充分动员或者未得到合理配置的问题。

某些现实因素对上述问题的讨论以及政策倾向，产生了较大的影响。应该说，讨论问题所依据的前提并没有错，即中国经济已经进入新的发展阶段，工业对农业的反哺和城市对农村的支持，应该成为重要的政策取向。然而，由于研究者和政策制定者都担心资源的城乡双向流动，难免变成要素从农业和农村的单向流出，因而产生了几种理论认识和政策取向上的偏离。相应地，要素市场配置资源的必然性和重要性，在这里往往被打了折扣。

这种情形分别表现为三种观念，并反映在相应的政策倾向上。首先，

---

① C. Peter Timmer, *A World Without Agriculture: The Structural Transformation in Historical Perspective*, Washington, D. C.: The AEI Press, 2009, pp. 37-48.

既然农业农村发展，特别是乡村振兴需要大规模的资金投入，因此，实践中最重要的似乎就是把资金留在农业农村，而不宜任其自发流动和配置。其次，既然中国经济已经跨越了刘易斯转折点，农业劳动力的剩余程度大大减轻，因此，劳动力转移似乎不再是紧迫的任务。再次，保障粮食安全要求实施最严格的耕地保护政策，阻止土地的非农化和非耕地化的最有效办法，似乎就是阻碍土地资源的流动和重新配置。

这种理念或倾向的结果，不利于农村资源配置机制的完善，进而妨碍现有资源要素的有效配置。殊不知，实施乡村振兴战略既需要外部资源的投入，也必须更充分利用农村内部的丰富要素。农村资源配置机制越完善，资源配置效率越高，外部资源流入的激励和可持续性越强。充分动员资源和要素并进行合理配置，需要发挥要素市场的决定性作用。

关于农业发展、农村繁荣和农民脱贫致富，是否受到资源贫乏和要素短缺的制约，在学术界始终存在着截然不同的观点，认识上的差异也常常造成政策取向的不同。不过，在中国目前所处的发展阶段上，较少有人仍然认为资源要素构成绝对的制约，多数人也同意现行体制机制不存在制约资源动员的根本障碍。中国农村资源要素总体上是丰富且价值不菲的。

民以食为天，农以田为本。从农村土地资源来看，可以验证上述判断。根据2020年的一项报道，从全国农村集体资产清产核资中得到的数字表明，2017年全国共有农村集体土地总面积65.5亿亩。[①]这个规模庞大的农村集体土地，由农用土地、集体经营建设用地和未利用土地构成。

虽然我们无法获得既权威又完整并且具有前后一致性的土地构成统计数据，不过，从公开报道以及相关研究成果中得到的信息，也足以让我们粗略地列出一个2017年的农村土地家底清单。在目前65.5亿亩集体土地中，农用土地总面积为59.1亿亩，其中耕地占30.0%（其中87.7%承

---

① 郁静娴：《全国农村集体家底，摸清了（经济聚焦）》，《人民日报》2020年7月13日，第10版。

包到户），林地占 36.7%，草地占 26.7%，其余为养殖水面（坑塘水面）以及园地和其他农用地。[①] 根据一些研究文献可知，2017 年底农村集体经营建设用地为 3.1 亿亩，未利用土地约为 3.3 亿亩。在集体经营建设用地中，大约 1.7 亿亩为宅基地。[②]

20 世纪 80 年代初农村土地制度改革的关键突破，是普遍实行家庭联产承包制。赋予农户土地承包经营权、农业生产经营自主权和剩余产品索取权，极大地调动了广大农民的劳动生产积极性。这一步改革的重要性，在学术和政策研究界得到普遍的认同，取得的实际效果也令世界瞩目。随后出现的乡镇企业异军突起现象，固然同样受到高度评价，其中与农村土地制度直接相关的因素，却或多或少为学界所忽略。正是由于乡村集体组织拥有集体经营建设用地，并且实际享有使用和处置该土地的权利，才在乡镇企业发展的早期，形成了星火燎原、遍地开花的局面，进而在后期引入更优质的投资项目，推动了农村非农产业的不断嬗变和升级。

党的十八大以来，国家把处理好农民与土地的关系作为深化农村改革的主线，围绕保障农民土地权益和用活农村土地资源，不断推动和深化农村土地制度改革。党的十九大报告强调完善承包地"三权"分置制度。党的二十大报告进一步强调赋予农民更加充分的财产权益。全国人大常委会也通过修订法律和授权试验等方式，从法律环境上支持和督促政府开展农村土地制度改革。随着改革试验的推进以及可复制、可借鉴、可推广经验的不断积累，农村土地资源流动的渠道更加通畅，重新配置的机制逐步完善。

此外，农业农村的现代要素不断积累，投入水平得到极大提高。

---

① 农业农村部政策与改革司编：《中国农村政策与改革统计年报（2021 年）》，中国农业出版社 2022 年版。

② 刘守英、熊雪锋：《产权与管制——中国宅基地制度演进与改革》，《中国经济问题》2019 年第 6 期；贺达水、高强：《农村宅基地制度改革研究》，《理论探索》2018 年第 4 期。

2022年，全国农业机械总动力已经达到11.0亿千瓦，农用大中型拖拉机525万台，小型拖拉机1619万台；2020年，农村发电设备容量8134万千瓦，农村发电量2424亿千瓦时；2022年，全国共拥有9.5万座水库，堤防保护面积达到4.2万公顷；在2016年第三次全国农业普查时，通公路的村已达99.3%，通电的村高达99.7%，通宽带互联网的村也达89.9%。毋庸置疑，此后在这些指标方面的提升速度必然加快。在要素积累和设施建设方面取得这种成绩，得益于国家的大规模投入。2022年，国家财政农林水事务支出为2.25万亿元，剔除农户投资之外，第一产业固定资产投资达到1.43万亿元。

第二节　资源配置和再配置的广阔空间

毋庸置疑，中国农村并不缺少发展所需的资源，农业中也已经积累起并继续投入着庞大规模的现代要素。同时，在现行农村基本经营制度中，也不存在抑制资源使用的实质性障碍。不过，从农业劳动生产率徘徊不前这一事实来看，有某种体制机制上的制约因素，仍在妨碍着农村资源要素的合理配置，以致为农业劳动生产率的提高幅度设置了"天花板"。

归根结底，农村资源要素流动和重新配置仍然受阻的源头，是现存的城乡二元结构。这种二元结构格局不仅表现为农村与城市之间，以及农业与非农产业之间的资源配置制度性分割，还由于巨大的发展差别，产生资源要素从农业农村单向外流的压力。在产业发展上，要素回报率的巨大差别，诱导出劳动力、资本和土地向非农产业转移的内在冲动。在基本公共服务供给方面，城乡之间仍然存在的明显的不均等，也分别以"推"和"拉"的方式，形成人口和劳动力从农村向外转移的动力。最终，收入水平、生活品质和公共服务供给差异，在强化人的外流倾向的同时，也产生对其他要素流出的引领效应。

农业农村的剩余劳动力向外转移，是经济发展的题中应有之义；随着农业劳动生产率的提高，土地要素也会产生一定的重新配置要求；资金的双向流动更是资源重新配置的一种方式。然而，由于农业生产方式现代化必然要求更多现代生产要素的投入，土地和资本要素从农业农村单向外流，就会形成一个系统化的资源配置不对称格局，的确需要从政策上着力打破。

抑制外流倾向、稳定农村资源要素的要求与日俱增。无论是以提高农业生产能力的方式确保国家粮食安全，还是从更广的产业领域推动乡村振兴，以及从收入水平、基本公共服务和生活品质等方面全面促进城乡居民共同富裕，都需要资源要素的更大投入力度。因此，在具体的政策实施层面，难免会产生一种焦虑，以致下意识地要阻碍资源要素的流动。从实际表现上看，这种现象往往导致一种不利的循环；从理念和方法上说，这还造成一个悖论。

也就是说，现存的城乡差距导致人们对资源要素外流的担心，以致尝试限制要素流动和资源重新配置。这产生适得其反的效果，进一步固化甚至加剧农业农村资源配置的低效率格局，反倒造成资源要素外流的更大压力和担忧。一方面，需要严格控制农村稀缺资源的流失，另一方面，还要做到对这些资源的充分和有效利用，这两个要求本来出自同一个逻辑。一旦两者之间在理念上产生抵牾，以致在政策执行中形成激励不相容，甚至产生相互对冲的效果，便会形成一个不良循环或两难困境。

打破不良循环和冲破两难困境，一方面，需要从构成既有格局的所有维度上同步发力，另一方面，也应该从一些关键的领域找到实际抓手，才可以预期产生纲举目张的效果。可以作为关键抓手的方面，包括从统筹城乡就业入手培育劳动力市场，推动农业剩余劳动力进一步转移；在此基础上，通过承包地的流转和集中扩大农业经营规模，以达到提高物质资本回报率进而提高劳动生产率的目标；进一步，从增加农户财产性收入和提高资源配置效率着眼，盘活农村的资源要素。

经济发展包括总量增长和结构变化两个方面，核心是资源要素的动员、配置和重新配置。从这个根本出发，有限的资源要素可以通过产业的发展，达到配置空间的无限拓展，进而得到最有效率的利用。从资源配置的广度和深度来看，农业是一个没有边界的产业，农村更是一个广阔的场所。因此，农业农村发展相对滞后的现状，不仅不应该是阻止资源要素流动的理由，反而表明促进这种流动的紧迫性。

如果把劳动生产率理解为一种配置效率，差异的存在就意味着重新配置的空间仍然较大，缩小乃至消除差异就成为提高资源配置效率的途径。无论是从现存的显著差异来看，还是从农村已经发生的巨大变化来看，都决定了资源要素能够在农村获得更优的配置，从而取得更高的回报率。因此，要素流动并不必然意味着资源流失。而且，由于整体提高资源配置效率终究有利于农业农村发展，农村要素未必不能向外流动。下面，我们分别从劳动力、资金和土地的流动来进行说明。

首先，在高收入国家，平均城市化率高达81%，农业就业比重仅为3%，因此，在中国迈向高收入的现代化途中，农村人口向城市流动、农业劳动力向非农产业转移，既体现现代化的共同特征，也是推进中国式现代化任务和破除城乡二元结构的关键之举。按照世界银行最新标准，成为高收入国家的最低人均GDP大约为13800美元，中国即将跨过这个高收入国家门槛的事实，凸显了人口城镇化和劳动力非农化的紧迫性。

其次，资金是流动性最强的要素，特别是在金融渠道日益多元化，普惠金融、金融科技得到广泛应用，以及金融业务日益电子化、平台化、移动化的条件下，由回报率所引导的资金流向，是不以人的意志为转移的。实际上，资金回报率作为一种市场信号和配置机制，引导和激励资金的流动，恰恰揭示出一种促进农村资金重新配置的要求。在不损害乡村振兴根本目标和基本条件的前提下，即便发生规模有限的资源要素流出情形，只要能够避免这种流出产生持续性和系统性影响，就不应该因噎废食，无须以阻止资源要素流动的做法来应对。

再次，实行最严格的耕地保护政策，与农村土地的合法、合规及合理流动并不矛盾，也不意味着土地完全不再非农化。中国在推进城镇化的过程中，一度出现过土地城镇化超前于人口城镇化的现象，城市的集

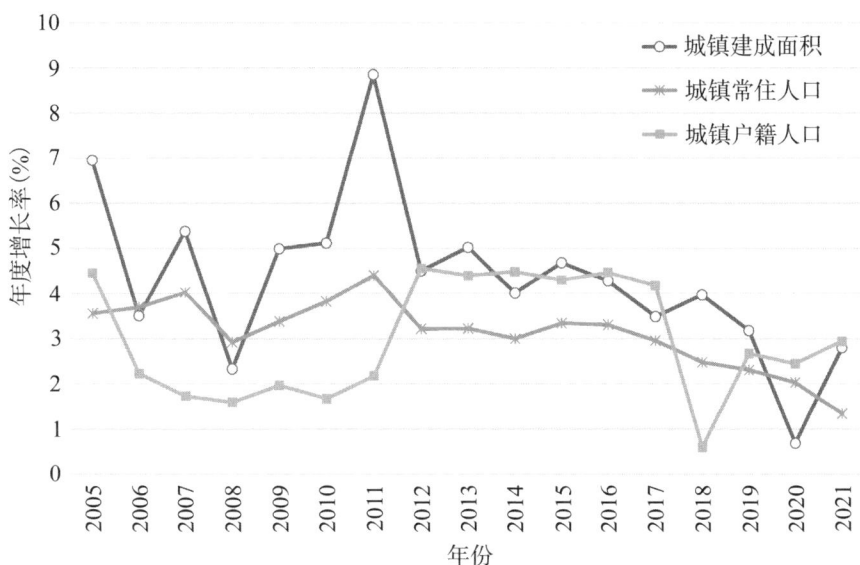

图4-1　城镇建成区面积和城镇人口增长速度

资料来源：国家统计局"国家数据"（https://data.stats.gov.cn/easyquery.htm？cn=C01）。

聚效应未能得到应有的发挥。[①]针对这种现象，国家的新型城镇化战略更加强调以人为核心，同时提出推进城镇化过程中人地挂钩的政策要求。近年来，土地城镇化和人口城镇化之间的协调性明显增强。例如，在2011—2021年期间，城市人口的密度提高了28.7%。2021年，占国土面积1.96%的城区面积和不到国土面积0.01%的建成区面积，承载着占全国人口64.7%的城镇常住人口和占全国人口46.7%的户籍常住人口（见图4-1）。

关于城市与农村的未来空间分布，我们可以设想两种可能的情景，现实更可能是两种情景的结合。第一种情景是，随着城镇化水平的进一步提高，以及更多农民工落户成为城镇户籍居民，城区面积和建成区面积必然进一步扩大。而土地资源在农业农村用途上的配置水平越高，从

---

① 中国发展研究基金会编：《中国发展报告2010：促进人的发展的中国新型城市化战略》，人民出版社2010年版。

农用转为非农用的门槛也就越高。第二种情景是，未来新的产业形态不断涌现，城乡之间的传统产业和地域边界可能被打破，产业协同发展、"四化同步"推进和城乡一体化均衡发展，可能会促进形成一种崭新的区位格局，那时，资源要素利用的传统区域边界将渐趋模糊乃至消失。

第三节　资本报酬递减并非注定

如何刻画中国农业的发展现状，是实施乡村振兴的一个重要认识起点。在这方面，一个特别需要强调的认识是，中国的小规模农户经营，并不等同于传统农业生产方式。按照舒尔茨的定义，传统农业的核心是缺乏现代要素的投入。由此来看，农业投入的资金形态也好，农业机械和装备水平所体现的物质形态也好，都显示出现代要素的大规模投入，已经成为中国农业生产方式的基本特征。

例如，在前述农业机械动力和台数保有量大幅度增加的基础上，2021年全国农作物耕种收的综合机械化率已经达到72%，其中粮食作物的机械化水平更高。虽然农业经营规模还受到家庭经营特点的一定限制，农业机械化也通过社会化服务的方式得以推进。2021年，全国农机服务组织超过19万个，其中农机专业合作社7.6万个；农机户增加到3948万个，其中农机作业服务专业户达到416万个。[①]

也要看到，中国农业还没有完全形成现代化的生产方式，建成农业强国、基本实现农业农村现代化仍然任重道远。正如以前章节所讨论的，从劳动生产率、产业竞争力、生产经营盈利性，进而产业的自生能力等方面，同那些具有极高农业劳动生产率的国家相比，以及同非农产业特别是制造业相比，中国农业仍然有着较大的差距。此外，小规模农户尚

---

① 农业农村部农业机械化管理司：《2021年全国农业机械化发展统计公报》，中华人民共和国农业农村部网2022年8月17日。

未与社会化的市场体系形成有效的联结，还没有成为现代经济体系中的平等参与者。

可见，中国农业呈现出的这种发展状况和经营格局，是一系列综合因素的结果，投入多或少只是问题的一个方面。认为只要扩大资源要素的投入就可以获得农业的实质性发展，进而可以通过逐步积累现代化元素，最终实现从量变到质变，实现农业农村现代化，很可能是一种简单化的看法，而且可能忽略掉造成持续性投入不足的终极原因。

从表面来看，农业投入水平确实是低于其他产业的，确乎存在着资源投入不足的问题。例如，即便把农户的固定资产投资全部算作第一产业的固定资产投资额，在2022年全社会固定资产投资总额中，第一产业所占比重也仅为3.7%，显著低于该产业的增加值比重。如果我们计算一个指数，即一个产业固定资产投资份额与该产业的增加值份额之比，并称之为该产业的"相对固定资产投资比率"的话，2022年第一产业仅为51.3%，第二产业为79.6%，第三产业高达122.2%。

不过，更重要的是把投入不足与既定投入水平的生产率结合起来认识。把三个产业的相对投资比率与各自的劳动生产率以及比较劳动生产率做一对照（参见第三章图3-2和图3-3），则可以发现，目前农业固定资产投资相对份额低的特点，与该产业的劳动生产率低下直接相关。一般来说，资金投到哪个领域的决定标准，是比较相关领域的劳动生产率和投资回报率。可见，按照这样的标准来看，固然不能说农业中的投入水平已经足够，但是，中国农业的确显现出典型的资本边际报酬递减性质。

这里，似乎再次出现了一个两难问题。一方面，农业要现代化，乡村要振兴，中国要建设农业强国，终究需要加大对农业农村的资源投入力度。另一方面，如果存在着明显的投资回报率差异，增加对农业的投入就缺乏激励和可持续性。在得出破解这个两难的理论逻辑和政策结论之前，我们需要对资本报酬递减现象，特别是其在农业中的表现做一个经济学分析。

经济活动中究竟是报酬递减现象占主导，还是报酬递增现象占主导，从古典经济学时代开始，始终都是一个争论焦点。虽然经济学家都尊崇亚当·斯密为现代经济学之父，但是，他的报酬递增思想，却在很长时间里没有成为主流经济学的基本假设。也就是说，早期的发展经济学也好，后来占主流的增长理论也好，分析框架都是以报酬递减假设为基础的。

报酬递减的原理是，在经济发展的特定阶段和经济活动的特定领域，终究有一种或某些生产要素，对产出的增长构成瓶颈制约。既然生产投入需要在各种要素之间形成特定的比例关系，资源约束的存在就会导致丰裕要素的边际产出递减。例如，在土地面积不变的情况下，持续不断地投入资本或劳动，追加投入要素的产出就会逐渐减少，从而形成报酬递减现象。这种现象无疑在传统农业条件下是普遍存在的。

但是，根据经济学另一流派的观点，这种导致报酬递减的均衡，并非注定不能打破。更加强调报酬递增现象的经济学家观察到，不同的要素具有不同相对稀缺性的情形，实际上是一种不均衡现象，这也同时意味着存在对资源进行重新配置的机会。①如果这样的机会不断被发现，以致资源重新配置成为经济活动的常态，资源重新配置效率成为经济增长的不竭源泉，受困于报酬递减现象的宿命就应该让位于对报酬递增结果的追求。

在农业经济中，资源重新配置可以通过多种多样的途径，也表现为丰富多彩的形态，包括土地流转、劳动力转移、资金重配、农业科技成果应用，以及上述方式与数字技术的深度融合。可见，既然科学技术进步无止境，农业中资源重新配置空间就是无限的，报酬递增必然是农业发展的主旋律。然而，从经济发展的经验和教训来说，技术进步并不具有涓流效应，也就是说，所有的新技术和新要素，都不会自然而然地进

---

① ［美］西奥多·W.舒尔茨著，姚志勇、刘群艺译：《报酬递增的源泉》，北京大学出版社2001年版，第15—29页。

入农业生产函数之中并转化为劳动生产率的提高，而是需要一系列体制机制的配合和催化。

保持国民经济整体以及各产业、行业、领域的劳动生产率始终随着经济发展而提高，要求得到两个条件的保障。一方面，要持续不断地通过产业结构调整，按照劳动生产率原则进行资源的重新配置。另一方面，要防止产生不当的政策引导，避免价格扭曲造成错误的市场信号，防止资源配置违背劳动生产率提高原则，以致资源逆向配置的现象发生。

利用第四次全国经济普查和国家统计局年度数据，我们分九大行业对劳动生产率水平做一比较，可以看到行业之间的天壤之别。2018年，各行业平均的劳动生产率即劳均增加值为12.1万元，从低到高排列分别为：农林牧渔业3.3万元，建筑业11.3万元，其他行业17.7万元，批发和零售业22.2万元，住宿和餐饮业23.4万元，工业26.3万元，交通运输、仓储和邮政业32.5万元，房地产业50.9万元，金融业则高达1219.6万元。

显而易见，在各产业和行业中，农业劳动生产率处于最低的水平，所以，农业剩余劳动力转移会产生资源重新配置效应，并且转移路径通常也是单向车道。如果产生农业转移劳动力的倒流现象，或者制造业比重下降造成低端服务业的就业内卷现象，则意味着资源配置的退化。当然，劳动力之外的其他要素配置和重新配置，也遵循相同的逻辑。

第四节　农业金融：超越"小"与"大"之争

金融的本质是服务于包括农业在内的实体经济，金融如何催化农业中的资源重新配置，既是发展经济学和农业经济学的理论课题，也是小农户与现代农业发展有机衔接的实践内容，更是实质推进农业农村现代化的迫切政策需求。因此，探索金融为农业经济服务，是中国农业发展亟待破题的现实要求。

关于金融如何促进农业发展的讨论，长期以来存在着一个"小"与

"大"的观点之争。一个十分流行的政策建议，是主张发展同小规模农户经营相适应的小型金融机构。理论和实践似乎也为这种观点提供了一定的依据。例如，在包括中国在内的各国农村减贫战略实施中，格莱珉银行（Grameen Bank）的小额信贷确曾发挥了有益的作用。可以说，在普遍存在资本积累不足、生产方式落后和贫困现象的时代，这种"以小对小"的金融安排可以发挥积极的作用。

但是，鼓励发展小型金融的做法，也造成了一个矛盾的现象。小型金融缺乏规模经济和技术能力，应对偿贷风险的能力必然较弱。一方面，金融机构如果在为农业服务中不能盈利，就不具备发展的可持续性，也无力呵护弱势的农户；另一方面，如果任由金融机构追求盈利，则背离了对其寄予的期望。

在农业经济逐渐超越传统生产方式的情况下，一个事实变得越来越清晰："以小对小"的农业金融难以胜任推动农业农村现代化的重任。推进农业农村现代化，对金融发展和服务提出的要求，包括以现代金融支持粮食安全、服务于现代农业产业体系建设、推动农业科技发展和运用、服务于农村绿色低碳转型，以及依靠普惠金融推动小农户与现代农业有效衔接等。这些任务显然不是小型金融机构可以独自承担的。

鉴于这种情况，在学术界和政策研究领域，人们越来越关注大型金融机构服务于农业发展的作用。从理论上说，大型金融机构具有规模经济和技术优势，应对投资和贷款风险的能力强，应该在促进农业农村发展和涉农金融业务中发挥主导的作用。然而在现实中，在农业劳动生产率以及比较收益显著低于非农产业的情况下，大型金融机构如果终究无法以盈利性作为自身发展激励，持续服务于农业农村发展的内在动力也必然是不足的。

一份关于金融促进共同富裕的研究报告发现[①]，在2010—2020年期

---

① 《径山报告》课题组著：《共富时代的大国金融》，中信出版社2023年版，第205—271页。

间，大型银行发放涉农贷款的比重有所下降，与之对应的是农村中小银行贷款比重的提高。与此同时，金融为农业和农村服务的水平仍然较低，表现在金融供给方面手段和产品相对单一。从金融需求方面看，则表现为消费需求增长快于生产需求增长等问题。供需两侧综合来看，现实中形成了金融结构不尽合理、创新能力不强和金融基础设施薄弱的格局。这从制度需求和技术需求的角度，提出了以建设金融强国支持农业强国建设的紧迫任务。

打破这个两难局面的突破口，需要借助包括金融科技、（移动）互联网金融、普惠金融、平台金融等新金融的发展，以及在新模式下大量涌现的金融工具和金融业态。这种创新以互联网和大数据特有的趋近于零的边际成本，大幅度降低了金融业务的物质成本和交易费用，使业务范围延伸至以往难以抵达的领域成为常态，从内涵和外延上扩大了金融的服务内容。更重要的是，这一系列创新使农业金融长期存在的"以少对多"的矛盾得到解决，可以让任何规模的金融机构，都能把千千万万小规模农户主体变成自己的超大规模业务市场，在"金字塔"庞大的底座上发现和获得规模经济。

因此，从理论上来说，只要达到一定的创新水平，大型金融便无须拘泥于行政命令的要求，亦无须以屈尊俯就的心态，或者仅仅出于社会责任的考虑，以有限的方式支持农业农村发展，而是可以借助现代金融新手段，主动参与对农业生产方式的改造，全方位构建起小农户与现代金融体系结合的新模式。虽然这个道理并不受金融机构规模的限制，但是，一旦把激励搞对，越是大型金融机构，无疑越有能力和空间做出适应性的技术和制度创新。可见，新金融理念和业态的蓬勃发展，必然成为打破"小"与"大"之间两难抉择的新筹码。

已有的研究指出，数字金融的科技属性与金融属性相结合，推动中国金融业进入数字金融时代，科技水平、创新活跃度、市场竞争力和发展潜力均已处于全球领先水平。①我们也知道，中国的金融发展水平在整体上与发达国家仍有较大的差距。这就是说，正是在金融与数字技术、平台经济和要素市场的深度融合中，既发挥出科技和金融方面的后发优势，更撬动了超大规模市场，为中国赢得了独一无二的机会，因而也是数字金融实现弯道超车的关键因素。按照相同的逻辑，由此形成的金融能更好服务于农业农村发展格局，也将能够推动农业农村基本现代化的加速实现。

第五节　让土地回归生产要素功能

为了进一步完善社会主义市场经济体制，党中央、国务院提出了构建更加完善的要素市场化配置体制机制的改革要求，强调推进土地、劳动力、资本、技术和数据等要素市场发育、要素价格市场化和完善要素市场运行机制。②在经济学的意义上，要素的市场化和价格形成机制的完善，内在地提出要素资本化的要求，即各种要素按照相对稀缺性定价，并以价值形态在市场经济条件下得到最大化动员、配置和重新配置，进而按要素贡献进行收益分配。

秘鲁经济学家德·索托认为，即便是发展中国家的穷人，也并不是完全没有资源或者资产，只是由于这种所有关系没有在产权上得到表现，从而这些资源和资产无从转变为活跃的资本。他具体描述了穷人面临的境地：他们住有房屋，却没有财产凭证；他们种植农作物，却没有买卖

---

① 黄益平主编，北京大学平台经济创新与治理课题组著：《平台经济：创新、治理与繁荣》，中信出版社2022年版，第202—204页。

② 《中共中央国务院关于构建更加完善的要素市场化配置体制机制的意见》，《人民日报》2020年4月10日，第1版。

合同；他们做生意，却没有法人地位。①可见，要素资本化的一个基本制度前提，是包括占有、使用、收益、处置等在内的产权制度的完善。

土地是最重要的农业农村资源要素，其功能不仅是直接生产农产品，也不仅是生产、生活和基础设施建筑的承载场所，还应该具有以其权属予以使用、转让、租赁、入股、抵押、保值增值等经济功能。只有在法律上、制度上和实践中确立了这些功能的权利，土地才能够重新获得市场经济条件下的要素属性。

土地制度改革包含着完善要素市场化配置的重要内容，是以完善土地产权为核心的关键改革。在确保农村土地集体所有制不动摇、耕地不减少、粮食生产能力不减弱、农民利益不受损害的前提下，按照符合市场经济和现代经济体系建设目标，土地制度改革总体围绕农业承包土地、农村集体经营性建设用地、农民宅基地和土地征收等几个方面展开。

早在2015年，全国人大常委会就授权国务院，在北京市大兴区等33个试点县（市、区）行政区域暂时调整实施有关法律规定的决定，旨在推进农村土地征收、集体经营性建设用地入市、宅基地制度改革，由此取得可复制、可推广、可借鉴的改革经验。2018年12月23日，国务院向十三届全国人大常委会第七次会议报告了改革试点情况，表明这一改革取得明显的成效，有力推动了城乡统一的建设用地市场建设，增强了农村产业发展用地保障能力，增加了农民土地财产收入，提升了农村土地利用和治理水平。②

20世纪80年代初的农村改革，确定了农村实行以家庭联产承包经营为基础、统分结合的农业双层经营体制。农民获得土地承包经营权，是农村土地产权改革的重要一步，是农民生产经营积极性的源泉，是农业农村繁荣发展的制度保障。在全面建成社会主义现代化的新阶段，构建

---

① ［秘鲁］赫尔南多·德·索托著，于海生译：《资本的秘密》，华夏出版社2017年版，第6页。

② 《国务院关于农村土地征收、集体经营性建设用地入市、宅基地制度改革试点情况的总结报告》，中国人大网2018年12月23日。

市场经济体系、实现乡村振兴、促进城乡共同富裕的新部署，要求围绕稳定土地承包关系、促进土地自愿流转、增加农民财产性收入等目标，进一步推进土地产权制度改革。

目前，中国农村承包到农户的耕地大约有1亿公顷，户均经营规模为0.6公顷左右。在家庭联产承包制的早期，这种土地产权安排和经营规模，与当时的农业生产力水平总体适应。随着剩余劳动力的大规模转移和现代要素的集约投入，狭小的经营规模已经制约农业劳动生产率的进一步提高，亟待扩大土地经营规模。实现适度规模经营有多种形式，集中体现在各种新型经营主体的涌现上。

例如，专业种养大户、家庭农场和养殖场、农民合作组织、社会化服务组织、农业企业，以及"公司＋农户"经营模式和土地托管服务等，所有这些方面的探索，都是在所有权、承包权、经营权"三权"分置的改革框架内，通过促进土地自愿流转和集中进行的。这些实践不断丰富着双层经营体制的内涵，提高了农业生产经营效率，推动了农业与现代化经济体系的有效衔接。

农村宅基地改革旨在探索宅基地所有权、资格权、使用权分置的实现形式。核心内容是在落实宅基地集体所有权、保障宅基地农户资格权和农民基本居住权的基础上，探索宅基地使用权流转形式、权能实现形式和农民房屋财产权保障形式，特别是赋予宅基地使用权作为用益物权的更加充分的权能。具体来说，就是允许农村集体经济组织及其成员通过自营、出租、入股、合作等多种形式，盘活农村闲置宅基地和闲置住宅，兴办和发展乡村产业，增加集体经济组织和农民的财产性收入。

根据农业农村部的意见，盘活闲置宅基地和闲置住宅，可以通过发展一系列符合乡村特点的产业和业态推动，包括休闲农业、乡村旅游、餐饮民宿、文化体验、创意办公、电子商务等行业，以及农产品冷链、初加工、仓储等促进第一产业、第二产业和第三产业融合的项目。同时，政府还支持采取整理、复垦、复绿等方式，开展农村闲置宅基地整治，依法依规利用城乡建设用地增减挂钩、集体经营性建设用地入市等政策，为农民建房、乡村建设和产业发展等提供土地等要素保障。[①]

　　着眼于健全城乡统一的建设用地市场，农村土地制度改革的另外两个重要方面，分别是探索实施农村集体经营性建设用地入市制度，旨在建立公平合理的增值收益分配机制，以及建立土地征收公共利益认定机制，缩小土地征收范围，规范征地程序，维护被征收土地农民权益和农村集体的权益。2019年修正的《中华人民共和国土地管理法》规定："集体经营性建设用地的出租，集体建设用地使用权的出让及其最高年限、转让、互换、出资、赠与、抵押等，参照同类用途的国有建设用地执行。"这体现了集体经营性建设用地的"同地同权同价"主张。

　　对于土地的要素功能，我们还需要注意在其他国家产生过的教训。例如，英国著名财经记者马丁·沃尔夫认为，土地规制过于严格造成的地价和房价高企，是英国经济"去工业化"以及巨大区域差距持续存在的一个原因。[②]作为具有普遍性的一种现象，土地供给的有限性和政策严格控制，共同造成城市用地的"超稀缺性溢价"，即供地价格、房地产成本和住房价格及租金，实际达到的程度超出土地真实稀缺性应有的水平。

　　这无疑是使人力和物力在边际报酬递减现象面前，对于更高的城市化望而却步的原因，不仅抑制了人才和劳动力向中心城市的集聚，也是城市产业空心化、去制造业化和金融业的脱实向虚的主要原因之一。正如前文所显示，虽然制造业比服务业的劳动生产率高，但是，作为服务业的金融业，劳动生产率却异乎寻常地高，目前为非农产业平均水平的51.7倍。这导致城市地价往往以金融业为基准或参照，虚高到足以挤出实体经济的程度。2006年以来，中国制造业增加值在GDP中的份额持续下降，固然是比较优势趋于弱化的结果，无疑也受到城市过高地价的推动。

---

　　① 《农业农村部关于积极稳妥开展农村闲置宅基地和闲置住宅盘活利用工作的通知》，中华人民共和国农业农村部网2020年1月9日。

　　② Martin Wolf, "UK Economy Has Two Regional Problems, Not One", *Financial Times*, 6 March 2023.

第五章

新型城镇化：深度与广度

处在更高经济发展水平上的国家，通常具有更高的城市化水平，这既是一个统计规律，也包含着丰富的经济发展道理。经济史上几乎看不到这样的案例，可以表明在一个大而完整的经济体中，较低的城市化水平可以同较高的现代化水平并行不悖。然而，城市化也不只是一个数字或者百分比。人口的集聚意味着为居民生活质量改善和人的全面发展创造更好的条件，更有利于激发人们的创造力，使人人能够施展才华和实现充分就业。

　　中国积极推进以人为核心的新型城镇化，正是新发展理念在城市化方面的体现。立足现状和着眼未来，中国的城镇化包括双重任务：一是以提高常住人口城镇化率为目标，促进人口和劳动力的横向流动；二是以推进非户籍常住人口的市民化为目标，促进由就业机会、岗位质量、收入水平、社会保障水平所体现的纵向流动。这一针对中国特殊国情、外延和内涵相统一的新型城镇化，既符合提高劳动生产率的效率目标，也符合促进社会性流动的公平目标。

　　本章从现代化一般特征和中国的表现特色相结合的视角，阐述以人为核心的新型城镇化的目标、路径和改革任务。我们将揭示区域发展新格局与城乡均衡发展的关系，探寻推进全地域和全方位农村现代化的路径，特别着眼于分析户籍制度改革的难点和堵点，着眼于从深度与广度上进一步推进新型城镇化，有针对性地提出改革和政策建议。

第一节　城市化是现代化的一般特征

在实现中国式现代化的过程中，应该怎样理解体现各国现代化的共同特征和基于自身国情的中国特色呢？一个有益的认识方法是从现代化所要达到的目标来认识共同特征，从实现现代化的具体路径来认识中国特色。以人为核心的新型城镇化，就是这方面的一个典型案例，较好体现了通过中国特有的城镇化道路，抵达作为现代化特征的高度城市化彼岸的理念和方式。

从经济史的宏观维度来看，实现现代化意味着经济发展需要跨越三个阶段；从推动现代化的关键引擎来看，在这三个阶段上分别呈现出三重境界。在发展的早期，受到不可再生资源束缚的农业经济占主导地位，土地的相对稀缺性在很大程度上决定发展的高度。那时的城市只是寥若晨星般的存在，并不引领整个社会的经济发展。在工业化时代，包括聚集效应、产业配套能力、交通和基础设施条件在内的规模经济，日益成为不可或缺的发展条件，城市化水平便成为发展成败的关键和标志。在以知识为核心要素的更高发展阶段上，创意对于要素的有效配置起着纲举目张的关键作用，城市发展对于聚集、激活和交流创意，越来越具有不可替代的作用。

内生增长理论（Endogenous Growth Theory）的代表性人物、诺贝尔经济学奖获得者保罗·罗默教授的重要贡献之一是强调创意因具有非竞争性和非排他性特点而不同于且高于其他的传统要素。[1]任何不可再生或者可再生要素，如土地、劳动力、资本等，都存在着排他性，即一种要素为某人拥有和使用，就意味着不能为另一人拥有和使用。但是，表现为

---

① Paul Romer, *The Deep Structure of Economic Growth*, Feb 5, 2019: https://paulromer.net/deep_structure_growth/.

各种知识形态及其载体的创意，某人拥有和使用并不排除任何其他人同时拥有和使用。不仅如此，共同拥有和使用更有助于创意的再创新和进一步提升。

正如欧洲酿酒师把散发到空气中、看不见摸不着的酒香，称作"天使的份儿"（Angel's Share）一样，这种不排斥、不妨碍他人使用的创意或配置方法，也具有无处不在、应运而生、用之不竭的外部性，最容易产生在人口高度密集、人员密切交往、思想相互碰撞的城市里。也就是说，人口越是集中，创意的产生、交流和传递也就越有效率。正是由于在理论上认识到创意（idea）或者配置方法（recipe）是报酬递增现象的来源，同时看到了城市对于创造这种特殊要素的不可替代作用，罗默对中国的深圳如何从改革开放初期设立的经济特区，崛起为世界级的大都市和创新中心产生了学术痴迷。

不仅如此，受到深圳市成功发展经验的启发，罗默还向一些国家的政府建议设立"特许城市"（charter city），作为一种促进发展中国家改变面貌的试验。①作为理论模型中的思想实验，以及作为现实世界中的探索试验，特许城市项目有两个要点。其一，该试验的核心，是把在其他地方表明有效的制度和机制"照搬"到一个特定区域，观察实施效果以及复制、推广的可能性。其二，该试验对于规模或范围有特定的要求，试验范围太大容易超出人们接受的程度，试验范围太小则不足以得出经验的一般意义。所以，罗默选择一个规模适度的区域作为试验范围，这就是特许城市。

我们并不需要认同罗默的特许城市理念，事实上，他与洪都拉斯政府合作进行的试验，在效果上也确实乏善可陈。不过，我们仍可从这一思想实验和实践探索中获得启发，即城市化不仅带来物质形态的规模经济，也不仅带来创意形态的规模经济，还带来体制和机制形态的规模经济。从理论和实践来看，这三个方面的优点都构成经济增长的源泉。

①［美］保罗·罗默：《何不推行特许城市？》，《财经》2011年第16期。

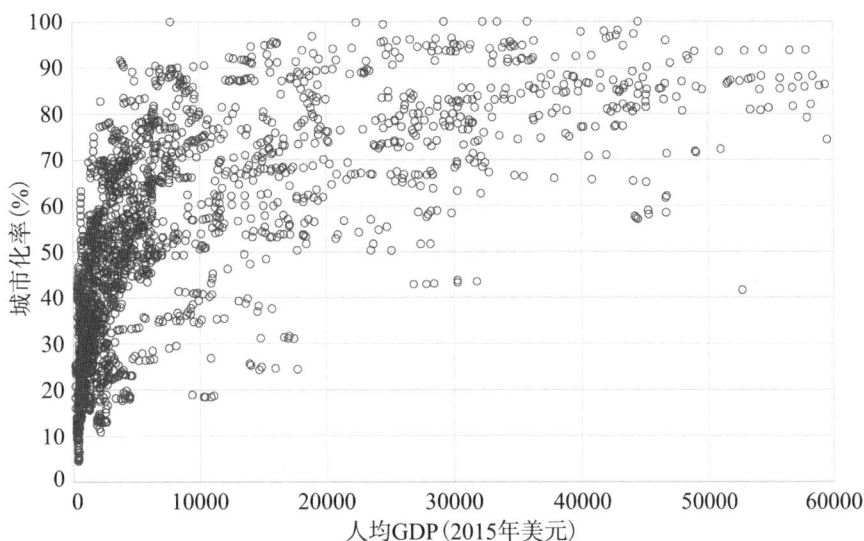

图 5-1　人均收入水平与城市化率

资料来源：世界银行数据库网站（https://data.worldbank.org/）。

　　其实，经济史本身，能够比罗默教授的乌托邦实验更好地揭示这样一个确定无疑的结论：城市化具有双重的属性，即这个过程不仅是经济发展的结果，也是经济发展的动力来源。跨国数据显示，以人均GDP表示的经济发展水平越高，对应着更高的城市化水平，两者之间具有显著的相关性，或者说互为条件和因果（见图5-1）。当然，大量学术文献也借助各种各样的实际经验，检验了城市化的这种双重属性，这也就是为什么虽然城市化的重要性有时被低估，却几乎没有什么严肃的研究者和实践者，对这个结论提出过有力的挑战。

　　到现在为止，我们主要从供给侧因素讨论城市化提高潜在增长能力的作用。经济研究中从这个角度探讨问题的文献也可谓汗牛充栋。由于消费也受到规模经济的影响，城市化自然会产生扩大居民消费需求的效果。例如，人口居住的集中会形成生活的聚集效应、服务业的区位优势、消费的互补性和基础设施的便利。更不必说，城市就业的充分性带来收入效应，更好的基本公共服务解除后顾之忧，家务劳动的更高社会化程度可以拓展家庭时间预算约束，这些都具有扩大和便利居民消费的效果。

此外，城市化还是一个不断对交通、物流、通信、供水、供热、供气、供电、排水和治污等市政基础设施建设进行投资的过程，城市扩大投资需求的经济功能，自然也包括聚集效应、产业配套能力和创意交流等，对于传统要素比较优势式微后打造新的动态比较优势、寻求新的国际竞争力具有不可替代的作用。因此，需求拉动"三驾马车"中的出口和投资需求，同样倚仗城市化的加速和深化。

例如，在对各国进行全球竞争力排位时，世界经济论坛发现，中国在作为竞争力指数重要支柱的基础设施方面得分较高，排在141个国家和地区中的第36位。然而，如果把基础设施建设区分为两个组成部分，其中交通设施建设的世界排名进一步提高到第24位，同时公用设施建设却相对滞后，只排在第65位。[1]这就是说，在与城市化相关的公用设施建设方面，投资需求仍有巨大的潜力可以挖掘。

由此可见，城市化在供需两侧都具有促进经济增长的显著效应。城市特别是超大城市作为经济活动中心和增长极，对于国家的总体经济规模及其扩大，做出了无可比拟的贡献。观察各国超大城市的经济规模数据可以发现[2]，按人民币计算，2020年全球GDP总量超过1万亿元的城市合计创造了总规模为143万亿元的GDP。其中12个为美国城市，GDP合计占比为24.8%；24个为中国城市，GDP合计占比为28.5%；34个为其他国家的城市，GDP合计占比为46.7%。

这个格局不仅说明了超大规模城市、城市群和都市圈对经济增长的显著贡献，也同目前世界经济版图的构造和特征高度一致。与美国和中国所拥有的超大规模GDP产出的城市数量相对应，2022年，美国作为世界第一大经济体，GDP的全球占比为25.3%，中国作为世界第二大经济

---

[1] Klaus Schwab(ed.), *The Global Competitiveness Report 2019*, World Economic Forum, Geneva, Switzerland, p.155.

[2] 这里的数据由中国社会科学院世界经济与政治研究所的研究人员所收集，虽然依赖了一些间接估算，数字出处和统计口径也存在不尽一致之处，不过仍然有助于说明这里涉及的问题。

体，GDP的全球占比为17.9%。虽然中国在人均收入方面，与高收入国家仍有较大差距，但是，依然可以依靠城市的数量众多和规模巨大，在世界经济中占据重要的地位。

第二节　中国城镇化：殊途同归和与时俱进

高度城市化作为现代化的一个显示性特征，揭示了经济发展的一般规律和共同特征，也是各国在推进现代化过程中不断趋近的目标。然而，在不同国情条件下，或者由于处在不同的发展阶段上，各国城市化的路径也可以并且必然会存在差异。新中国成立以来的城镇化发展历程，从正反两个方面的经验教训，说明了一般规律与国情特征对城镇化路径的影响。

新中国成立之初，中国是一个典型的贫穷国家，农业经济和农村社会占主体，1949年城镇化率仅为10.6%。城镇化经历了20世纪50年代较快发展之后，在典型的计划经济年代，则完全处于停滞状态，直到改革开放以后城镇化才再次启动。在改革开放期间，伴随着经济高速增长，中国的城镇化速度也是史无前例的，同时，随着发展阶段的变化，城镇化也经历了路径和模式的逐步演变。

我们利用世界银行数据进行国际比较。在1978—2022年期间，中国的城市化率以每年3%的速度提高，是同期世界各国中城市化速度最快的国家之一。实际上，在这期间城市化速度快于中国的国家中，只有博茨瓦纳目前的城市化率比中国高7个百分点，然而人均GDP却只有中国的60.8%；至于其他5个国家，从极小的基数起步，虽然城市化率提高的速度很快，却既未能摆脱贫困，也未能达到高城市化率。因此，中国是这一期间唯一把快速城市化转化为经济社会发展奇迹的国家。

中国的城镇化路径也充满了自身特色，围绕推进城镇化进行的相关改革，也遵循了中国独特的推进方式。中外经济学家的研究表明，相比于苏联、中东欧等转型国家，以及其他进行改革和调整的发展中国家而言，中国的改革开放采取了循序渐进的方式。遵循不断改善民生和提高生产率的原则，根据每个发展阶段的特点，中国推进城镇化的方式也是与时俱进的。

作为20世纪80年代农村改革取得显著成效的一个结果，原来处于隐性状态的农业剩余劳动力日益显性化，迫切要求更充分就业。这时，国家在政策上并未把城镇化作为解决问题的出路，而是鼓励农民"离土不离乡"，向更广义的农业领域和乡镇企业转移。至少在一定时期内，农村确实存在着足够充分的资源重新配置的空间，可以支撑生产率和农民收入的提高。在1984—1988年期间，农林牧渔业总产值中种植业比重从74.1%降低到62.5%，农村社会总产值中农村工业、建筑业、运输业和商业产值比重，从36.5%提高到53.5%。

即使在农业多种经营和乡镇企业异军突起的背景下，农村剩余劳动力仍然存在，需要找到更大的转移空间。随后，国家一方面大力倡导小城镇建设，另一方面逐渐放开了对劳动力流动的政策限制。例如，1983年起允许农民从事农产品的长途贩运和自销，第一次突破了就业的地域限制。从1988年开始又允许农民自带口粮到邻近城镇就业，第一次突破了城乡之间的就业藩篱。到20世纪90年代初期，随着粮票等票证制度被取消，农村劳动力逐渐进入各级城镇，异地居住和就业的规模进一步扩大，并且形成举世瞩目的民工潮。

在一段时间里，政策仍然偏重鼓励小城镇和中小城市的发展，严格限制大城市的发展。正是由于这个原因，虽然城镇化战略已经经历了持续的演进，官方至今沿用了"城镇化"作为正式用语。在中国，政策用语在一定程度上代表着特定的发展战略倾向，城镇化这个表达也恰好能够涵盖中国城镇化迄今走过的路程，包括早期实施的小城镇发展战略、一度提倡的控制大城市规模和合理发展中小城市战略，以及目前实施依托城市群促进大中小城市和小城镇协调发展战略等。

如果说一个国家城市化的成功与否，应该由其提高劳动生产率、促

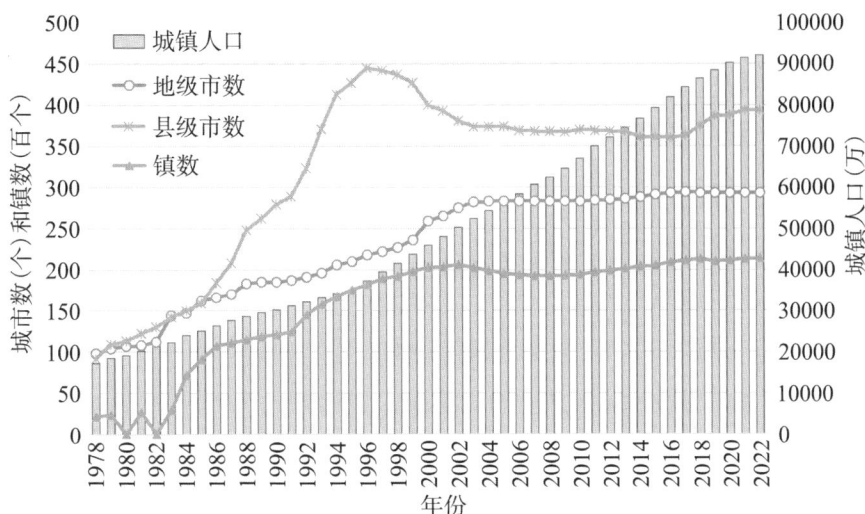

图 5-2　中国城乡人口和城镇化率变化

资料来源：国家统计局"国家数据"（https://data.stats.gov.cn/easyquery.htm? cn=C01）。

进经济增长和共享发展成果的效果来评价的话，迄今为止的中国城镇化，当之无愧为成功的实践。如果说不断提高的城市化是发展的要求，在不同国情下城市化路径应该有所差异的话，中国的城镇化道路既取得了殊途同归的效果，也具有与时俱进的特征。在过去40余年里，中国创造的令人瞩目的城市化速度，成为经济高速发展的一个重要侧面。

从不同时期的城镇规模结构，我们可以了解中国城镇化的几个演进阶段特征。大体上以进入21世纪前后为时间界限，前期呈现城镇数量外延式扩张为主的特征，后期呈现城镇人口数量内涵式扩张为主的特征。如图5-2所示，在前期和后期城镇数量增长速度大相径庭的同时，城镇人口却始终保持快速增长，城镇化率的提高速度未见明显的减慢。同时，大城市的个数和人口数均大幅度增加。从地级及以上城市的规模结构来看，在2000—2021年期间，市辖区人口为100万人及以上的城市数量从352个增加到464个，市辖区人口在100万人以下的城市数量则从172个减少到130个。

在很多发展中国家，甚至在一些城市化率很高的中等收入国家，城市扩张的过程中往往产生所谓"城市病"，一般表现为三个方面的弊端。第一，由于经济整体增长乏力，未能在城市扩大的同时创造出足够多的制造业岗位，造成城市化与工业化的明显脱节。第二，由于政府在城市治理方式和能力上存在着缺陷，对新市民的基本公共服务供给严重不足，甚至造成城市中棚户区林立、失业率高企和普遍的贫困现象。第三，政府奉行的城市偏向政策导致城乡发展的失衡，农业发展不能保持与非农产业同步，乃至出现农业衰落和农村凋敝的现象。

中国采取的城镇化方式，符合国情及其体现的客观现实，也同发展阶段变化和认识水平提高的节奏合拍，因此，在实践中没有重蹈其他一些发展中国家的覆辙，总体上避免了"城市病"的困扰。由于在人口集中、产业结构变化和体制改革等各方面，都努力做到循序渐进和与时俱进的统一，中国的城镇化既表现出整体上的健康性，也取得了令世人瞩目的高速度。

第三节　区域发展新格局与城乡均衡发展

一般来说，城市化也就意味着非农化和非乡村化，因此，在讨论农业农村现代化、乡村振兴和农业强国时，同时提出加快推进城镇化的目标，或许会在认识上引起某种疑惑，在实践中也可能会产生一定的犹疑。在前面的章节中，我们已经论述过农业农村发展得益于来自城市的现代要素，因而乡村振兴的高度与城市化的高度是一种比翼齐飞的关系，而非此消彼长的关系。此外，如何在农业份额下降和农村人口减少的趋势中，实现农业强、乡村兴和农民富的愿景，还需要站在城乡关系视角、区域发展格局视角、城乡均衡发展视角，以及三者之间关系视角进一步认识。

中国区域发展的格局特征与城镇化水平密切相关，在统计上显示为越是发达的地区，城镇化水平也越高。例如，2021年东中西三类地区各

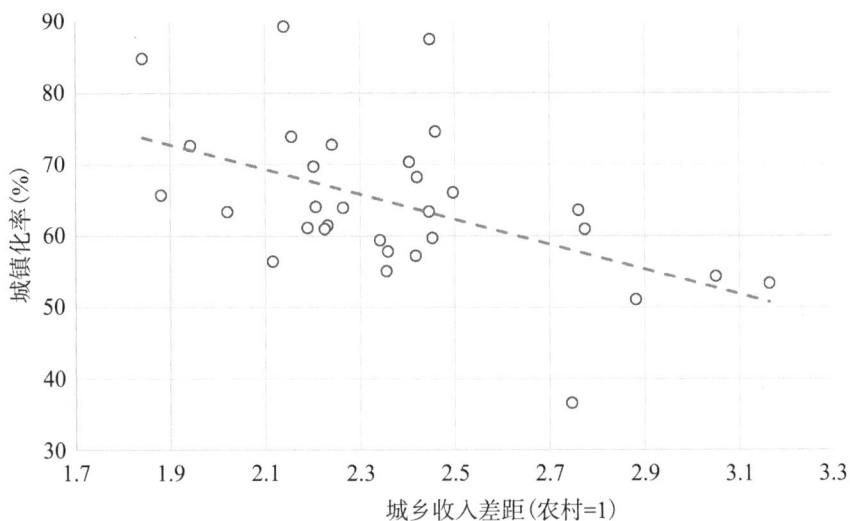

图5-3 城镇化与城乡居民收入差距

资料来源：国家统计局"国家数据"（https://data.stats.gov.cn/easyquery.htm? cn=C01）。

省（区、市）的城镇化率算术平均值，分别为73.8%、61.7%和57.9%。同时，从统计上我们还可以看到，虽然中国整体上存在着城乡之间的收入差距，但是，这个差距并非由城镇化造成。2021年东中西三类地区各省（区、市）的城乡收入差距，即城镇与农村居民可支配收入比率，按照简单平均值来算，分别为2.19、2.21和2.65。也就是说，从区域发展格局的层面上，我们可以观察到城镇化具有缩小城乡收入差距的作用（见图5-3）。

城镇化水平通常与经济社会发展水平直接相关，这意味着，上述城镇化缩小城乡差距的效应，既来自城镇化本身的作用，也获益于更高的经济社会发展水平。换句话说，更高的经济社会发展水平，一方面，通过发挥城市在产业关联、就业创造、产品和要素市场一体化方面的辐射作用，创造做大蛋糕的效应；另一方面，通过改善收入分配、提供更为均等化的基本公共服务，以及实施其他社会政策，形成分好蛋糕的效应。

这些效应中的一个重要方面，即城镇化如何引领地区的经济发展，进而塑造产业的区域格局，是一个值得进一步讨论的问题。城市化的人口集中和要素聚集效应，无疑为传统工业化提供了规模经济优势，因此，城市也成为传统比较优势产业的依托地。随着中国劳动力短缺日益成为普遍现象，比较优势发生了深刻的变化。一个与之相连的现象，是近年来制造业比重的较大幅度降低。世界银行数据显示，中国制造业增加值占GDP的比重，从2006年的32.5%降低到2020年的26.3%，2022年微弱回升到27.7%。

农业就业比重较大，以及各产业、行业和制造业企业之间存在生产率差距这样的事实，都显示中国制造业比重的下降具有早熟的性质。[1]这种趋势对经济增长造成的不利影响，也与城镇化中的某些倾向有关。在各地推进城镇化的过程中，越来越多的城市把自身定位为后工业化时代的经济增长点、服务业聚集地和消费中心，消极对待乃至排斥制造业的发展。与此相对应的现象则是，制造业主要依托以各种名目设立的新开发地区发展，与成熟的城市区域相脱节。这种现象使得制造业发展缺乏内在的经济逻辑，特别是可能丧失实体经济发展的规模经济和区位优势逻辑。

首先，如果没有城市作为载体，新科技革命的成果便难以渗透到实体经济。传统的工业化道路固然依托的是高物质投入发展模式，也由于高污染、高耗能、高排放而付出过高昂的代价，然而，在新发展理念和新发展模式下，新型工业化完全可以避免重蹈覆辙。例如，在绿色发展理念的引领下，由数字技术赋能、以智能制造为载体的新型工业化，完全可以实现新型的产城融合。

其次，制造中心与生活中心的脱节，以及就业地与居民区的分隔，不仅降低了城市的宜居性、弱化了城市提高人民生活品质的功能，更重要的是易于使城市的发展失去创新的源头活水。作为经济增长报酬递增源泉的创意及其应用和产业化，既以人口和人才的集中为条件，也有赖

---

① 蔡昉：《早熟的代价：保持制造业发展的理由和对策》，《国际经济评论》2022年第1期。

于经济活动本身提出的现实需求。如果城市不能成为实体经济活动中心，人力资本的培养也好，提高生产率的创新也好，都会由于远离需求而降低活力和缺乏激励。

再次，城市的去工业化趋势，使得城市发展缺乏稳定的产业支撑，在某种程度上也是城市经济产生脱实向虚倾向的一个原因。特别是在一些传统老工业基地和资源枯竭型城市，在产业转型之后，经济增长往往难以找到有力的引擎。与之相伴随，城市建设的中产化倾向抬高了普通市民的生活成本，提高了经济活动的交易费用，不利于挖掘传统消费潜力和开启新型消费形态，造成人口、劳动力和人才的流失，进一步降低城市发展的可持续性。

经过20余年区域均衡发展战略的实施，中国地区之间的发展差距已显著缩小。从一个反映地区发展差距的指标，即省际人均地区生产总值的泰尔指数来看，2001年为0.183，2011年下降到0.099，2021年进一步下降到0.080。[①]与此同时，也出现了东北等地区经济增长相对滞后，以及北方和南方发展差异扩大等现象，造成新的区域不平衡格局。这说明，以往在讲到新型工业化、信息化、城镇化和农业现代化"四化同步"时，往往关注的是农业现代化的同步性，殊不知新型工业化与城镇化之间的同步，同样是一个不容忽视的问题。

解决这个问题，绝不意味着回归工业化和城镇化关系的传统模式。既然制造业比重下降，进而城镇化产生去工业化倾向的问题，产生于中国经济比较优势的变化，因此，正确的解决方案，应该到中国制造业需要建造的新优势中寻找。从现实针对性着眼，中国实体经济特别是制造业的新优势，将主要来自以下方面：第一，促进农业剩余劳动力进一步转移，通过扩大劳动力供给延长人口红利收获期；第二，通过新创意引领以及同数字经济深度融合，制造业的发展将具有新形态，也将创造出

---

① 蔡昉、贾朋：《中国地区差距类型变化及其政策含义》，《中国工业经济》2022年第12期。

新业态；第三，立足于聚集效应、配套能力和超大规模市场等规模经济优势，制造业仍将获得比较优势和国际竞争力。

第四节　城镇化内涵的延伸：县域与乡镇

以高收入国家平均的城市化率81%、农业就业比重3%为基准，中国在2035年基本实现现代化之前，按照最低限度的目标，分别需要再增加一亿多城镇常住人口，增加一亿多城镇户籍人口，促进一亿多农业劳动力转移。城市作为接受新市民的居住地，以及吸纳新增非农劳动力的就业地，需要在深度和广度上得到不断的扩张。这就是说，不仅现有各类城市和镇的人口规模将继续扩大，城市和镇的数量也应有所增加。

从城市数量的增加潜力来看，现有尚未建市的地级和县级区域，自然是未来城市的备选单位。2021年，有40个地级区域以及至少1301个县级区域尚未建市。从镇的数量增加潜力来看，尚有8309个乡未成为建制镇。此外，现有建制镇的人口规模不一。2020年，从第七次全国人口普查得到的全国镇人口数为3.25亿，从国家数据库得到的镇数为2.13万个，平均每个镇的人口数仅为1.5万。然而，在沿海地区，很多镇的常住人口达到数十万之众，事实上已经成为颇具规模的城市。以这一现行格局作为更深层次、更高水平新型城镇化的推进基础，中国下一步城镇化的路径将具有以下特点，相应呈现出新的优势：

首先，有利于实现新型城镇化与其他区域发展战略的有效衔接。中国推进新型城镇化和促进城乡均衡发展，从目标和手段上看都是同一个过程。县域经济作为联结城市群、都市圈和农村发展的区域载体，既是打通城镇化与乡村振兴两大战略的关键领域，也是城镇化在新发展阶段的自然延伸。以县城为新的聚集效应载体，以县域经济为新的发展空间依托，镇的内涵提升和外延扩大就有了更为广阔的根基和枝干。

其次，有利于实现城镇化内涵提升和外延扩大的有机统一。实际上，整个改革开放期间中国城镇化的推进，就是采取了这种内涵与外延相统一的方式，体现了经济规律的必然性。按照全国统一的标准，对事实上的城镇化结果从行政区划上予以事后确认，也体现了政府的引导和规范作用。在1978—2021年期间，地县两级行政区域数从2963个增加到3176个，同期这两级行政区域中的城市区域比例也从20.2%提高到52.4%。

笔者的一项合作研究利用第六次全国人口普查数据，对2010年新增城镇人口来源进行了分解。结果显示，在全部新增2466万城镇人口中，城镇自然增长人数占15.8%，异地迁移人数占30.5%，就地转移人数占53.6%。[①]其中最后这部分人口成为市民的方式，即就地转移实现的城镇化，主要是通过地改市（区）、县改市（区）、乡改镇、村民委员会改为居民委员会等行政区划变动进行的。甚至可以说，这是近年来户籍人口城镇化率提高的主要方式。

这种户籍人口城镇化的推动方式，由于没有改变大量进城农民工尚未成为市民这一事实，其意义也就有所局限。对于那些从此获得城镇户籍的"就地转移"人口来说，现实中也存在着这样的现象，即这部分人口仅仅改变了户籍身份，却没有改变就业的领域，通常也没有在基本公共服务均等性上面更进一步。不过，只要行政区划变动的依据是科学的，这仍然不失为城镇化过程的一个必要步骤。

再次，符合资源配置深化的内在经济逻辑。毋庸置疑，各种规模的大城市和都市圈都具有突出的规模经济效应，这类城市的扩大对于提高资源配置效率至关重要。不容忽视的是，城市经济也会遭遇边际报酬递减的困扰。也就是说，城市的聚集效应和规模经济，并不会随着城市边界的拓展而无限扩大。因此，必须遵循生产率提高的原则，把资源重新配置推进到新的深度和广度。中小城市的内涵发展、新城市的继续涌现，

---

① Cai Fang, Guo Zhenwei and Wang Meiyan, "New Urbanisation as a Driver of China's Growth", in Song Ligang, Ross Garnaut, Cai Fang and Lauren Johnston（eds.）, *China's New Sources of Economic Growth, Vol. 1: Reform, Resources and Climate Change,* ANU Press, Social Sciences Academic Press（China）, 2016, pp. 43–64.

以及县域经济范围内县城和乡镇的数量扩大与质量提高，自然成为资源重新配置的新疆域。也恰恰由于城镇化在深度和广度上的延伸，能够以资源重新配置效率的提高，创造出明显的改革红利，这个过程得以获得巨大的发展收益和内生动力。

第五节　全地域和全方位的农村现代化

对中国区域国情的研究表明，中国的县域占到国土面积的93%、全国人口的70%和全部GDP的45%。在这个地域范围内，还分布着全国84%的世界自然遗产、77%的国家风景名胜区、68%的国家森林公园。[①]这就是说，一旦中国的城镇化深入县域和镇的层次，就意味着传统的城乡边界在一定程度上被打破，便为城乡一体化均衡发展提供了广阔的区位空间。与此同时，这也符合区域发展模式的最新变化，对应着区域发展研究范式的转换。

在本章第三节，我们引用过此前的一项研究，用省际人均地区生产总值的泰尔指数的降低，表明以省级行政区域为单位观察的地区差距的缩小。现在，我们再来看这项研究的另一个结论。泰尔指数在统计上有一个优越性，就是它不仅可以从整体上反映地区差距，还可以把这种差距分解为不同的区域构成因素。一般来说，地区差距可以用不同的区域作为比较单位。

例如，中国的地区差距分别可以用县级、市级、省级行政区域，以及东中西（及东北）大类地区为单位进行衡量和表达。根据数据的可得性和中国地区差距的性质，这里所说的研究采用了两种划分方式进行，分别是以省际行政区域对比东中西三类地区，以及以省际行政区域对比

---

① 李逢春、李莉：《高质量发展语境下县域经济发展：特征、趋势与作用》，江苏社科规划网2022年2月15日。

东中西和东北四类地区。

通过分解泰尔指数我们可以看到，中国的地区差距由两部分因素构成。第一部分是省际差距，即中国 31 个省级行政区域之间的发展水平差别。第二部分是三类地区或四类地区之间的发展水平差别。之所以要把大类地区之间的差距考虑进来观察其对整体差距的贡献，是为了看区域发展是否出现一种极化特征或"物以类聚"效应，即同一类地区的各省（区、市）之间发生发展水平的趋同，然而大类地区之间的发展水平则趋于分化。

对泰尔指数进行分解计算的结果表明，在整体区域差距缩小的同时，无论是按照东中西三类地区划分，还是按照东中西和东北四类地区划分，都可以看到大类地区差距对整体地区差距的贡献率在下降。例如，在整体地区差距中，大类地区之间差距的贡献率在 1994 年达到最大，按三类地区和四类地区划分的这一贡献率分别为 64.3% 和 64.4%，在区域均衡发展战略开始实施的 2000 年，该贡献率分别为 61.0% 和 61.1%，到 2021 年则分别降低到 45.5% 和 52.6%。①

这里展示的统计分析结果，不仅说明随着区域均衡战略的实施，地区之间发展的均衡程度有所提高，区域差距在缩小，还特别强调了一个变化，即区域发展的极化特征有所消除。这个结论具有重要的政策含义，对于研究者和政策制定者尤其是一个有益的提示：在涉及区域经济发展的问题时，研究和认识范式到了需要进行相应转换的时候。

以消除贫困为主题的发展经济学和政策制定，长期以来遵循着某种有益却一成不变的思维范式，即把国家之间、地区之间和人群之间存在的巨大差异，抽象为一个立足于二分法的理论框架。现实中涉及差异性的发展现象，似乎都可以被简化为发达与不发达、富裕与贫穷、先进与落后、充满活力与踟蹰不前的对比，两种状态分别集中在不同的地区，

---

① 蔡昉、贾朋：《中国地区差距类型变化及其政策含义》，《中国工业经济》2022 年第 12 期。

构成反差十分明显的两极。

在以往的发展研究中，二元性或二分法确实能够很好反映经济发展现象，抽象出后者的诸多典型特征。并且，在二元对比中认识差距并探讨缩小差距的途径，也有助于增强政策的针对性。因此，这种范式曾经被广为接受，并且在实践中也被证明不无助益。例如，中国经济现实中体现这种二元性的概念，包括城乡关系、工农关系、沿海地区与中西部地区关系等，也分别被纳入相应的区域政策或产业政策框架，甚至直接被确定为旨在促进均衡的发展战略。

通过实施区域均衡战略达到缩小整体区域差距的事实证明，这种认识范式和对应的战略曾经是富有成效的。然而，随着三（四）类地区之间差距对整体区域差距的贡献率降低，一个事实显现出来，即区域差距中的传统二元性逐渐弱化。相应地，二分法这一传统认识范式，要在理论上保持足够的解释力，或者在实践中仍然具有指导意义，需要面对和回应一系列严峻的挑战。

从区域均衡政策或战略的理论依据来看。相信地区之间差距可以被缩小的经济增长理论，所依据的基本假说是资本报酬递减。发达地区的要素禀赋特点是资本充裕，因此会遭遇资本报酬递减现象的困扰。不发达地区则可以避免这种困扰，通过资本投入获得更高的回报，由此可以实现更快的经济增长。假以时日，落后地区得以赶超发达地区，两者之间的发展水平便产生趋同。然而，在各国发展的现实中，总是不断制造出对这种认识范式和理论预期的反例。无论是"富者愈富、贫者愈贫"的马太效应，还是新科技革命带来的报酬递增现象，都不断打破报酬递减规律，使得赶超和趋同并不总是必然发生。

从旨在促进区域均衡发展的政策实施来看。旨在实现区域均衡发展的政策意图，是让落后地区加快发展的步伐，同时还不能让发达地区的发展步伐慢下来。在区域均衡战略的实施中，虽然中央政府出台的诸如转移支付等政策举措，无疑有助于促进区域发展的均等化，但是，也产生了激励不相容现象。作为发展主体的发达地区和落后地区，在涉及内生发展动力方面，往往各行其是、各说各话、各显神通，时常与中央政府的初衷相背而行。

进入21世纪以来，西部大开发战略率先实施，其中很多倾斜政策也适用于中部地区。很快，中央又确立实施中部地区崛起战略和东北等老工业基地振兴战略。当时的区域发展战略目标十分明确，即缩小中西部地区与东部地区的发展差距。随着中央又确立实施沿海地区率先发展战略，从三（四）类地区划分的角度，区域均衡发展战略便实现了全覆盖。实际上，目前实施的区域发展战略，还包括旨在构建优势互补、高质量发展的区域经济布局和国土空间体系的一系列重大区域战略。

如果以传统的二分法范式来认识的话，这里似乎产生了一个悖论，即实施所有这些区域战略的目的是缩小地区差距，但是，如果做一个假设，即这些战略最终取得同等程度的成功，也就是说原来的发达地区和相对落后地区都在各自的基数上得到同比例的额外发展，结果必然是原有的地区发展差距照样存在。如果放弃二分法思维，做出这种假设则并不意味着区域战略本身有任何矛盾之处，反而为区域战略的实施提供了新的思路。

一旦现实中的区域差异不再简单地表现为二元反差，传统二分法就不能充分反映区域发展的信息基础，意味着研究范式需要转换，即朝着更加关注多元化因素、更加多视角观察，以及更加统一的分析框架方向演变。与此同时，"一把钥匙开千把锁"的区域发展思路也越来越难以奏效，因此客观上也要求因地制宜制定区域发展新战略。事实上，两极化的反面便是多元化、多样化和多极化，恰恰需要一个覆盖面更广泛、包容性更充分的区域发展战略部署。

按照这一新的战略思路，涉及城乡一体化均衡发展的相关实践，要求按照全地域和全方位的方式推进农业农村现代化，核心是农村要素配置范围超越地域和产业边界的限制。首先，这能够更好地保障城乡市场主体平等获取要素，依据相同的市场规则、市场价格和市场竞争实现效益最大化。其次，这能够保障城乡居民通过自身的劳动和经营，取得同等水平的收入，不断趋近共同富裕的目标。再次，这要求政府承担主要责任，通过与社会主体建立伙伴关系，均等地为城乡居民提供基本公共服务。

第六节　户籍制度改革的激励相容

从实践上看，户籍制度是城乡二元结构的制度反映。从认识的角度，户籍制度也体现了城乡二分法的思维范式。因此，破除城乡二元结构必然要求加快推进户籍制度改革。20世纪50年代后期，为实施计划经济和重工业优先发展战略，户籍制度应运而生，当时主要服务于两个目的：一是阻止人口和劳动力从农村向城市迁移，确保农业经济的运行，并能够为工业化提供积累；二是按照城乡分割的方式提供基本公共服务，避免政府负担范围过大，以致陷入财力拮据的境地。

改革开放以来，第一个约束已经被打破，如今城乡居民可以自由迁徙、居住和就业。然而，享受基本公共服务的权益在很大程度上仍然以户籍身份来确认，不仅造成城乡之间的差别，也使进城农民工及其随迁家庭成员仍不能在城市均等地获得社会保障、义务教育、补贴性住房等待遇。这成为民生保障未能实现全民均等覆盖的一个难点和堵点。因此，户籍制度改革的核心，便是破除在基本公共服务供给方面的这种差别对待。

户籍制度已发生的改革和未完成的改革，在统计上表现为常住人口城镇化率和户籍人口城镇化率的提高，以及两者之间仍然存在的较大差别。2021年，这两个城镇化率分别为64.7%和46.7%，也就是说，按照常住口径统计的城镇人口为9.14亿人，而按照户籍口径统计的城镇人口只有6.60亿人。两者之间的差额2.54亿人，即为常住在城镇却没有获得城镇户口的居民，其中外出农民工显然占比最大。

2022年，中国有1.72亿外出农民工，其中年末在城镇居住的为1.33亿人。这里的"外出农民工"系指户籍在农村、年内外出从业6个月及以上的劳动者。鉴于统计定义，城镇常住人口同样指在城镇居住6个月及以上的人口。所以，外出农民工中绝大部分是没有城镇户口的城镇常住人口，数量应该在1.3亿—1.7亿之间。在中国的语境中，规模庞大的人口居住和工作在城镇却没有获得城镇户籍身份的这种情形，代表着一种不完整的城镇化。

我们说常住人口和户籍人口两个城镇化的脱节是一种不完整的城镇化，既是针对微观层面的农民工处境而言，也是针对宏观层面的城市化功能而言。从以下几个方面提出要求，即是针对这种不完整性，尝试提出应有的政策含义：除了继续提高城镇人口比重之外，还应该做哪些努力，以便使中国的城镇化过程更为完整。

首先，应该使新老市民享有均等的基本公共服务权益。由于户籍身份的限制，农民工在城市的就业、社会保障和其他基本公共服务权益方面，仍未得到与城镇户籍人口相同的保障。2016年进行的一项调查表明，农民工的养老、失业和医疗保险覆盖率，分别仅为城镇户籍劳动者的40.3%、44.4%和45.5%。农民工享受最低生活保障的比例，也仅为城镇户籍劳动者的34.7%。由于缺乏社会保障，农民工常常要接受更低的工资和不符合标准的劳动条件。在同一调查中，农民工与城镇户籍劳动者相比，每周的平均工作时数多25.7%，月收入低7.1%，小时工资则低27.0%。此外，农民工子女在居住城市入学的比例，也只相当于城镇户籍人口的33.0%。[①]

其次，应该保障家庭成员共同生活的权益，使儿童获得同等的入学机会和教育质量。由于户籍制度的存在，伴随着普遍性的外出打工，形成了特殊的流动儿童和留守儿童现象。2020年，全国城乡这两类儿童占全部17岁及以下儿童人口的46.4%，其中农村户籍儿童处于流动和留守状态的比例更大（见表5-1）。这个庞大的儿童群体，在入学机会和教育

① 蔡昉著：《人口负增长时代：中国经济增长的挑战与机遇》，中信出版社2023年版，第235页。

表5-1 中国儿童数量、结构和流动状态

单位：万人

阶段	早期发展	学前教育	小学阶段	初中阶段	高中阶段	全部
年龄	0—2岁	3—5岁	6—11岁	12—14岁	15—17岁	0—17岁
全部儿童	4164	5279	10874	5021	4427	29766
流动儿童	808	1147	2321	1043	1791	7109
农村留守儿童	713	780	1590	672	421	4177
城镇留守儿童	454	496	935	385	246	2516

资料来源：国家统计局、联合国儿童基金会、联合国人口基金：《2020年中国儿童人口状况：事实与数据》，参见国家统计局网站（http://www.stats.gov.cn/zs/tjwh/tjkw/tjzl/202304/P020230419425666818737.pdf）。

质量方面往往遇到较大困难，在父母照料和学习辅导方面存在缺失，在学习起跑线、身体和心理健康、发展机会等方面处于不利的地位。

再次，应该使居民在生命周期的每个阶段，均能享受到城市提供的生活和发展机会，具有稳定的人生预期。由于大部分农民工没有获得城镇户口，进城务工与在城市落户两种状态相脱节，这个群体不能完整参与城镇化过程，在就业期间不能均等享受基本公共服务供给，他们的子女不能充分利用城市良好的教育资源，工作到一定年龄还要回到农村。这不仅降低了农村户籍人口的社会流动性，还会造成非农劳动力供给不充分、消费能力孱弱、消费意愿不强、个人创造力和创业精神难以充分施展等弊端，给宏观经济和长期增长带来不利的影响。

综上所述，完整和彻底的城镇化，就政策理念来说同以人为核心的新型城镇化是完全吻合的。从内涵上，以人为核心的城镇化，归根结底要以基本公共服务均等化为推进目标和检验标准。从逻辑上，这也要求城镇化的推进以户籍制度改革为切入口，着眼于使在城镇稳定就业的农民工成为户籍居民。消除常住人口城镇化率和户籍人口城镇化率的差别，是推动城乡一体化的重要一步。随着城乡之间基本公共服务差距的逐渐消除，户籍制度存在的初始原因不复存在，传统功能也不再需要，这项制度安排也就该寿终正寝了。

更重要的是，推进户籍制度改革需要在参与各方之间创造激励相容的内生动力。户籍制度改革这项任务，在学术界和政策研究领域一直具有高度的共识，国家也很早便将其置于改革日程之中，多次做出相应的部署，迄今也取得了可见的成效。然而，城镇常住人口与户籍人口还是相互脱节的两个人口群体这一事实，毕竟意味着改革任务尚未完成。究其原因，我们发现在地方政府同中央政府之间，存在着推进这项改革的激励不相容现象。

户籍制度改革具有显而易见和真金白银的改革红利。从供给侧来看，农民工市民化可以扩大和稳定城镇非农产业的劳动力供给。更好的落户预期可以产生对农业剩余劳动力转移的拉动效应，从而推动产业之间的资源重新配置，为扩大农业经营规模创造条件，达到提高农业和整体劳动生产率的显著效果，最终提高经济增长能力。研究表明，户籍制度改革的这两种效应，即提高非农产业劳动力供给和提高中国经济整体的全要素生产率，分别能够以相同的幅度转化为GDP潜在增长率的提高。①

从需求侧来看，农民工的市民化不仅有利于提高工资水平和收入增长预期，从而提高这个人口群体的消费能力，还可以通过更完善的基本公共服务供给，解除他们消费的后顾之忧，创造扩大消费从而稳定社会总需求的显著效应。经济合作与发展组织的模拟表明，仅仅获得城镇户籍身份这一个因素，即可使进城农民工的消费支出增加27%。②

问题在于，户籍制度改革的收益大都表现在宏观经济层面，而推动改革的主体通常是地方政府。虽然从数量上说，改革红利显著大于改革

① Cai Fang and Lu Yang, "The End of China's Demographic Dividend: the Perspective of Potential GDP Growth", in Garnaut Ross, Cai Fang and Song Ligang (eds.), *China: A New Model for Growth and Development*, Canberra: ANU E Press, 2013, pp. 55–74.

② Margit Molnar, Thomas Chalaux and Qiang Ren, "Urbanisation and Household Consumption in China", *OECD Economics Department Working Papers* 1434, OECD Publishing, 2017.

成本，但是，地方政府并不能获得全部改革红利，却要为城镇户籍人口的增加而埋单，即扩大财政的社会性支出。实际上，一些宣称已经放开户籍的中小城市，为了维系本地政府的土地财政模式继续运转，仍然对落户申请人提出购买商品房这样的苛刻条件。这种在整体收益与局部成本之间的不对称性质，以及在中央政府与地方政府之间存在的激励不相容现象，正是改革未能取得更大进展的堵点所在。

户籍制度改革是一项系统工程，需要体制机制的整体配套和参与各方的协同推动。通过制度安排和政策调整形成有效激励，使地方政府能够有内在动力放开城市户籍，使基本公共服务成为普照之光，这实际上是户籍制度改革的基础工程。打通激励不相容这一堵点的关键，是中央政府进行顶层设计和承担更多支出责任，并与地方政府之间形成合理分担改革成本的有效机制，以及合理分享改革收益的稳定预期。

创造户籍制度改革的激励相容性，可以从以下几个方面着力：首先，把城乡一体化均衡发展，特别是基本公共服务均等化、城乡收入差距缩小等要求，纳入对地方政府履行责任的考核，加大地方政府推动户籍制度改革的紧迫感和主动性。其次，在覆盖全民、全生命周期的社会福利体系建设中，中央政府承担更多的支出责任。特别是在老年抚养比不断提高的情况下，基本养老保险模式不可避免要进行调整，要求给付更加普惠和提高基金统筹层次。这也相应提出一项配套的改革要求，即纠正中央财政占比偏低的状况。再次，把城镇户籍人口的增长同诸如土地开发、基础设施建设、城建规划等调控指标挂钩，可以提高户籍制度改革激励的精准性。

第六章

城乡迁移与促进
社会流动

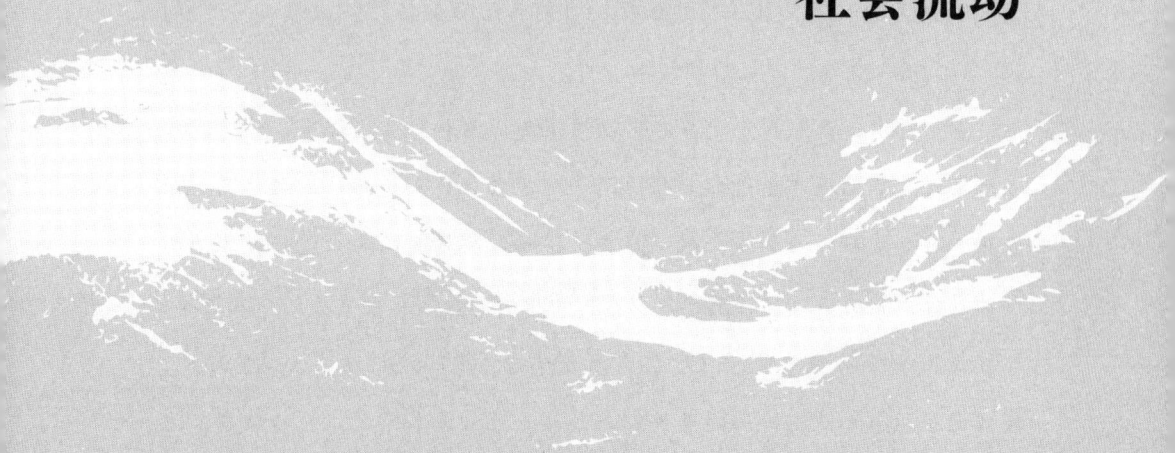

社会流动是分享经济发展成果的一种重要机制。一般来说，社会流动强调的是人口的纵向流动，即人们通过自身的努力，在职业类别、收入分组、社会身份等各种社会分类中的上升性流动。不过，纵向流动往往以地域间的人口横向流动为前提，并且整个过程都贯穿其中。横向流动与纵向流动都是社会流动的方式，尽管前者更多表现为手段，后者更能够代表期望和结果。改革开放以来，引人注目的城乡人口迁移和劳动力流动，是中国社会性流动的重要且独特的表现，目前正处在如何延续横向流动过程、提升纵向流动效果的关键时期。

本章揭示，虽然人口迁移和劳动力流动成为一种普遍现象，然而，城乡迁移过程仍然存在着进城和落户两个阶段的分离和延滞。这显然不利于农民工在经济社会方面充分融入城市，进而阻碍横向的人口流动升华为纵向的社会性流动。我们将阐释，以人民为中心的经济社会发展的内在逻辑，已经提出新的制度需求，同时也为推进户籍制度改革创造了必要的环境，实现迁移两个阶段相统一的条件渐趋成熟。此外，本章还讨论与城乡二元结构密切相关的，诸如如何恰当平衡区域人口布局以及合理规划乡村建设等问题。

第一节 中国特色的两阶段迁移

从一定程度上说，任何迁移都可以被视为一个两阶段的过程，第一个阶段是在地理意义上从甲地迁移到乙地，第二个阶段是从经济学和社会学意义上实现新老居民的同质化。在很多情况下，这两个过程并不能毕其功于一役，主要是因为新居民的迁移目的和定居状况千差万别，享有的居民权益常常也不尽相同。即使没有对新居民权益的正式排斥，后来者要在经济和社会意义上全面融入迁入地，仍然需要花费时间和付出努力。

在当代中国，人口迁移和劳动力流动，已经成为一种普遍而正常的经济社会现象，也是城镇化快速推进的主要途径。然而，由于户籍制度的存在，外来劳动力和迁移者成为完整意义上的城镇居民，仍然需要经历两个步骤：第一步迁到城镇就业和居住，第二步取得城镇户口成为市民。这种中国特色的两步骤迁移，或者两阶段城镇化，在统计意义上表现为城镇常住人口与城镇户籍人口这两个群体的区分。然而，迁移两个阶段的分割和滞后，关键还不完全在于户籍身份的差别，而在于享受基本公共服务的不均等性。因此，破除城乡二元结构，急切要求公共政策的进一步改革，实现这两个阶段以及两个人口群体的合二为一。

虽然说户籍制度仍然是妨碍人口迁移和劳动力流动的体制障碍，也应该看到，在整个改革开放年代，这个制度安排既发生了重大的调整，也曾经在其他领域改革中起到过压舱石作用。在20世纪80年代后期，当农村劳动力第一次具有了巨大的转移压力，从而内在地要求进行跨行业、跨地区和跨城乡流动时，正是户籍制度的功能，在一定程度上解除了当时政策抉择中的顾虑。也就是说，只要仍然以户籍身份对人口进行终极管理，人口和劳动力在一定范围进行一定程度的流动，就不是什么洪水猛兽。因此，在户籍制度保持稳定的前提下，劳动力开始被允许迁移和流动。在这个过程中，尽管政府始终强调户籍管理，也采取过一些措施尝试保持人口流动的有序性，但是，与户籍制度相关联的各种对人口流动的限制，实际上被逐步放宽。

人口流动的这一起步算得上是破冰之旅。从那时开始，伴随着户籍制度的渐进式改革，人口流动便按照自身的内在逻辑，在深度上和广度上不断得到拓展。我们可以把这段人口流动史同时看作户籍制度改革的三个阶段，在时间上大致对应着1992—2004年、2004—2014年和2014年以来。在每个阶段，人口流动受户籍制度制约的性质有所相通，随着改革的不断深入，迁移的两个阶段即就业和居住阶段与落户阶段，越来越趋向于合二为一。

在第一个阶段，沿海地区城镇正处于高速发展时期，各种非公有经济企业也如雨后春笋般成长，对农村转移劳动力产生巨大的需求。因此，政府认为进城农民工是城市发展的有益补充，采取了默许和不排斥的态度。与此同时，由于流动人口和人口流动仍然是陌生的事物，因而在城市管理者和户籍居民中，仍然存在着对福利外溢、物价上涨、岗位竞争、社会秩序失衡的种种担心。于是，一旦发生宏观经济波动，特别是当城镇出现就业压力的时候，城市政府往往会出台种种举措，试图更严格地控制乃至疏散外来人口。在这个时期，一个典型的现象便是流动人口政策的周期性和摇摆性。

在第二个阶段，中国经济跨过了刘易斯转折点，劳动力短缺成为普遍现象，进城务工的农民工已成为城市发展不可或缺的劳动力供给来源。在供求关系的作用下，城市政府对作为劳动力的外来人口持欢迎的态度，也在更大的程度上把农民工纳入基本公共服务覆盖范围。然而，由于在收获改革红利和支付改革成本之间存在着主体上的不对称，因此，在以农民工落户为核心的户籍制度改革问题上，地方政府与中央政府之间具有不尽相同的积极性，以致城镇化的第二步仍然没有紧随第一步实现。

在第三个阶段，国家在改革的推进上加强了顶层设计，更加强调城乡一体化均衡发展，并且加大了促进城乡居民共同富裕进程的政策力度。

在人口迁移和劳动力流动仍然强劲的同时，一方面，更多的迁移人口和转移劳动力取得城镇户口，从统计上表现为从 2011 年以来，户籍人口城镇化率的提高速度快于常住人口城镇化；另一方面，尚未获得城镇户口的常住人口，享受城镇基本公共服务的水平和均等程度也有明显的提高。

从纯粹经济学的角度，一种制度变革的发生取决于改革的成本与收益的相对显著性。无论出于经济持续增长的考虑，还是出于社会持续稳定的考虑，当改革收益明显大于改革成本时，制度变革将会发生。中国的发展已经到了这样的阶段，包括把迁移两个阶段合二为一、旨在破除城乡二元结构的各项改革，对于挖掘经济增长潜力和提高社会和谐水平，越来越具有至关重要的意义。

此外，在传统的经济学框架之外，中外发展经验和教训还表明，正确的发展理念及其贯彻，对于推动必要的改革也发挥着关键性的作用。因此，可以预期，随着改革设计更好地解决激励不相容的问题，地方政府推动户籍制度改革的积极性将进一步提高，人口迁移两阶段的落户难题将得到解决。

第二节　农民工就业、收入和社会保障

根据最新的官方监测调查，2022 年，全国农民工总数达到 2.96 亿人，包括在本地非农就业和外出就业 6 个月及以上的农村户籍人口。其中，未离开户籍所在乡镇的本地农民工为 1.24 亿人，离开户籍所在乡镇的外出农民工为 1.72 亿人，年末在城镇居住的农民工为 1.33 亿人。[①]很显然，少则仅包括那些年末在城镇居住的农民工，多则可以包括那些离开户籍所

---

① 国家统计局：《2022 年农民工监测调查报告》，国家统计局网 2023 年 4 月 28 日。

在乡镇的农民工，进城农民工数量应该在1.33亿—1.72亿之间，从统计上来说，他们已经成为目前常住城镇人口的重要组成部分。

很多国家都存在着人口迁移的两个阶段分离现象，特别是外来劳动力与本地居民在基本公共服务的获得性上存在差异的问题。不过，农民工仍然是一个颇具中国特色的劳动力群体，他们遇到的种种问题也需要在中国的语境下来理解，并通过发展和改革得到解决。下面，我们概括农民工在就业、收入和享受社会保障方面的特点，在展示相关情况随着时间变化已经获得改善的同时，揭示仍然存在的问题，旨在理解对症的改革方案。

首先，农村劳动力外出务工是一种理性有序的行为。一方面，劳动力受到非农产业更高劳动报酬的激励。农村劳动力外出就业的工资水平，始终显著地高于务农的收入，因此，劳动力外出是一个符合微观经济理性的选择。另一方面，农村基本经营制度及其他体制条件，确保农村劳动力的流动是一个可进可退的选择行为，因而在宏观意义上是一个有序过程。例如，土地承包经营权和其他村民权益的稳定不变，就为劳动力流动解除了后顾之忧，可以做到来去自由、进退裕如。

工资性收入的增长及其在家庭收入中比重的不断提高，对农村居民可支配收入的增长做出了巨大的贡献。例如，在1998—2022年期间，农户可支配收入的年均实际增长率为7.2%，其中的工资性收入实际增长率为11.9%，工资性收入比重从26.3%提高到42.0%，在这期间农村居民可支配收入的增长中，工资性收入的贡献率高达83.4%。

其次，农民工实际工资的提高速度，经历了一个倒U字形轨迹。我们可以通过一个统计比较，观察在过去20年的时间里，农民工实际工资的相对变化趋势。在数据选择和处理上，有两点需要说明。其一，我们用城镇单位就业人员的平均工资与农民工的平均工资进行比较，恰好可以分别代表正规就业与非正规就业的情况，也易于揭示出两者之间的反差。其二，在把名义工资折算成实际工资时，针对城镇单位就业者的工资，采用城市居民消费价格指数，针对尚未完全城镇化的农民工的工资，

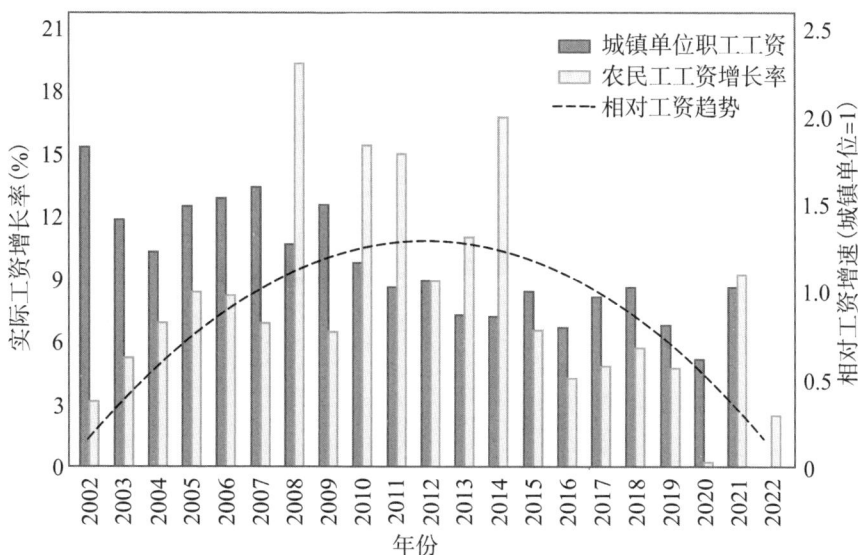

图6-1　农民工和城镇单位职工工资增长

资料来源：国家统计局网站（http://www.stats.gov.cn/）。

则采用了居民消费价格指数（该水平介于城市和农村两个消费价格指数之间）。

比较显示，在2002—2022年期间，农民工的实际工资水平总体提高较快，年均增长率为8.0%。一方面，可以从要素市场一体化程度提高的角度，理解农民工工资的迅速提高。另一方面，也可以把这种结果看作是劳动力短缺，特别是普通劳动力短缺的市场反应。不过，在这短短20年里也发生了很多其他方面的变化。从数据来看，农民工与城镇单位就业人员之间的工资差异，一度缩小之后又出现了反弹。从两个劳动者群体实际工资增长率的相对变化，可以清晰地观察到这个趋势（见图6-1）。

把两个群体的实际工资增长率结合起来看，农民工工资相当于城镇单位工资的比例，从2007年的50.7%的最低点，显著提高到2014年的64.8%，然而，在2021年又回归到55.2%。为简明起见，我们把同城镇单位职工相比，农民工工资的相对增长速度，以多项式趋势线的方式展示于图中，可以更突出这个倒U字形曲线。此外，这个变化轨迹与近年来整体收入差距及城乡收入差距的变化趋势，也是十分一致的。

再次，农民工的就业整体上仍然具有非正规的特点。虽然非正规就业并不完全等同于灵活就业，但是，就业的非正规特征通常总是表现在灵活就业这种形式中。也就是说，由于农民工没有在就业地获得城镇户口，未能成为法律意义上的市民，与本地户籍劳动者相比，他们通常采取灵活就业的形式，在劳动合同的签订比例、基本社会保险项目的覆盖率、工资和福利待遇，以及其他基本公共服务供给和权益保障方面，都处于明显不利的地位。

从横向和纵向社会流动的角度认识农民工现象，对于我们分析问题和提出政策建议都会有所助益。横向流动与纵向流动相互关联，通常是你中有我，我中有你。以一个不那么严谨的角度，可以更多地从社会流动的量的方面看待横向流动，更多地从社会流动的质的方面看待纵向流动。对迁移者及其家庭来说，存在着社会流动从量变到质变的过程。例如，一旦收入提高的幅度足够大，以至于在收入分组中跃升到更高组别，在城镇居住和就业的时间足够长、社会融合度足够高，以至于不再具有外来人口的特征，职业和岗位的提升足够显著，以至于社会地位得到公认的改变，则意味着横向流动转变为纵向流动。

我们可以概括一下，量变带来质变在宏观意义上的三个特征。其一，横向流动进行的时间必须足够长，纵向流动这种质变才可能发生。这个足够长的时间，实际上就是量变到质变所要求的临界最小要求，就是说量变至少要积累到这样的水平，才可能引起质变。其二，关键性的制度和体制，既可以促进也可能阻碍横向流动的程度，因而影响其临界最小要求的积累水平。当这些制度因素构成对横向流动的制约时，纵向流动的条件也就难以成熟。其三，纵向流动固然要求横向流动的积累，直接针对阻碍流动因素进行的制度改革，也可以独立产生一种促进纵向流动的效果。

户籍制度改革的相对滞后，使农村劳动力转移未能积累到足以使农民工及其家庭成为中等收入群体的程度，因而横向流动未能完成向纵向流动的升华。不仅如此，随着人口负增长和老龄化程度的加深，横向流

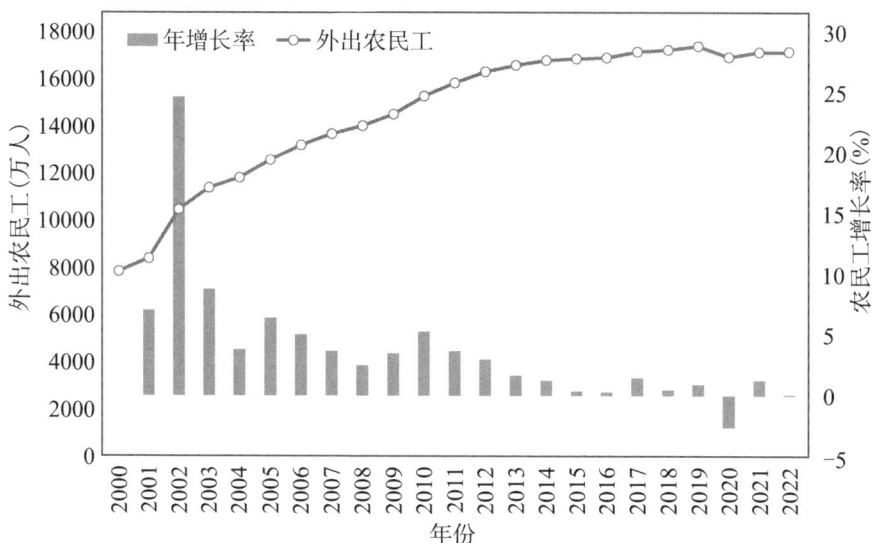

图6-2　外出农民工人数及其增长率

资料来源：国家统计局网站（http://www.stats.gov.cn/）。

动的速度和规模也出现明显的减弱趋势（见图6-2）。外出农民工数量的
年均增长率，在2002—2012年这10年期间为4.5%，而在随后的10年中，
这个增长率降低到仅为0.5%。在横向流动减弱的情况下，更需要加快体
制改革和制度建设的步伐，更直接推动社会的纵向流动。

第三节　从横向到纵向的社会流动

　　按照对于社会纵向流动主要因素的看法，西方经济学家可以被划分
为两大学派。一个学派信奉"增长同步性原理"（Growth Alignment
Axiom），与主张"涓流效应"的新自由主义经济学有相似之处，认为经
济增长可以自然而然地惠及所有社会群体，推动形成向上流动的效应。
另一个学派信奉"增长累进性原理"（Growth Progressivity Axiom），认为
只有伴随着经济增长进行收入的转移，才能达到所有群体平等向上流动

的结果。[1]很显然，后一学派强调政府再分配的作用，主张扩大社会福利。

如果我们不过于极端化地在两个学派中选边站队，而是结合特定的发展阶段来认识，这两个学派的观点都具有一定程度的合理成分和解释力。或者说增长同步性和增长累进性，作为社会流动的机制都有其不可或缺性。一方面，两种机制实际上是互相补充的，各自发挥特定的作用。另一方面，两种机制在不同的发展阶段上，发挥作用的效果不尽相同，甚至具有此消彼长的关系。对于农村劳动力外出务工现象以及农民工群体的分析，既有助于检验这种互补性和阶段性假说，也可以从中获得启发，进而得出有针对性的政策结论。

在改革开放期间，劳动力流动的动机是获得更高的收入、更充分的就业和更高的生活质量。与此相对应，劳动力流动的方向，是从生产率较低的农业、农村和中西部地区，到生产率更高的非农产业、城镇和沿海地区。这种横向流动导致农村人口的收入增长、就业类型变更和生活方式转变，因此也表现为纵向流动。横向流动与纵向流动之间的这种一致性，既来自劳动力流动与资源重新配置的一致性，也来自经济增长与社会流动之间的同步性。改革开放以来，这个一致性和同步性的程度，经历了三个时期，与人口流动和户籍制度改革的三个阶段大体对应，其间也发生过一些阶段性的变化。

从20世纪90年代出现"民工潮"这一举世瞩目的现象到2004年前后出现史无前例的"民工荒"，也就是中国经济在达到刘易斯转折点之前所经历的二元经济发展时期，这一时期具有第一个阶段的典型特点。在中国历史上，第一次人口以如此大的规模和幅度流动，改变了就业类型、居住地域和生活方式。这在国际上被称为人类历史上和平时期最大规模的人口迁移现象。在1992—2004年期间，农业就业比重和农村人口比重，

---

① Debraj Ray, Garance Genicot, "Measuring Upward Mobility", *NBER Working Paper*, No. 29796, February 2022.

均以年平均1.8%的幅度降低；农村居民实际人均可支配收入，则以年平均5.0%的速度提高。

中国经济在2004年迎来刘易斯转折点，不再具有典型的劳动力无限供给特征，标志着劳动力相对稀缺性的提高。随着劳动力市场上的供求关系发生变化，普通劳动者在劳动雇用关系中的讨价还价地位也发生了变化。这促进了一系列有利于农民工在城镇流动、就业和居住的政策变化，推动劳动报酬的提高和就业条件的改善，也为劳动力流动提供了更强的动力，从而社会流动性以更快速度和更大幅度提升。在2004—2014年期间，农业就业比重和农村人口比重，分别以年均4.6%和2.7%的速度降低，农村居民实际人均可支配收入的提高速度，达到年平均9.4%。

在中国经济跨过刘易斯转折点之后，社会流动性增强的趋势似乎为"增长同步性原理"提供了一定的经验证据。然而，这个自然而然的改善趋势并没有持续下去。正如图6-1中农民工相对工资改善的倒U字形曲线所显示的那样，2004年以后，在初次分配中的工资水平变化所标识的社会流动性改善确曾发生，但呈现逐年递减的趋势。2014年以来，虽然农业就业比重和农村人口比重继续降低，但是变化速度已经趋弱。农业转移劳动力更多留在本省、市和县的地域内，标志着转移就业出现本地化的趋势。相应地，农村居民实际人均可支配收入的提高速度虽然仍达年均6.4%，但是与此前一个阶段相比，已经显著地减慢了。

对上述三个时期进行总体概括，我们可以看到，在农村转移劳动力对经济增长做出巨大贡献的同时，农村居民也分享到改革开放和发展的成果。也就是说，这个过程是横向流动和纵向流动的统一。其中，第一个时期以横向流动扩大为特征，是典型的二元经济发展过程。这期间，农民工实际工资的增长也好，工资性收入在农村居民可支配收入中占比的提高也好，主要不是来自工资水平的提高，而是来自挣工资人数的增加。与之相比，在第二个时期，农村居民收入的增长，特别是其中工资性收入的增长，更多地来自工资水平提高的贡献。与之相应，以农民工外出、就业、居住和落户等政策环境的改善为标志，这一时期的纵向流动表现较为突出。

进入第三个时期，随着人口和劳动力横向流动在规模和速度上都有所式微，从收入分配改善的幅度来看，纵向流动的成效也不再那么明显，意味着初次分配领域的"涓流效应"减弱了。这再次说明，改善收入分配、增强社会流动性，进而增进共同富裕的程度，已经到了需要更多依靠再分配手段的发展阶段。虽然再分配通常要运用税收和转移支付等手段，但是，整个再分配机制并不意味着仅仅表现为抽肥补瘦或者劫富济贫。中国特色的社会福利体系建设和再分配目标，主要依靠基本公共服务水平和均等化程度的提高来实现。

城乡收入差距是整体收入差距的主要组成部分，城乡之间基本公共服务的不均等妨碍共同富裕的推进，城乡二元结构是社会流动性减弱的制度根源。因此，以户籍制度改革为关键抓手，推动农村劳动力的进一步流动，促进农民工在城镇落户，应该成为促进社会流动的关键举措。

第四节　现代化过程中的人口区域布局

二十届中央财经委员会第一次会议强调，以人口高质量发展支撑中国式现代化。这次会议还特别指出，区域人口增减分化是中国人口发展新常态的一个趋势性特征。区域人口的增加或减少，通常取决于两个人口增长率指标：一个是自然增长率，即本地人口出生率与死亡率之差；另一个是机械增长率，即人口流入或流出导致的增加或减少幅度。以各省级行政区域人口的这两个增长率为观察对象，我们可以对人口区域增减分化的现状做出刻画。

在分地区观察之前，我们需要对数据的性质和代表性做一点简单说明。首先，我们尽可能使用在写作本书时所能获得的最新数据。其次，拟使用的人口自然增长率是依据常住人口统计的，所以，这个增长率其实也包含着人口迁移的内容，或者说反映了此前迁移人口的生育结果。

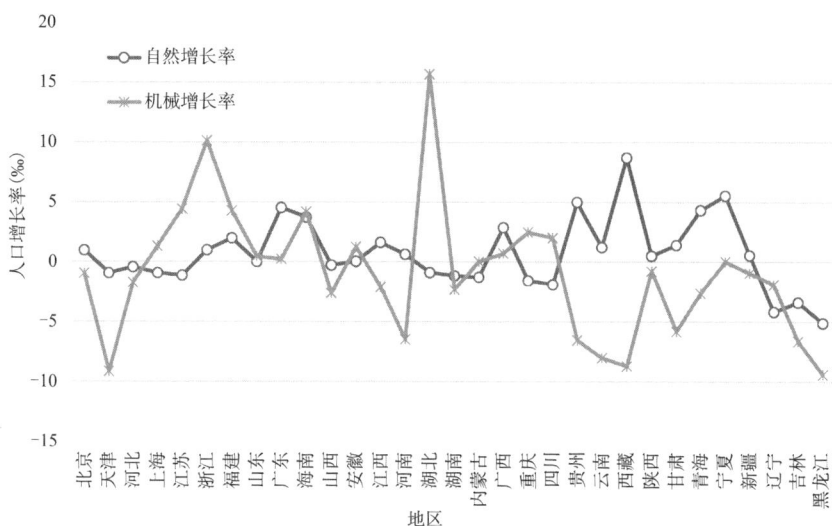

图6-3　各省级行政区人口的自然增长率和机械增长率（2021年）

资料来源：国家统计局"国家数据"（https://data.stats.gov.cn/easyquery.htm？ cn= E0103）。

同时，人口机械增长率则反映当年的迁入或迁出状况。再次，由于2020年受新冠疫情影响，经济增长率降低到改革开放以来的最低水平，而在疫情一度得到控制的2021年，经济增长迎来一个大幅度的反弹。因此，这一年人口迁移数据或许有一定的特殊性。但是，我们仍然认为使用这一年的数据具有代表性。这不仅因为这一年的变化归根结底与往年之间具有继承性，而且由于这一年人口数据对经济复苏的反应或许更能揭示各省（区、市）经济与人口变化之间的关系。

在图6-3中，我们把中国31个省级行政区域按照东部、中部、西部和东北四类地区的顺序排列，展示各地区在2021年的人口自然增长率和机械增长率。区域人口增减分化的这一格局，一方面，总体上符合经济发展的阶段性规律，另一方面，也显示出区域发展中存在的不平衡问题。总体来说，这种区域人口增减分化趋势，不啻为近年来区域经济发展差异性在人口分布上的一种折射。

从东部地区来看。北京和上海这种超大规模且高度发达的直辖市，人口自然增长率比较低，对外来迁入人口也实行比较严格的控制。由于北京正在推动疏解非首都核心功能，人口已经开始显现净迁出的趋势。至于其他大多数沿海发达省（区、市），由于常住人口规模大于户籍人口的特征十分明显，非户籍人口可以在出生人口方面对本地做出贡献。故相对来说，在东部地区中，并非所有省（区、市）的人口自然增长率都很低，很多省（区、市）还表现出明显的人口净迁入特征。

从中西部地区来看。一些省（区、市）由于多年的人口向外迁移，人口老龄化程度较高，以致常住人口的自然增长率也较低。由于近年来在承接沿海地区制造业转移方面的成效显著，诸如安徽、湖北这样的中部省份，甚至重庆和四川这样的西部省（区、市），已经不再是以劳动力大规模外出打工为特征的人口净迁出地区，而是呈现出显著的人口回流特征。此外，仍有一些西部省份在人口自然增长方面保持一定的潜力，同时也继续表现为人口净迁出。

从东北地区来看。近年来人们在经济增长表现方面观察到的东北现象，以及比较粗略的南北差异印象，在人口增长特点上得到了明确的体现。无论是东北三省，还是一些在经济发展和人口增长特征方面与之十分相似的地区，如天津和河北，人口自然增长率和人口机械增长率都是显著的负值，已经成为人口低出生率和人口高流出率最突出的地区。

鉴于人口与经济之间的相互影响和互为因果关系，上述人口区域分布格局，必然会反过来对区域经济发展产生或正面或负面的影响。我们有理由担心，那些人口负增长的地区，经济增长的困难可能形成不利的循环累积效应。从供给侧来说，劳动力的外流和人才的短缺，构成对经济增长的制约，也为高质量发展设置了障碍，会产生降低潜在增长率的效果。从需求侧来说，要素短缺和成本上升，也会降低产业和产品的比较优势，抑制企业的投资意愿，而人口减少、就业不足和收入增长缓慢，则造成消费需求不足。可见，人们热衷谈论的东北现象和南北发展差异，背后都蕴含着这种人口与经济之间的相互制约关系。

这种区域人口增减分化现象，在城镇化方面也有所表现。一般来说，城镇人口的自然增长率低于农村，因此，城镇化通常是通过农村人口向城镇的迁移实现的。从那些人口大规模、大比例外流的地区来看，一方面，农村劳动力流动的目的地，基本上是本地区之外的城镇；另一方面，很多城镇人口也向本地区外的城镇流动。因此，人口外流抑制了本地区的城镇化，或者说使本地区的城镇化进程提前进入减速甚至停滞的区间。

对城镇化速度分地区做一比较，我们可以看到几个最新的事实。首先，中西部地区的城镇化速度，已经呈现加快赶超的势头。在2005—2021年期间，中部省份平均城镇化率从36.5%提高到60.0%，年均提高幅度为3.2%。西部省份平均城镇化率从34.5%提高到58.3%，年均提高3.3%。其次，东部地区已经进入城镇化减速阶段。由于城镇化水平起点很高，这些省份的平均城镇化率，同期从53.1%提高到71.4%，年均提高幅度只有1.9%。再次，东北地区城镇化起点既高，同时又发生了人口外流的现象，以致平均城镇化率从55.1%提高到68.2%，年均仅提高1.3%。最后，如果把各省级行政区按照南方和北方划分①，这期间平均城镇化率的年均提高幅度，南方省份和北方省份分别为2.6%和2.4%。

这种状况也说明，任何旨在通过深化改革促进经济增长的政策举措，同样也适用于解决区域人口增减分化，以及区域发展差异问题。而且，那些人口发展可持续性较孱弱的地区，尤其有必要以更大的力度推动相关改革，努力形成一个人口和经济之间的良性循环。只有以后来居上的力度推进改革，方能率先获得改革红利。与此同时，区域均衡是相对的，在旧的不均衡解决之后还会出现新的不均衡，不断提高的区域均衡状态，就在如此这般的动态过程中达到。

近年来人们看到的东北现象和南北差异也好，由此产生的"孔雀东南飞"式的要素流失也好，从微观层面看，都体现了劳动者追求更多更高质量就业岗位、居民追求更高生活质量的要求；从宏观层面看，也符

---

① 以淮河和秦岭为界且保持省级区域完整，这里把北京、天津、河北、山西、内蒙古、辽宁、吉林、黑龙江、山东、河南、西藏、陕西、甘肃、青海、宁夏和新疆作为北方省（区、市），把上海、江苏、浙江、安徽、福建、江西、湖北、湖南、广东、广西、海南、重庆、四川、贵州和云南作为南方省（区、市）。

合要素遵循生产率提高的方向流动的要求。总体来说，社会福祉和资源配置效率都可以通过这种机制得到提高。进一步，遭遇到人口外流冲击的地区，如果能够通过改革消除人口和要素流失的诱因，仍然可以重塑吸引人口和要素回流的新优势。这样，区域动态均衡的动能就可以不断产生。

第五节　乡村建设的本质和内涵

农业就业比重降低和城市化水平提高，作为经济发展和现代化的必然要求，总体上是一个单向的转型过程。也就是说，劳动力从农业到非农产业、人口从农村到城镇的转移，正常情况下不会出现趋势性的逆转情形。这与更根本的发展目标，即农村劳动力追求更高质量就业和更高水平报酬、农村居民追求更高品质生活，以及要素追求更高效配置，也是完全一致的。

然而，面对这个与现代化共同特征和中国特色都相吻合的趋势，在思考乡村振兴应该如何着力时，一些人产生了某种疑惑。例如，由于现代化意味着更大比重的劳动力从事非农产业、更大比重的人口居住在城市、更多的要素在城市聚集，有人认为乡村振兴的重点不应过多放在乡村建设特别是村庄建设上面。

的确，随着年轻人的大规模外出，留在村庄的人口不仅越来越少，年龄结构也趋于老化，出现村庄的"空心化"和村民家庭的"空巢化"现象。官方统计的农村常住人口数字，实际上高估了真正留在村庄的人口数量。例如，2021年湖北省按统计口径的农村常住人口为2094万人，但是，政府工作中掌握的真正留在村庄的人口数，仅为1007万人。其中留在村庄的劳动力只有不到28%。①从这一点看，上述疑惑也在一定程度上来自现实。也就是说，以实物形态体现的村镇建设，真实的需求已经十分有限，因而很难获得规模效应。

然而，如果从正确的方向着眼，我们必然得出乡镇建设是必要之举、应该成为乡村振兴目标不可分割部分的结论。一方面，以人为中心的发展思想，要求农村居民获得均等的基本公共服务，因此，在与之相关的基础设施建设决策中，人数不应该具有决定性的权重。另一方面，城镇化是一个自然历史过程，不应该也不可能一蹴而就，要求与现代化进程的其他方面保持同步，因此，这个过程应该遵循渐进式推进原则，做到顺势而为和水到渠成。

可见，从目标和过程相一致、城镇化与乡村振兴相统一着眼，在乡村振兴中，对于乡镇建设或者说物质形态的投资不容有丝毫的忽视。一方面，对中国这样人口规模巨大、地域辽阔的国家来说，终究会有一个庞大的农村居民群体和范围足够广阔的农村区域。另一方面，在推进人口迁移和劳动力流动的过程中，也应该让迁移主体有充分的选择，使这个群体既迁得出去，也移得回来、留得下去，无论做出留与走还是去与来的选择，都不会有任何后顾之忧。或者可以说，越是无须担心归程和退路，迁移才越能始终服务于改善生活质量的目的，既拥有十足的动力，也符合理性和保持着秩序。

当然，农村人口趋势性减少这个事实，也应该成为实施乡村振兴战略特别是进行乡镇建设的一个现实考虑因素。综合上述各方面考虑，坚定不移地推动乡村振兴，需要在更高的格局上统领这个过程，满足这个战略的全部内涵要求。唯其如此，才能最大限度地取得公平与效率的有机统一。

建立健全覆盖全民全生命周期的社会福利体系，不断促进基本公共

---

① 第十三届全国人民代表大会农业与农村委员会办公室编：《第十三届全国人民代表大会农业与农村委员会工作资料汇编（2018.03—2023.03）》，第518页。

服务供给的均等化水平，以下两个途径不可或缺：其一，鉴于城市具有基本公共服务供给的聚集效应和规模经济，也由于城乡差距仍然作为"历史遗产"存在着，推进以人为核心的新型城镇化，特别是加快推进农民工及其家庭在城市落户，始终是提高基本公共服务水平和均等化程度的必要途径。其二，既然农村仍将是经济活动、社会发展和文化振兴的广阔领域，始终会有一定比例的中国人口居住在农村，因此，倾斜式地扩大农村基本公共服务供给，使农村居民享有日益均等的公共服务，仍将是并行不悖的另一条途径。

公共品供给既包括软件的部分，如建立健全社会保障体系和教育体系等，也需要有硬件的建设来支撑，如住房、村容、文化设施、生活服务设施、商业设施、学校、医院、养老院等。归根结底，无论城乡之间的相对人数发生怎样的变化，居民无论住在城市还是农村，都提出了与日俱增的宜居要求。在这方面，城乡之间各具特色，更有着共同的期盼。缩小这方面的城乡差距，体现着乡村建设的本质和内涵。

城市建设和村镇建设，毕竟是在不同的背景下进行。一般来说，城市基础设施建设、房地产开发、房地产的"中产化"（gentrification）和居住区分类（zoning）等过程，都是在人口数量扩张和密度提高的条件下进行的。而村镇建设所处的背景和条件，恰好是城市建设特点的反面，表现为人数逐年减少、人口密度显著降低、人口老龄化，以及家庭空巢化和人户分离等特点。因此，村镇建设必须更加注意防范风险，规避城镇发展走过的弯路。

城市建设尤其是房地产开发，提供了一个特别需要记取的教训，在乡镇建设过程中应该避免重蹈覆辙。在一定程度上可以说，在以往的城镇房地产开发中，形成了一个经济循环的"三足鼎立"，然而这并非一个良性的循环。第一，地方政府过度依赖拍卖土地的收入，形成不可持续的"土地财政"格局。第二，开发商把高地价转化为高房价，早期赚得盆满钵满，最终却陷入债务风险，还可能饱尝供给过剩的苦果。第三，房价持续高企给市民造成极大的生活费用压力，以致存钱买房挤占了本该用于正常消费的支出。

诚然，深度开发和配置现有的资源要素并将其兑现，不失为实施乡村振兴战略的一种筹资源泉和融资方式。但是，乡镇建设目标和现实条件的特点，决定了在农村不适宜也不应该沿用城镇房地产开发的老办法。首先，任何形态的农村土地，都在或大或小以及或隐或显的程度上，与农业经济活动有着血肉联系。哪怕是非耕地，也在特定条件下可能被复垦和复耕，因此，土地过度开发便意味着可能破坏"占补平衡"的原则。其次，脱离人口数量和密度的支撑，盲目发展村镇"房地产"，显然也容易偏离"房住不炒"的原则。再次，鉴于农村发展形态的多样性和水平的差别性，宜居村镇建设应该更加遵循因地制宜的原则。

在国家"十四五"规划中，在"实施乡村建设行动"这个标题的框架下，部署了优化农村生活空间、改善村容村貌和人居环境，以及建设美丽宜居乡村的任务。①在国家颁布的"乡村振兴战略规划"中，特别提出了乡村生活空间布局要以农村居民点为主体、尊重农民意愿、节约集约用地、遵循乡村传统、空间尺度适宜、整治人居环境等建设要求。同时，规划把村庄建设按照集聚提升、城郊融合、特色保护和搬迁撤并等类型进行划分，强调了分类推进的原则，对于应该鼓励哪些举措、避免哪些做法、突出什么重点等方面，也做出了具体的规划和指导。②

---

① 《中华人民共和国国民经济和社会发展第十四个五年规划和 2035 年远景目标纲要》，中华人民共和国中央人民政府网 2021 年 3 月 13 日。

② 《中共中央　国务院印发〈乡村振兴战略规划（2018—2022 年）〉》，中华人民共和国中央人民政府网 2018 年 9 月 26 日。

第七章

为什么要防止
劳动力逆向流动？

农业农村发展需要投入劳动力要素，而破除城乡二元结构，又要求农业劳动力加速并彻底转移。其实，上述两个要求之间也并不矛盾。一方面，按照经济发展规律和提高农业劳动生产率的要求，在农业的就业比重与增加值比重达到相等水平，因而劳动力的产业间配置趋于合理化之前，农业劳动力转移将继续，并不会造成农业经济活动的劳动力投入不足。另一方面，按照以人为核心的新型城镇化的要求，农业劳动力的彻底转移，意味着转移人口举家在城镇落户，能够促进城乡人口的合理布局。

　　如果农业就业比重仍然过高，不能达到与农业产值比重的下降相一致，以致偏离同发展阶段相对应的水平，就意味着农业中仍然存在着剩余劳动力。这部分劳动力无论怎样有效地配置，都无法支撑农业劳动生产率的提高，必然表现为劳动力内卷和资源配置退化的现象。本章将阐释，影响劳动力流动的"推力"和"拉力"发生了内涵的变化，要求劳动力流动的既有模式相应改变，才能避免出现劳动力逆生产率提高方向配置的现象。本章还从城镇角度对未来的劳动力需求做出判断，为新市民如何适应城镇劳动力市场提出建议。

第一节 内涵发生变化的"推力"和"拉力"

研究者也好，决策者也好，从理论或实践出发，都能看到劳动力从农村向城镇的流动通常受到各种力量的驱动。这些不同驱动力之间分别具有协同效果或抵消效果，最终的力量均衡便决定劳动力流动的方向、状况和趋势。固然，我们可以列举出若干种或正面或负面影响劳动力流动的动力，譬如说从农村来看，故土难离是一种留住劳动力的情结，耕地不足则是推动劳动力转移的排斥力；从城市来看，紧紧贴近现代化的生活方式对农村青年人有巨大的吸引力，而就业困难和高生活成本则产生排斥力。

最具代表性和概括性的劳动力流动驱动力，来自城乡之间的就业机会和收入水平的差别。或者说，农村作为劳动力的供给方，城市作为劳动力的需求方，两地的相对就业机会和相对收入水平，正是在劳动力的流动中逐渐趋于均衡的。劳动力相对价格反映供求关系或均衡状态，进而决定劳动力流动的方向、力度和趋势。发展经济学家迈克尔·托达罗在研究劳动力城乡迁移时，曾经把农村"供给推力"和城市"需求拉力"之间的关系比喻为剪刀[1]，这或许有助于我们更好理解中国城乡之间劳动力流动的现状和趋势。

也可以说，我们应该考察农村推力与城市拉力之间的相对力度，究竟是如何形成和变化的。这里，引入近年来舆论界常常使用的"内卷"概念，或许有助于把问题界定清楚和解释明白。舆论界用这个概念形容诸如过度竞争、资源无限挖掘、生产性降低等种种现象。这种用法不无

---

① M. P. Todaro, "A Model of Labor Migration and Urban Unemployment in Less Developed Countries", *The American Economic Review*, Vol. 59, No. 1, 1969, pp. 138-148.

道理，并没有完全脱离这个概念的原始意义，甚至还颇具形象化的优点。但是，将"内卷"用在过多的场合，用来表达并不完全相同的社会经济现象，或多或少有过度使用的嫌疑，也可以说将这个概念"内卷化"了。我们先简述一段经济史，以帮助我们解释内卷现象的前世今生，以及与本章话题的相关性何在。

在经济发展的历史长河中，有一个被发展经济学家熟知、很多国家都曾经历过的二元经济发展阶段。在这个阶段上，劳动力过剩并且以传统部门为蓄水池，是标志性的资源禀赋特征，二元经济发展正是以剩余劳动力被工业化过程所吸纳，进而推动经济总量增长和结构变化为主要内容。迄今为止，我们也了解到随着刘易斯转折点的到来，即劳动力无限供给不再是典型特征时，二元经济发展趋近于结束。那么，在二元经济发展阶段起点上，劳动力无限供给的特征又是如何形成的呢？

从经济史来看，在进入二元经济发展阶段之前，许多国家都经历过一个农业中积累起大规模剩余劳动力的时期，或者说是二元经济结构的形成过程。历史学家黄宗智借用内卷化的含义，研究了中国早期的经济发展与社会变迁，可以说是最早把这个概念介绍给中国学术界的学者。然而，鉴于是社会学家克利福德·格尔茨在分析印度尼西亚农业时创造了内卷化这个概念，因此我把二元经济发展之前的时期一般化，称之为"格尔茨内卷化"发展阶段。[1]在这个阶段的基础上，一旦二元经济发展过程能够顺利进行，就意味着把低生产率农业中的剩余劳动力持续地转移到更高生产率的非农产业，也就意味着把劳动力的"内卷"予以"展开"，实现资源的更优化配置。

农村实行联产承包制以后，剩余劳动力逐渐开始转移，中国经济进入典型的二元经济发展阶段。一方面，农业生产积极性得到释放，农业劳动生产率不断提高，形成农村的"供给推力"；另一方面，中国经济高

---

① 蔡昉：《二元经济作为一个发展阶段的形成过程》，《经济研究》2015年第7期。

速增长，城镇化率加快提高，形成城市的"需求拉力"，都使劳动力转移具有异常强劲的动力，从而形成史无前例的人口迁移和产业结构变革。随着几个重要的经济发展转折点相继到来，如2004年前后的刘易斯转折点、2011年前后的劳动年龄人口峰值，以及2022年开始的人口负增长，中国的二元经济发展已经接近尾声。

与此同时，中国农业就业比重的下降幅度仍然滞后于发展阶段，意味着在农业和农村，仍有大量剩余劳动力需要转移。农业和农村的劳动力剩余问题，与城镇常态性的招工难问题同时存在，构成了一个矛盾现象。如何认识这个现象，有赖于对劳动力流动的推力和拉力做出进一步的分析，剖析这两种动力在内涵上分别发生了怎样的变化。

先从农村"供给推力"来看。既然农业的劳动生产率仍然大幅度低于非农产业，推动劳动力向外转移的动力无疑是存在的，农业作为劳动力蓄水池的功能也大为降低。但是，农村人口的年龄构成已经发生了很大的变化，即务农劳动力已经明显老化，农业剩余劳动力也同步老化。例如，根据第一次和第三次全国农业普查数据，在全部农业劳动力中，56岁及以上人员所占比重，从1996年的14.0%显著地提高到2016年的33.6%，更不用说这之后必然又有提高。同时，农村16—19岁年龄人口，也就是作为主要外出人口的初中和高中毕业人群，从2015年开始已经逐年减少。①

对包括中国在内的各国各时期劳动力迁移的研究，都表明迁移是一个选择性的过程，即通常总是那些在人口特征上更占优势的人群，如受教育程度更高和年龄更小的劳动者，具有更强的迁移动机和能力，因而总是率先转移出去。所以，随着农村劳动力年龄结构的变化，劳动力向外流动的动能相应减弱。

---

① Cai Fang, Guo Zhenwei and Wang Meiyan, "New Urbanisation as a Driver of China's Growth", in Song Ligang, Ross Garnaut, Cai Fang and Lauren Johnston (eds.), *China's New Sources of Economic Growth, Vol. 1: Reform, Resources and Climate Change*, ANU Press, 2016, pp. 57-58.

再从城市"需求拉力"来看。既然经济增长对劳动力的需求仍然强劲，城市更多的就业岗位和更高的收入水平，总体上保持着对劳动力转移的拉力。然而，如果做进一步的分析，例如，考虑到城市产业结构的变化趋势、市场主体的用人偏好，以及劳动力市场对劳动者就业能力的要求，我们则会看到这样的情形：城市更倾向于形成对年轻农民工的拉力，客观上更可能产生对大龄农民工的推力。

在劳动力流动的推力和拉力发生内涵变化的背景下，作为农民工年龄结构变化的反映，农民工的就业结构也发生了明显的变化。制造业曾经是年轻农民工的主要就业岗位。随着制造业比较优势的弱化，该产业占国民经济的比重已有显著下降。其结果是年轻农民工大多转移到服务业中，年龄偏大的农民工则更多在建筑业工作。例如，在2008—2022年期间，农民工在制造业就业的比重从37.2%大幅度地降低到27.4%；建筑业就业比重从2008年的13.8%一度提高到2014年的22.3%，随后又趋于降低，2022年为17.7%；服务业就业比重则从33.1%显著提高到51.7%。

劳动力从农村向城市迁移的驱动力的变化，或者说农村供给推力和城市需求拉力的内涵变化，共同导致一个劳动力迁移的新动态，那就是在流量上，从外出人数显著大于返乡人数的动态模式，向外出人数渐趋小于返乡人数的动态模式转变。最终还可能出现的结果，便是劳动力迁移趋势不再是净流出，而是净回流。诚然，农业和农村的发展都仍然具有较大的空间，能够以具有生产性的方式吸纳这个增量劳动力。但是，鉴于这种新的劳动力迁移动态模式将使农业就业比重与发展阶段更趋不相吻合，导致常住人口城镇化减速，以及农村劳动力的进一步过剩，这无异于造成一个劳动力的内卷过程。

第二节　突破"有来有去"的流动模式

我们可以观察到，农村劳动力向城市的转移，在很长时间里采取了一种"有来有去"的模式。这种模式通常也被看作是劳动力流动的一个中国特色，因其有助于避免一些城市病的表现而被认为具有一定的优越性。然而，这种迁移行为模式，由发展阶段特征、宏观政策导向和迁移者动机共同决定，一旦这三个因素中的任何一个、两个或者全部发生变化，迁移的动态模式也会发生相应的变化。

"有来有去"的劳动力迁移模式，在早期的表现通常被称为"候鸟型"模式，即从农业生产中转移出来的劳动力，采取亦工亦农的兼业方式，季节性地在非农就业和务农之间转换。随着农业机械化水平和劳动生产率的提高、迁移范围的扩大，加上城镇就业政策环境的改善，非农就业的稳定性显著提高，外出农民工一般不再于农忙季节返乡参加农业生产。这时的返乡行为，多数情况下是在年龄较大时，做出不再外出的选择。作为这种环境变化的反映，农村劳动力外出流动的典型行为模式，已经从季节性和短周期式的"候鸟型"，转变为根据工作生命周期变化进行的"洄游型"。

近年来，农民工平均年龄提高的趋势十分明显，50岁以上农民工占比，已从2010年的12.9%大幅度提高到2022年的29.2%（见图7-1）。大龄农民工占比的不断提高，不仅意味着每年潜在返乡人数的增加，还为将来更大规模的返乡积累着"势能"。随着返乡人数日益成为一个显著的数字，并且趋近于比外出人数更多，这意味着劳动力转移明显减慢。

当然，农民工"返乡"并不表明这个群体全部回到农业生产中。我们不妨对农民工返乡现象做一个相对宽泛的定义，即把回到村庄从事农业生产、在户籍所在村镇从事非农产业、在户籍所在县域或市域范围务工经商，乃至从跨省迁移转变为省内迁移等，都作为广义的"返乡"。根据国家统计局对外出农民工的统计界定，即"在户籍所在乡镇地域外从业的农民工"，这个群体增长速度减慢或者数量减少，大体可以从统计上反映返乡的趋势。

对于这种广义的"返乡"现象，我们可以从宏观和微观两个层面归纳其共同特征。从一般规律来看，返乡进一步凸显农业就业比重过高的

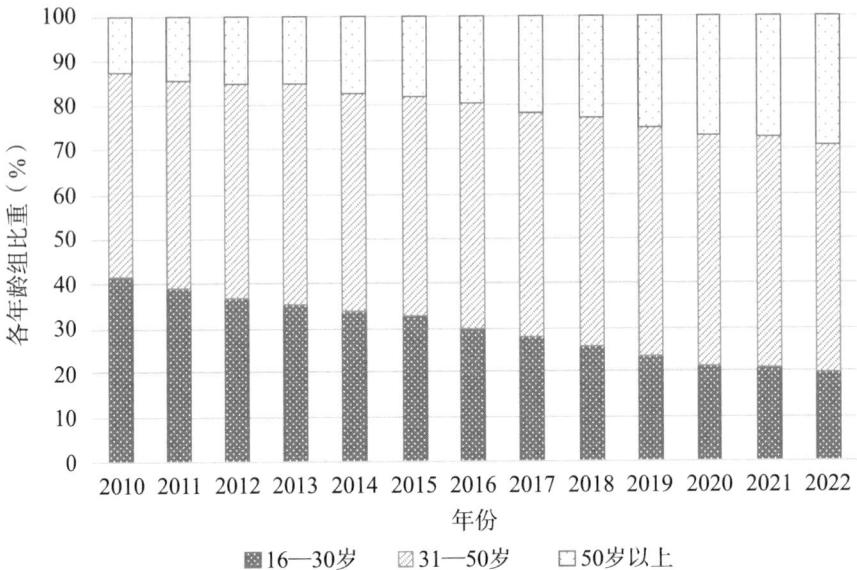

图7-1 农民工年龄构成及变化

资料来源：历年《农民工监测调查报告》，参见国家统计局网站（http://www.stats.gov.cn/）。

特征。一个简单的判断基准是，如果农业的就业比重与产值比重之间相差悬殊，则意味着农业中仍然积淀着剩余劳动力。结果便是农业遭遇报酬递减的困扰，虽然有大规模的物质资本投入，农业劳动生产率仍不能得到明显提高。进一步表现为，农业比较收益在低水平上徘徊，农村居民收入中来自农业经营的份额偏低。作为对此做出的一种微观反应，农村劳动力通常具有兼业或跨行业就业的特点。

在或大或小的程度上，上述特征已经在中国劳动力转移的过程中，以及在与之相关的农村经济活动中表现出来。所以也可以说，农村劳动力已经出现逆向流动的趋势。以劳动生产率提高与否为标准，或者以农村劳动力从生产率较高的领域向生产率较低的领域流动为基准，可以从三个变化印证劳动力的这种趋势。第一个可见的变化是，外出农民工增长速度明显减慢，从2002—2012年期间的年均增长4.5%，下降为2012—2022年期间的年均增长0.5%。第二个变化是农民工就业的本地化趋势。最新研究表明，在离开本乡镇就业，即被统计为外出农民工的劳动者中，有越来越多的人实际上在本省和本市范围内流动，或者转而在邻近乡镇或县城打工。[①]第三个变化是在城镇就业的农民工从制造业转向服务业。农民工在第三产业就业的比重，从2008年的33.1％大幅度提高到2022年的51.7％。

不过，由于下面将提及的几个原因，这种劳动力逆向流动现象，并不像经济史上发生过的内卷化那样，足以成为长期经济发展的一个阶段或一种形态，因而也并不需要重新开启一个新的二元经济发展过程。首先，在经济发展阶段划分的意义上，如今已经不再具有劳动力无限供给的特征。其次，中国式现代化和共同富裕的目标，要求消除城乡二元结构的步伐加快、力度加大。再次，高质量发展要求从供需两侧开启经济增长新的动能，而不是继续依靠传统动能。最后，改革的顶层设计，将加快以农民工落户为核心的户籍制度改革，从体制机制上破解劳动力内卷问题。

正如从词义上说，"展开"（英文为evolution）十分接近于内卷化（英文为involution）的对立词义一样，解决劳动力利用可能出现的内卷化问题，出路必然是推动劳动力利用的更充分展开。在后面两节的内容中，我们将分别从产业结构和就业岗位的角度，讨论同拓展劳动力配置范围相关的理论、实践和政策问题。

第三节　阻止"逆库兹涅茨过程"

劳动力逆向流动的产业结构特征，典型地表现为劳动力从生产率更高的就业领域，转向生产率较低的就业领域。劳动力流动的结果通常是产业结构变化，那么，这样的劳动力流动会产生什么样的产业结构变化

---

① 卓贤、杨修娜：《返乡、睡村与家庭城镇化：农民工回流本地的近忧与隐忧》，《财经》2021年第18期。

后果呢？首先，相对于劳动力从农业向非农产业转移这个刘易斯过程，我们可以把这个逆向流动过程称为"逆刘易斯过程"。①其次，为了便于把这种现象纳入经济分析的框架，以便理解可能产生的经济发展代价，还可以将其与美国经济学家西蒙·库兹涅茨的名字联系起来，称之为"逆库兹涅茨过程"。

库兹涅茨在分析各国数据的基础上，指出产业结构变化的实质，是劳动力及其他要素从低生产率领域（农业、农村）向高生产率领域（非农产业、城镇）的重新配置。②因此，我们把遵循生产率提高方向进行的劳动力转移称为库兹涅茨过程。相反，要素从高生产率领域流向低生产率领域，就违背了产业结构变化的本意。如果这种现象只是受宏观经济景气的影响而周期性发生，那纯属为经济波动付出的代价。既然是周期性现象，总是可以期望常态的回归。然而，如果这种现象成为一种长期趋势，则意味着资源配置的退化或产业结构的逆转，也就是库兹涅茨过程的反面即逆库兹涅茨过程。

值得注意的是，我们讨论的劳动力从城市回流的现象，与作为经济发展阶段的内卷化，在内涵上已经不尽相同。无论是作为社会学家的格尔茨，还是作为经济学家的舒尔茨，或者是作为历史学家的黄宗智，他们所讨论的劳动力在农业中的内卷现象，均包含着对有限土地的深度开发、过度利用的含义，从正面意义上说便是精耕细作③，或者说对有限的资源禀赋做出最大限度的有效配置④，从负面意义上说，则既算不上农业

---

① 蔡昉：《户籍制度改革的效应、方向和路径》，《经济研究》2023年第10期。

② ［美］西蒙·库兹涅茨著，常勋等译，石景云校：《各国的经济增长：总产值和生产结构》，商务印书馆1985年版。

③ Clifford Geertz, *Agricultural Involution: The Process of Ecological Change in Indonesia*, Berkeley, University of California Press, 1963.

④ ［美］西奥多·W.舒尔茨著，梁小民译：《改造传统农业》，商务印书馆1987年版。

革命，还抑制了对工业革命的需求。[①]

由于中国农业缺乏比较优势，农业经营规模限制着劳动生产率的提高，从劳动力所能选择的生产领域来说，农业经营的成本高而盈利少，比较收益更始终忝居末座。在农村经济中占比颇大的非农产业，事实上也为农村劳动者创造了大量的创业和就业机会。例如，2022 年农村的就业总规模为 2.74 亿人，农业的就业总规模为 1.77 亿人。也就是说，在农村全部就业人口中，农业就业比重大约为 64.6%，非农就业的比重为35.4%。并且，务农劳动力在相当大程度上具有兼业特征。这就是说，即便在农村生活和就业，务农的机会成本也是十分高昂的，既不能指望从精耕细作中提高生产率，也难以获得足够的农业盈利和务农激励。

贯彻落实国家一系列重大战略部署，譬如说推进区域均衡发展、以人为核心的新型城镇化、农业农村现代化、以产业兴旺为内涵之一的乡村振兴等，都可以阻止劳动力逆向流动或逆库兹涅茨过程。并且，既然阻止资源配置退化趋势可以取得提高生产率的效果，这方面的各种政策举措具有必要的激励，也可以产生不菲的政策收益。这些举措总体上有两个着力点：一是在城市尽可能留住农民工，减少不必要的返乡；二是让返乡的农民工有充分的就业机会和创业空间，成为"生产性返乡"。

减少农民工返乡最重要的着力点，莫过于从城市方面加大"拉力"。一个无须构造理论模型就能懂的道理是，迁出地与迁入地之间的工资差距，是劳动力迁移的驱动力。托达罗的学术贡献在于，考虑到城市存在的较高失业率后，城乡收入差距中可以加入一个"期望"因素，即用城市失业率的倒数作为迁移者能够找到工作的概率，用此概率修正城乡工资差距，从而推导出一个城乡之间的期望工资差距。所以，根据托达罗的理论模型，而不是仅凭直观的印象，影响迁移决策的变量是城乡期望

[①]［美］黄宗智：《发展还是内卷？十八世纪英国与中国——评彭慕兰〈大分岔：欧洲，中国及现代世界经济的发展〉》，《历史研究》2002 年第 4 期。

工资差距而不是简单工资差距。[①]

不过，托达罗没有考虑到的问题，或者说他认为不那么重要的问题，如今对我们来说却不应忽略。其一，与城市存在失业现象相对应，农村也存在着十分严重的就业不足现象。其二，与农村相比较而言，城市具有更高水平、在某种程度上更具分享性的公共品供给。托达罗当时的认识是，农村人口过度流入城市，在导致更高的城市失业率和贫困发生率的同时，还可能造成农村的凋敝。因此，在他的模型中，城市"需求拉力"被加上一个缩减的因素，或者说被打了一个折扣。

在中国目前的发展阶段上，面对新挑战和新任务，迁移劳动者及其家庭在城市更稳定地定居和就业，是避免劳动力逆向流动和资源配置退化的关键之举。因此，政策应该着力于在城乡迁移决策等式中的城市方面，增加一个加大拉动力的因素。这就是让农民工成为城市户籍人口，同时为这个新市民群体提供更好、更均等的基本公共服务。换句话说，改革可以实实在在地加大城市对人口和劳动力的拉动力。

发展壮大乡村产业，是包括返乡劳动力在内的农村人口深度参与乡村振兴的大好机会，是深化农村资源配置的潜力所在。当代中国的农村，是第一产业、第二产业和第三产业并存的经济活动领域，在每一个产业内部延伸，以及推动农村三次产业的深度融合发展，都能够产生容纳就业、激发创业和提高劳动生产率的巨大潜力。特别是，通过利用新科技及其成果，发掘农村各产业的新功能和新价值、培育新产业和新业态，以及打造新载体和新模式，可以创造出巨大的资源配置空间。此外，与贯彻落实新发展理念相关，也有一系列产业发展机会。例如，在农业绿色发展、改善农村人居环境、加强乡村生态保护与修复，以及促进小农户生产和现代农业发展有机衔接等方面，都足以形成新的产业和业态。

---

① M. P. Todaro, "A Model of Labor Migration and Urban Unemployment in Less Developed Countries", *The American Economic Review*, Vol. 59, No. 1, 1969, pp. 138-148.

第四节　超越就业创造的极限

虽然多年以来，劳动力短缺成为一种宏观经济常态，在微观经营层面上企业也面临着招工难。但是，舆论界也好，研究界也好，总是存在着一种忧虑，担心更大规模的劳动力供给会改变就业市场上的供求关系，导致就业困难特别是结构性就业困难的严峻化。随后的分析将表明，人们担心的就业创造极限，要么是似是而非的说法，要么完全可以被突破的。至于说到结构性就业困难，其实在任何时期、对于任何群体来说都是存在的。作为新市民的农民工如何克服结构性就业困难，我们将留待下一节讨论。

持续创造和扩大就业，同时也是深化资源配置的要求，因此，在产业结构调整中创造的新岗位自然是生产性的。我们可以借助国民经济行业分类标准，通过行业细分的程度来认识就业创造的潜在深度。作为普通劳动者特别是农村转移劳动力的主要就业领域的制造业，被归为门类C，其内部进一步被划分为30个大类、178个中类和604个小类。①在归纳各国发展经验和教训的基础上，结合制造业分类数据的分析，我们可以看到中国制造业就业仍然具有的巨大潜力。

虽然在更高发展阶段上，制造业比重通常产生规律性降低的趋势，但是，制造业比重从提高到降低的拐点在何时出现，以及制造业比重下降的方式，对经济增长可持续性具有决定性的影响。跨国数据表明，在人均GDP达到20000美元之前，制造业比重的下降具有早熟的性质，意

---

① 《国民经济行业分类》，中华人民共和国国家质量监督检验检疫总局、中国国家标准化管理委员会2017年6月30日发布，参见国家统计局网站（http://www.stats.gov.cn/xxgk/tjbz/gjtjbz/201710/P020200612582987902992.PDF）。

味着资源配置和再配置的潜力尚未得到充分挖掘。①此外，在制造业内部资源重新配置的每个阶段和每个环节，都会随着高质量发展的推进，诱致产生相应的生产性服务业。也就是说，在统计上显现出的制造业比重下降，与制造业的升级优化可以并行不悖。

对于农村转移劳动力和城镇新市民，就业领域扩大也具有这种潜力无限的性质。例如，即便看似不再能够显著扩张的建筑业，作为行业分类中的门类E，内部也被划分为4个大类、18个中类和44个小类，其中与推进新型城镇化和提高人民生活品质相关的行业，仍有巨大的发展空间。至于如今农民工蜂拥而至的第三产业或服务业，横跨了从英文大写字母F到T多达15个行业门类，更不用说按大、中、小细分的类别数量了。并且，在更高发展阶段上，服务业在满足人民生活水平提高后的新需求，以及承载科技创新和应用方面，也具有不容忽视的地位。

讲到就业创造，一个迄今尚无定论却不容回避的话题，就是机器和机器人，以及生成式人工智能对劳动者岗位的替代问题。在由此产生的问题中，有两个亟待深入探讨的问题，直接同农村转移劳动力和城镇新市民的就业相关。第一，以人工智能为支撑的数字技术，将在何种程度上替代人类的劳动与创造活动。第二，可以预见的未来就业情景，与应对劳动力逆向配置而做出的促进非农就业努力，是否具有直接的矛盾，以致在两者之间产生预期和意愿之外的抵消效果。

自从中国跨过刘易斯转折点以来，无论在城乡还是在东中西各类地区，无论在制造业还是在服务业，甚至在农业等各个行业，劳动力短缺都成为一种常态。相应地，机器和机器人对劳动力的替代速度也就加快了。2019年，中国每万名制造业工人对应的工业机器人数量为187台，大大高于世界113台的平均水平。同年中国生产的工业机器人达14.1万台，数量居全球首位，大体相当于其他5个生产量最大国家即日本、美

---

① 蔡昉：《早熟的代价：保持制造业发展的理由和对策》，《国际经济评论》2022年第1期。

国、韩国、德国和意大利的总和。①

我们最初看到的是繁重体力劳动和重复性工作最容易被替代，企业为了降低成本，也急于替换掉这些领域的体力劳动者。随着大数据、云计算等数字技术的发展，特别是人工智能技术驱动的自然语言处理工具（如ChatGPT）的面世，对就业的替代从体力工作到脑力工作全面升级。已经发生并且预计将会更多发生的情形，是白领岗位被人工智能替代。数字技术和人工智能的新发展，不仅冲击了我们对新技术与岗位之间关系的传统认知，事实上也改变了以往被称为"自动化"的事物的内涵。

生成式人工智能引起的社会振动之大，从全球各领域引领性人物的异口同声表态可略见一斑。他们广泛地提出了技术之外的问题，特别是从哲学、伦理和社会影响角度进行讨论。作为资深政治家的亨利·基辛格，与企业家和科学家携手著书和撰写文章，指出人工智能将重新定义人类知识，加速现实结构的转变，重组政治与社会。并且预计机器将比人类基因的演化速度快得多，不可避免在一国内部造成冲击，在国家之间造成分化。②人工智能对就业的影响，同样是既有冲击也有分化。下面，结合中国面临的特殊挑战，我们着重阐述三个相关的问题。

首先，促进科技成果的共享，避免数字鸿沟进一步扩大。从任何新技术直到深刻改变人类生产生活方式的人工智能，既不是在国家和地区间以及产业和行业间匀质地获得发展，也不会自动惠及所有的人群。迄今为止，已经存在的数字鸿沟，妨碍了数字技术作为普照之光给各行各业带来生产率的同等提高，并未使不同群体均等享受生产率成果。事实也证明，越是具有颠覆性的新技术，越是会在经济和社会领域产生"赢者通吃"的效应。因此，面对生成式人工智能支撑的最新科技发展，必须以更大的优先序促进共享。

---

① 中国发展研究基金会著：《中国发展报告2021/2022：走共同富裕之路》，中国发展出版社2023年版，第124页。

② Henry A. Kissinger, Eric Schmidt and Daniel Huttenlocher, "ChatGPT Heralds an Intellectual Revolution", *The Wall Street Journal*, February 24, 2023.

其次，引领新科技发展和应用能够提高整体生产率。美国经济学家罗伯特·索洛曾经指出一种现象，虽然计算机处处得到应用，在统计中却看不到生产率的提高。这种现象被称为"索洛悖论"，可以泛指本该提高生产率的技术，却并未真正带来提高生产率的结果。[1]从微观经营层面看，企业在选择应用新技术时，目的是节约生产成本，为了提高生产率往往乐于用机器（人）替代劳动者。从宏观层面看，如果被替代的劳动者不具备必要的人力资本，无法适应新技术带来的更高质量岗位，则只能转岗到生产率更低的领域，于是出现劳动力逆向配置的现象，整体生产率也不能随着部分企业或行业应用新技术而提高。因此，提高教育、培训、信息分享等公共就业服务，促进新岗位的创造和进入，才能使科技进步真正具有生产性。

再次，促进科技进步创造的增量成果被充分、均等地分享。人工智能革命在生产率提高方面，无论比以往的技术革命有多大的优越性，仍然不具有所谓"涓流效应"，不会自然而然带来生产率成果的分享。因此，科技进步的革命性越突出，生产率提高的幅度越大，越是需要更高水平的制度建设来确保分享性。无论创新驱动的经济增长创造多少新就业机会，终究还会存在人力资本与岗位的不匹配，转岗者有时会面临结构性失业。这个人群的基本生活不仅需要得到保障，而且应该随经济社会发展水平而水涨船高。完善覆盖全民全生命周期的基本公共服务体系，或者说推进中国式福利国家建设，是应对人工智能革命的终极手段。

---

[1] 关于生产率提高的"索洛悖论"和关于生产率分享的"凯恩斯悖论"，参见蔡昉：《解读"凯恩斯悖论"——关于生产率分享的思考》，《经济思想史学刊》2022年第2期。

第五节　新市民如何适应劳动力市场？

无论是得益于户籍制度改革，还是受惠于基本公共服务均等化政策，在城镇常住和就业的农民工及其家庭成员，都或多或少地经历着从外来劳动力向稳定市民身份的转换，因此，在广义上都可以被视为中国城市的新市民。在这个身份转换过程中，他们往往面临着这样那样的就业困难，有些是任何劳动者群体都会遇到的，也有些是这个群体特别需要面对的。新市民面临的就业困难，一方面，来自他们从外来劳动者向市民劳动者的身份转换，另一方面，来自中国劳动力市场新特征以及趋势性变化。

作为新市民的劳动者群体面临着社会性融合的困难。包括获得岗位信息、求职、协商待遇、工作、培训、升职和提薪等在内的就业全过程，归根结底是一种社会行为。作为暂时性的打工群体，农民工自然面临着诸多融合困难。即便在获得城市户口后，新市民在城市的完全社会融合也有待时日。

国家统计局常规进行的农民工监测调查，在不同年份的报告中，曾经非系统性地披露过一些相关数字[1]，可以分别引述来说明，社会网络的缺乏易于使农民工处于不利的劳动力市场地位。换句话说，在不能均等地获得公共就业服务体系的帮助，同时又缺乏社会网络支持的情况下，他们往往要以接受较低的工资、待遇和工作条件为讨价还价筹码，以便竞争到应得的就业岗位。

例如，2016年的报告显示，在城市生活中，农民工具有较强的疏离感，较少参加文体活动或培训，平时的交往多数仅限于家人和同乡的范

---

① 历年《农民工监测调查报告》，参见国家统计局网站（http://www.stats.gov.cn/）。

围。在工作和生活中遇到困难时，60.9%选择靠家人和亲戚帮忙，28.9%选择找老乡和朋友帮忙，仅有21.1%寻求单位、政府部门、社会组织和社区的帮助。遇到权益争议的情况时，选择向政府部门反映的占32.7%，尝试法律途径解决的也仅占28.3%。另据2018年调查，在农民工的家庭住房中，购买的部分仅占19%，租住的高达61.3%，还有12.9%靠单位或雇主提供住房。在购房和租房的家庭中，享受到保障性政策的情形微乎其微。

作为新市民的劳动者群体，面临着较突出的就业困难，特别是当结构性就业困难趋于严峻时，这个群体更是首当其冲。我们先来看，在新科技革命及其诱致的产业结构变化迅速发生的条件下，当今世界的就业受到什么样的影响。这种影响与历史上反复发生的情形一样，可以做这样一个表述：就业的破坏与就业的创造同时存在，但是，前一情形是注定要发生的，后一情形却非自然而然。

经济学原理表明，新技术的应用以及由此产生的产业结构变化，都是由提高劳动生产率的微观动机诱导的，所以，这样的过程天生具有排斥就业的倾向。与此同时，在生产率整体得到提高，从而产品和服务供给愈加丰裕和多样化的情况下，人们的消费需求日趋扩大和丰富，新的就业岗位也应运而生。在以技术和产业变革为核心内容的经济发展中，处处可见就业破坏和就业创造同时发生。即使在以人工智能发展为突出特征的最新科技发展中，总体上也表现出这种特性。

基于对诸多国家大量企业的调查，世界经济论坛在一份最新报告中预计，在2023—2027年的5年中，即便考虑到目前最前沿的技术及其应用，就业创造仍然具有很大的潜力。然而，从结构上来看，就业破坏的范围和幅度都不可小觑。据该报告所调查的企业雇主估计，在2023—2027年期间，岗位创造数量可达10.3%，岗位破坏数量也可达12.3%。也就是说，把就业创造和就业破坏合并来看，就业岗位将经历22.6%的结构性动荡，

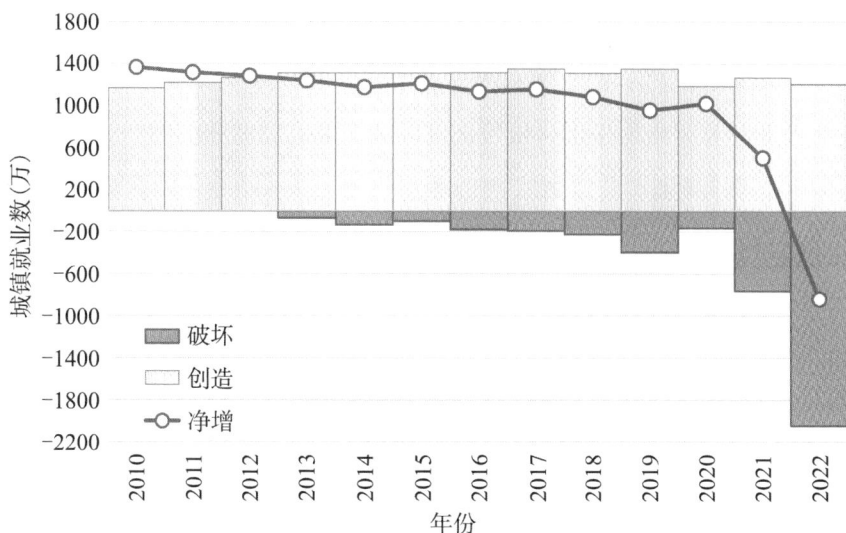

图 7-2 中国城镇就业的创造、破坏和净增

资料来源: "净增" 就业数据来自国家统计局网站 (https://data.stats.gov.cn/easy - query.htm? cn=C01); "创造" 就业数据来自历年《政府工作报告》和统计公报。

就业破坏略大于就业创造, 岗位净损失相当于现有岗位的2%。[1]

近年来, 中国城镇就业岗位的变化也很剧烈。一方面, 由于传统就业形态的式微, 一些岗位随之遭到破坏。另一方面, 随着新就业形态的出现, 新的岗位也被创造出来。利用现有的统计数据, 我们可以大体描述一下这个就业结构和格局变化。虽然限于数据的可得性和口径的不一致, 我们尚无法准确得出就业破坏与就业创造在数量上孰轻孰重的结论。总的格局是, 迄今为止就业创造的规模依然大于就业破坏, 但是, 就业破坏的规模日益显现出后来居上的趋势。

借助图7-2, 我们对城镇就业相关数据的信息含义, 以及相互之间的关系说明如下: 首先, 把政府公布的 "城镇新增就业" 作为新创造就业岗位的代理指标, 简称为 "创造"。由于该指标仅仅记录了新创岗位数, 并没有减去损失的岗位数, 所以并不是一个净增就业的概念。因此, 以

---

[1] World Economic Forum, *Future of Jobs Report 2023*, World Economic Forum, Cologny/Geneva, Switzerland, May 2023, p. 28.

庞大量级涌现的新增市场主体或新创企业，是这种新增就业或就业创造的主要源泉。其次，图中展示的"净增"就业，系年底就业总量减去上一年就业总量得出的净增岗位数，可以看作是总体就业的净增量。再次，"净增"和"新增"两个数之间的差额（通常为负值），即为被"破坏"的岗位数，表现为下岗、失业和因各种原因退出劳动力市场的现象。我们看到，被破坏的岗位数呈逐年增加的趋势。

以2022年为例，官方正式报告的城镇新增就业数为1206万，从统计记录中反映的净增就业为-842万，意味着这一年有2048万个岗位被破坏，第一次出现岗位破坏数量大于岗位创造数量的情形。这一年城镇全部就业人口为4.59亿，其中外出农民工为1.72亿，占全部就业人口的37.5%。城镇就业的破坏与创造格局，自然影响到农民工的就业。对他们来说，遭遇结构性就业冲击的结果，就是失业率的提高和返乡数量的增加。由于农民工已经呈现年龄增大的趋势，正如20世纪90年代末年龄偏大的城镇职工（"4050"人员）一样，在就业的创造与破坏过程中日益感受到困扰。

鉴于这个规模庞大的农民工群体，仍然具有相对年轻和受教育程度较高的特点，从积极的意义上说，作为新市民的一代劳动者，仍然拥有足够强的群体优势，迎接新发展阶段的就业挑战。因此，阻止劳动力流动的"逆刘易斯过程"也好，避免资源配置的"逆库兹涅茨过程"也好，以及推进以农民工落户为核心的户籍制度改革，根本上是破除城乡二元结构的要求，关乎中国经济发展的长期可持续性。把数以亿计的农民工转变为新市民，对实现预期目标来说是至关重要的举措。

可以说，这项任务立意之重要，涉及人口规模之巨大，预期结果之显著，应该使之成为推进中国式现代化和实现共同富裕目标过程中的重要一环，或者说是一项伟大的实验。在推进这项实验的过程中，首先，在公共政策层面要强化对新市民的社会保护，引领和支持生产率的提高和共享；其次，在体制机制层面要着力推动改革，特别是加强劳动力市场制度建设，保护劳动者权益，提高就业质量；再次，在个人层面要加强和激励人力资本的积累，提高每个年龄段劳动者的创业和就业能力。

第八章

扩大农村中等
收入群体

中等收入群体的规模明显扩大和比重大幅提高，标志着共同富裕道路上的实质性进展，也是基本实现现代化的重要标志。鉴于目前仍然存在着城乡收入差距，农村居民收入偏低构成了居民收入提高的短板，增加农村居民收入，确保城乡富裕水平同步提高，要求从包括流动人口在内的农村人口着眼，培育和扩大中等收入群体。这也有针对性地提出任务的重点，帮助我们认识在破除城乡二元结构的过程中，应该从哪些重点人群着眼，从哪些关键的领域入手，按照扩大中等收入群体的目标，实质性提高农村居民收入。

　　本章集中分析中国农村居民收入的增长和构成，围绕增强收入增长的可持续性，进而阻断贫困根源的重要方面进行讨论。鲜明体现农村"未富先老"特征的人口金字塔，隐含着一些不利于农村居民收入持续提高的因素，也可能阻碍中等收入群体占主体的社会结构形成。在概括中等收入群体应具有哪些主要标志性特征的基础上，我们将提出和论证中等收入群体需要政策培育这一结论，同时尝试识别和揭示以脱贫人口、农村老年人和农民工为对象的重点培育群体，进而针对这些人群的特征提出政策建议。

第一节　农村居民收入及其构成

中国改革开放以来，农民收入得到大幅度提高，标志着经济增长被转化为包括农民在内的居民实际生活水平的提高。1978—2022年，农村居民人均可支配收入的名义值，从134元提高到20133元，剔除物价因素之后实际增长了23.5倍。同一时期，农业劳动生产率虽然只增长了9.6倍，但是，GDP增长了43.8倍，人均GDP增长了29.3倍。可见，农村居民收入的提高，系由GDP和人均GDP的增长所支撑的，反映出农村居民对改革开放创造的整体经济发展成果的分享。对过去20余年的统计数据进行分析，可以更清晰地观察到农村居民收入的增长，以及收入各组成部分的增量贡献（见表8-1）。

农村居民可支配收入始终保持高速增长，在2002—2012年的10年中，年均实际增长率达到8.8%的高水平。虽然这个增长率在2012—2022年期间降低到7.0%，却并不意味着农民收入增长不再强劲。在这个更高的发展阶段，人口红利已经开始消失，增长源泉不再具有"低垂的果子"性质，因此，GDP的潜在增长率出现了显著的下降。这就是说，如果把农村居民收入的提高速度，与同期GDP增长率6.2%，以及城镇居民可支配收入增长率5.3%相比较，不仅可以说前者仍然是一个相当高的提高速度，而且应该说发展成果得到了更充分的分享，并且收入增长具有更明显向农村居民倾斜的特点。

观察农民收入的构成及其变化，有助于揭示可支配收入各组成部分对总体增长的贡献份额、未来制约收入增长的因素和可持续源泉。根据国家统计局的口径，农村居民可支配收入系由四个部分构成。第一，工资性收入主要系农民工的打工收入。第二，农业经营收入构成了经营净收入的主体。第三，财产净收入则指从金融资产、住房和土地等转让使用权中获得的收入。第四，转移净收入的主要来源则是包括社会保障、

表8-1　农村居民收入增长率及其贡献份额

单位：%

时间	年均增长率	增量构成			
		工资性收入	经营净收入	财产净收入	转移净收入
1998—2002年	4.8	72.1	15.9	4.2	7.8
2002—2012年	8.8	39.2	37.8	2.3	20.8
2012—2022年	7.0	44.8	28.4	2.9	23.9

注："增量构成"系指在相应时期的农村居民可支配收入增量中，各收入组成部分的贡献份额。
资料来源：国家统计局"国家数据"(https://data.stats.gov.cn/easyquery.htm? cn=C01)。

脱贫补贴等转移支付收入。

从农村居民可支配收入的增量构成及其相对变化趋势来看，工资性收入和经营净收入的增长，越来越成为农村居民可支配收入增长的主体部分，说明劳动力转移就业和参与农业经营活动所得，在农民收入的增加中始终具有中流砥柱的地位。与此同时，转移净收入对农民收入增长的贡献显著增强，凸显了政府在实施脱贫攻坚、提高社会保障水平、推进城乡基本公共服务均等化方面的努力，以及转移支付力度的明显加大。

相比而言，农村居民财产性收入的增量贡献仍然较小，意味着农民获得财产性收益的渠道不够畅通，他们对诸多农村资源，甚至家庭资产拥有的财产权益尚不尽充分。中国社会科学院学者在编制国家资产负债表时发现，中国城乡居民的财富积累仍然过度倚重住房等非金融资产。对于农村居民来说，不仅更是如此，而且他们所拥有的住房资产，也未能转化为应有数量级的财产性收入。例如，学者估算的农村住房现价值，2019年达到24.5万亿元，比1998年的价值名义增长了7.4倍。[1]可以想象，如果这一庞大资产能够产生持续的收入流，农村居民财产性收入所

---

① 李扬、张晓晶等著：《中国国家资产负债表2020》，中国社会科学出版社2020年版，第41—42页。

能增加的幅度必然是十分显著的。

农民收入构成以及各部分对收入增量的相对贡献，反映出农村经济结构变化结果，彰显了农村经济活动的多元化和农民增收渠道的多样化。虽然农业仍是农村的最重要产业，却由于农业份额下降规律的作用，以及由此产生的农业比较收益偏低和趋于递减的特点，以农业经营为主体的经营净收入比重相对下降，对整体收入的增量贡献也趋于降低。这里看似形成了一个两难抉择，同时也启示我们，可以将其作为两条腿走路的路径选择。在顺应农业份额下降这一规律的同时，也要正面应对该产业收入增长贡献率下降的趋势。这就是说，需要继续推动农业劳动力的转移，一方面抵消农业产值比重下降的不利收入效应，另一方面也增强工资性收入增长的可持续性。

第二节　防微杜渐：阻断贫困的根源

2020 年，中国取得了农村贫困人口全部脱贫的历史性成就。然而，从忧患意识和底线思维出发，站在未雨绸缪和防微杜渐的角度，应该说已经实现的脱贫目标，并非一个不可逆转的结果，也不是一个可以一劳永逸的状态。从更高的要求出发，农村居民收入需要继续得到提高，低收入家庭需要源源不断地进入中等收入群体的行列。从最低的要求出发，巩固脱贫成果，确保不发生规模性返贫的现象，依然是一项十分艰巨的任务。

党的十八大以来，农村脱贫攻坚战略采用的脱贫标准即"现行贫困标准"，是按照 2010 年不变价格，每人每年纯收入达到 2300 元。根据物价以及其他因素逐年调整后，到 2020 年这个标准大约为现价 4000 元。同年，在农村居民可支配收入五等分组中，占人口 20% 的"低收入组"的平均收入为 4681 元。也就是说，2020 年低收入组平均收入水平比脱贫标准高出 17.0%。由于在低收入组人群中也存在着收入差距，我们可以把高出的这个幅度，视为确保该收入组中所有人都达到脱贫标准的必要保障系数。

按照2010—2020年期间脱贫标准的每年增长幅度推算，2021年和2022年的贫困标准分别应该是4228元和4468元。鉴于这两个收入标准并不是实际使用的贫困线，而是一种理论假设，我们可以称之为"影子贫困标准"。2021年和2022年，农村低收入组的名义平均可支配收入，分别为4856元和5025元，分别仅比"影子贫困标准"高出14.9%和12.5%。由此可见，从确保农村低收入组中所有人收入都高于"影子贫困标准"的要求来说，这两年的难度明显要大于2020年。

实施脱贫攻坚战略，中国采取的是符合自身实际的"现行贫困标准"，特别突出了"两不愁三保障"的要求。这个标准也显著高于世界银行从2022年秋季开始使用的新国际贫困线，即按照2017年价格计算的2.15购买力平价美元。随着中国实现了消除绝对贫困这一历史性目标，按照防止规模性返贫、解决相对贫困现象和促进共同富裕的新要求，越来越有必要参照更高的标准，据以继续提高农村居民收入水平，阻断贫困现象产生的根源。

诚然，中国应对相对贫困现象和解决低收入问题，应该在符合国情的基础上形成自身的新标准。不过，结合中国经济发展所处的阶段，比照世界银行的相应标准，也不失为一个认识问题的有用方法。2021年和2022年，中国人均GDP已经连续两年超过12000美元，处于中等偏上收入国家的最高收入水平，即将跨入高收入国家行列。从2022年秋季开始，世界银行在采用新的国际贫困线即2.15购买力平价美元的同时，也把中等偏下收入国家贫困标准从每人每天3.20美元提高到3.65美元，把中等偏上收入国家贫困标准从每人每天5.50美元上调至6.85美元。[1]这两个新

---

① Deon Filmer, Haishan Fu and Carolina Sánchez-Páramo, *An Adjustment to Global Poverty Lines*, May 2, 2022: https://blogs.worldbank.org/voices/adjustment-global-poverty-lines? cid=eap_wc_worldbank_zh_ext.

标准对于中国的意义何在呢？

在从存量上消除了绝对贫困现象之后，从流量上防止返贫，要求阻断产生贫困的根源。最适宜的思维和策略是"取乎其上、得乎其中"，即按照一个符合发展阶段的较高标准，动态监测农村脱贫人口的收入变化，在确保已有的建档立卡户信息始终保持代表性的同时，更加关注统计部门住户调查中的"低收入组"收入状况，更加积极主动地防止返贫。

或者说，立足于在整体上保持农村居民收入的合理增长和恰当分配，便能更有把握在微观层面让贫困现象难以产生。在下一章，我们将重点讨论收入分配问题，这里，不妨先来看一看，需要从哪些方面着眼和着力以保持和促进农村居民收入的增长可持续性。

首先，顺应农业份额下降这个经济发展规律，在相当长的时间里，转移就业都应该作为中国农村家庭收入增长的主要源泉。政策应该着力促进农村劳动力转移，帮助他们获得更多的就业机会、更充分的就业水平和更高质量的岗位，以达到更好的增加收入效果。即使今后随着户籍制度改革的推进，很大部分农民工在打工地落户并成为市民，也只是在居住地类型划分上的差别而已，并不会改变曾经作为农村居民的这个群体收入获得提高的事实，也不会改变这个群体收入提高有利于增进全体居民共同富裕水平的含义。

其次，通过提高农业劳动生产率，增进农业现代化水平，提高务农的比较收益。为了达到这样的目标，无论是扩大农业经营规模及采用先进农业技术、新型科技和数字技术，还是优化农业内部产业结构和种植结构，都仍然具有充分的空间，挖掘资源配置效率潜力，提升农业的产业价值链地位。政策应该从增强农业自生能力和竞争力方面着力，把农业变成对人力资源和物质资本具有吸引力的产业，以及农村居民收入增长的可持续源泉。

再次，通过农村金融体制和土地制度改革，大幅度增加农村居民的财产性收入。应该着眼于关键的改革领域和改革内容。一方面，通过促进金融银行业的城乡一体化发展，借助普惠金融和金融科技成果，让农村居民从金融发展中获得更多的财产性收益。另一方面，积极推进土地征收合理补偿、集体经营性建设用地同地同权公平入市、农业承包地"三权"分置、赋予宅基地充分用益物权等土地制度改革，让农村居民从土地资源优化配置中获得更充分的财产性收益。

最后，通过提高基本公共服务供给水平和均等化程度，增强农村居民的社会安全感和增进社会福祉。人民生活品质的提高，既依靠初次分配领域的个人收入水平提高，也有赖于再分配领域的社会福利水平提高。从幼有所育、学有所教、劳有所得、病有所医、老有所养、住有所居、弱有所扶等方面入手，为农村居民提供更充分的基本公共服务，缩小在这些方面的城乡差距和区域差异，是从根源上阻断贫困的制度性保障。

第三节　人口金字塔和收入橄榄型

在人口老龄化程度日益加深的同时，农村人口的老龄化程度更是高于城镇，已经成为农村居民收入增长的一种制约因素，甚至可能成为产生新贫困现象的人口因素。多年以来，学术界乃至政策研究界一直用"未富先老"这个表述来概括中国人口老龄化的特征，通常是在国际比较的语境中做出的判断，即相对于发展阶段而言，中国的老龄化来得更早、达到的程度更高。与此对应，农村表现出的更深程度老龄化，可以说是未富先老现象的国内版。

按照人口学的习惯做法，我们可以利用2020年第七次全国人口普查数据，分城乡画出人口金字塔的图形，以便整体刻画这种农村老龄化比城镇更严重的现象。如图8-1所示，农村与城镇相比，人口年龄金字塔更具有倒置的特征。更具体地，我们可以总结出以下几个统计特征：其一，农村具有更高的老龄化率。65岁及以上人口占比，全国平均为13.5%，城镇为11.1%，农村高达17.7%。其二，农村劳动力更显大龄化的特征。在16—64岁劳动年龄人口中，年龄在45—64岁之间的大龄者占比，全国

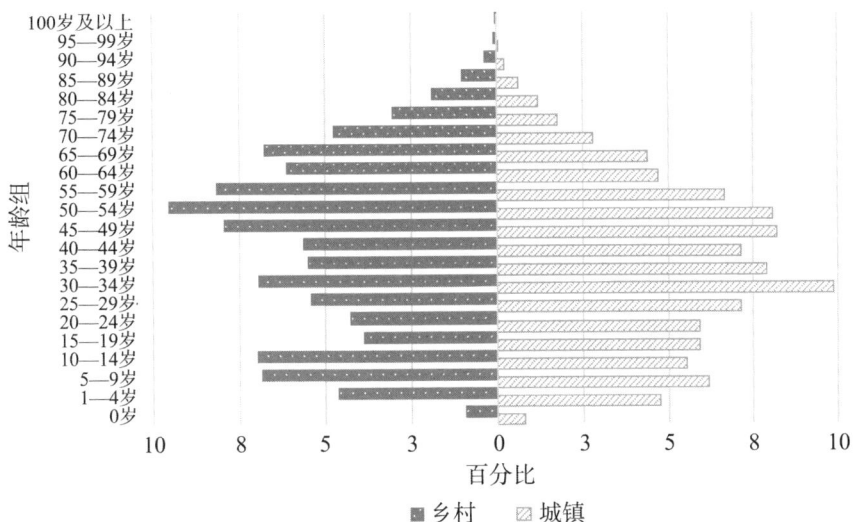

图8-1　分城乡人口年龄金字塔

资料来源：国务院第七次全国人口普查领导小组办公室编：《中国人口普查年鉴——2020》（上册），中国统计出版社2022年版，表1-5a、1-5b和1-5c。

平均为43.2%，城镇为39.2%，农村高达51.0%。其三，农村人口的平均年龄更大。按照把人口划分为两个等量部分的中位年龄来看，全国平均是39岁，城镇为36岁，而农村已经达到44岁。

除了我们已经讨论过的一般影响，即人口老龄化从供给侧和需求侧产生诸多不利于经济增长的影响，以及从保障、赡养和照料等方面加大养老负担之外，农村人口的绝对老龄化和更突出的未富先老特征，还明显不利于农村居民的收入增长，甚至潜在地具有新的致贫效应。我们从以下几个方面来观察：

首先，农村劳动力的大龄化，使这个劳动力群体显现人力资本短板，有碍于实现更加充分和更高质量就业。如果我们设定"未上过学"的受教育年限为0年、"学前教育"为2年、"小学"为6年、"初中"为9年、"高中"为12年、"大学专科"为15年、"大学本科"为16年、"硕士研究生"为19年、"博士研究生"为22年的话，根据第七次全国人口普查数据计算，农村16—64岁劳动年龄人口的平均受教育年限，在19岁时以11.8年达到最高，随后便随着年龄的增长而下降，在50岁时降低到7.9

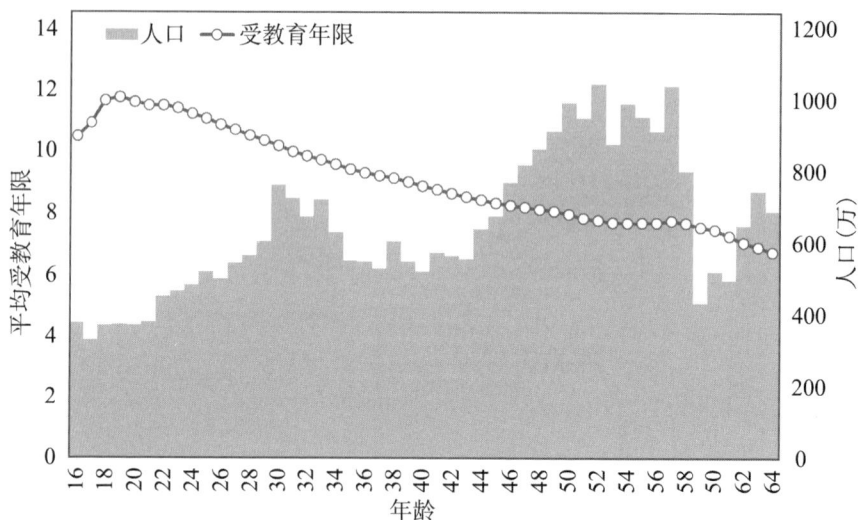

图8-2 农村分年龄受教育年限

资料来源：国务院第七次全国人口普查领导小组办公室编：《中国人口普查年鉴—2020》（上册），中国统计出版社2022年版，表4-1c。

年，到64岁时只有6.7年（见图8-2）。

与此同时，45岁以上的人口却在农村劳动年龄人口中占有较大的比重。研究者和舆论界常常把农业和农村人口（劳动力）特征描述为"三八六一九九"，以三个人群的节日名称，即三月八日国际劳动妇女节、六月一日国际儿童节和农历九月初九老人节，刻画农村的老年化、农业劳动的女性化和留守儿童的现状。根据第七次全国人口普查数据，我们可以看到这个说法在统计意义上是成立的。一是在农村就业人口中，从事农林牧渔业的性别比（女性=1）为1.14，从事非农产业的性别比为1.85。二是城乡少年儿童抚养比（0—14岁人口与15—64岁人口比率）分别为0.24和0.31。三是城乡老年人口抚养比（65岁以上人口与15—64岁人口比率）分别为0.16和0.28。

这意味着农村日益缺乏经济社会发展所需的人气，而如果不能做到人丁兴旺，则很难实现产业兴旺。农村的主要经济活动领域是农业，农村劳动年龄人口的大龄化也就意味着务农劳动力的大龄化。这种状况对于农业科技新成果的应用，对于生命科学、人工智能和数字技术在农业中的应用，均构成人力资本方面的阻力，妨碍农业生产率的提高，进而不利于农业收入的提高。

其次，农村劳动力的大龄化，造成这个群体外出务工难度日益加大。居住地转变所需的社会适应，以及职业变换所需的技能匹配，都会给劳动力流动带来特有的困难，而这些困难随着劳动者的年龄增长而加重。随着大龄化劳动者受教育程度的降低，不仅在人力资本上为劳动力向非农产业和城镇转移设置了障碍，而且，即使已经实现转移的劳动力，随着年龄的变大，往往也具有较强的返乡意愿，产生就业本地化和内卷化的倾向，从而使农户损失掉部分应得的工资性收入。正因为如此，虽然农业就业比重仍然偏大，意味着劳动力剩余现象的存在，农村劳动力外出的增量却显著下降。这个趋势将减慢农村居民工资性收入进而农村居民整体收入的增长速度。

再次，在农村老龄化程度显著高于城镇的情况下，对农村居民给予充分社会保障的制度需求明显提高。与此同时，包括社会养老保险在内的社会保障体系仍然存在着巨大的城乡差距，造成农村社会保障制度的需求得不到满足。例如，2021年城乡居民社会养老保险的年平均给付金额为0.23万元，仅仅是城镇职工社会养老保险年平均给付金额的5.34%。

最后，随着与农村人口老龄化相关的致贫风险提高，有可能产生新的贫困现象。农村家庭内老年人数量增加、平均年龄提高和抚养比上升，通常带来一系列不利于家庭收入增长的因素。例如，由于劳动参与率随年龄增长而下降，致使家庭劳动收入减少。养老保险又不足以弥补这个收入缺口，导致家庭消费水平和储蓄水平双双下降，抵御风险的能力相应弱化。不仅如此，由此造成的人力资本投资减少，还会影响家庭的可持续发展能力，易于造成贫困的代际传递。

综上所述，我们可以得出一个结论，即展示农村人口老龄化和农村劳动力大龄化的人口金字塔形状，不足以支撑起一个以中等收入群体为主体的橄榄型社会结构。或者说，更深程度的人口老龄化和劳动力大龄化，加大了农村居民成为中等收入群体的阻力。

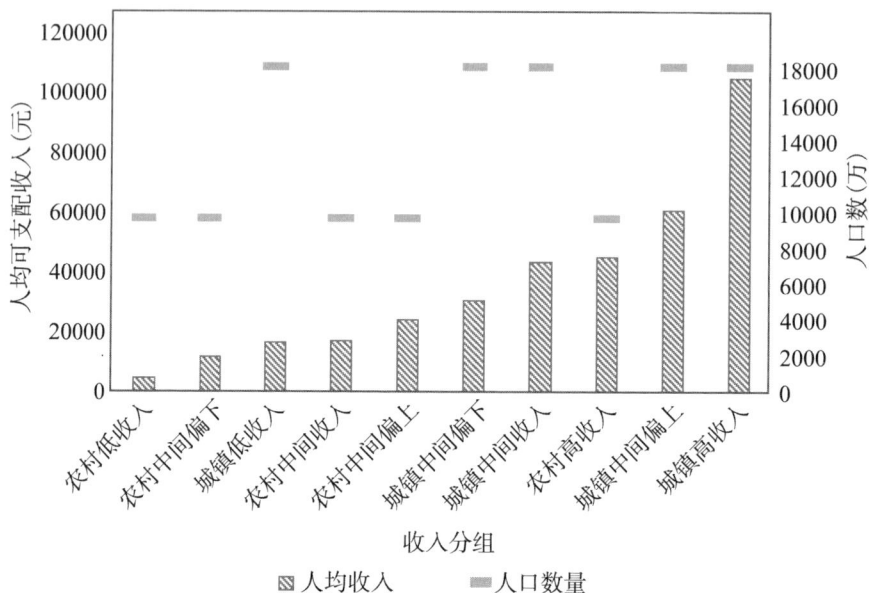

图8-3　城乡分组的人均收入和人口规模

资料来源：国家统计局"国家数据"（https://data.stats.gov.cn/easyquery.htm？cn=C01）。

　　在图8-3中，我们把城镇和农村五等分收入组的人均可支配收入，放在一起进行排列，可以看到如下的特点：其一，城乡相比较得出更显著的收入差距，2022年城镇最高收入组的平均收入，是农村最低收入组平均收入的21.3倍。其二，相比于城镇居民，更多的农村居民处于低收入和中间收入水平状态，即使处于农村居民中的高收入组，人均收入水平也仅相当于城镇的中间收入组。其三，整体处于较低收入水平的农村人口，规模仍然是庞大的。由此可见，中国居民家庭之间的收入差距，在相当大程度上是城乡之间收入差距造成的；农村居民收入水平偏低，是形成橄榄型社会结构的主要阻碍。

第四节　中等收入群体的培育重点

在关于中等收入群体的讨论中，人们往往热衷于进行统计界定，由此推算出全社会该群体的规模和比重。这固然不无意义。然而，一方面，由于并不存在客观、统一的统计标准，另一方面，由于统计数字与现实生活感受之间终究存在着极大的差别，因此，纠结于中等收入群体的数量估计，往往不能得出一致的意见。例如，按照国家统计局的标准，即三口之家每年收入10万—50万元即为中等收入群体，李实估算出2022年中国的中等收入群体规模为4.6亿人左右，占全国人口的33%左右。[①]按照这个标准，处于该水平较低端的人口实际上感受不到与中等收入群体地位相匹配的生活品质，因此，这个数字引起了较大的争议。

如果从较低的标准出发，把中等收入群体占比提高作为摆脱贫困的成效，以及作为巩固脱贫成果的努力方向，这个统计数字并无不妥，也有其反映现实情况的价值。然而，如果出发点是把形成中等收入群体占主体的橄榄型社会结构作为中国式现代化和共同富裕的具体目标，过低的标准和过于简单的内涵则不足以使这个目标具有应有的激励效果。相反，从更广泛的方面描述中等收入群体应有的特征，不仅更能引起人们心向往之，也可以树立起努力的方向，有针对性地部署政策工具，这样才能实质性推进这个目标。

首先，成为中等收入群体，的确需要达到一个必要的收入水平。鉴于随着经济的增长，人均可支配收入总是处在不断提高的过程中，把人均收入水平达到中位收入附近特定区间的人群，譬如说人均收入处在中位收入水平75%—150%之间的人群，定义为中等收入群体较为合适。从

---

① 张梦洁：《经济学家李实：我国中等收入群体或已达4.6亿，家庭人均月收入3000元左右就算》，腾讯网2023年6月18日。

统计含义上，扩大这个群体不仅意味着整体收入分配状况的改善，也使收入分配符合橄榄型结构的分布要求。现实中，收入来源的稳定性、多元化和可持续性，都是特定人群成为中等收入群体的决定因素。

其次，就业是收入之源、民生之本，因此，充分和高质量就业是成为中等收入群体的必然要求。然而，从就业的特征和性质来说，并非只有就业和不就业两种截然不同的划分，在更多的情况下，正规就业与非正规就业、充分就业与不充分就业、稳定就业与不稳定就业，以及就业质量的高低之分，均可以成为区分是否为中等收入群体的标识。从这个意义上说，公共就业服务不到位、劳动力市场制度发育不足，以及劳动力市场的非正规化现象，都不利于形成规模庞大的中等收入群体。

再次，能够防止、抵御不可预知经济风险给就业和生活带来的冲击，是中等收入群体的一个必要特征。生活品质来自创业和就业的收入，而创业的成功和就业的实现，均受制于天然具有周期性波动性质的宏观经济状况。除了人力资本等人口特征是应对风险的个体层面保障之外，体现社会共济理念、借助再分配手段形成的社会保险项目，以及其他基本公共服务供给，是因应经济波动及其对基本生活所造成冲击的宏观层面制度安排。只有在符合经济社会发展水平的前提下，被相应的社会保障网充分覆盖，才算得上成色十足的中等收入群体。

最后，中等收入群体的收入增长和生活品质改善，要求形成内在的动力和长期的可持续性。无论从个人和家庭的人力资本投资意愿来看，还是从基本公共服务的制度保障来看，都需要构建起符合社会必要水平的能力建设机制，确保收入水平得以持续增长、福利水平得到逐步改善，并且稳定地处在正常发展的轨道上。其中，通过教育和培训提升创业能力、更新就业技能、增强应对市场和宏观经济风险的韧性，是保持中等收入地位并向更高的社会阶梯攀登的关键。

正如经济增长没有"涓流效应"，即不会自动地使所有群体的收入和社会福利水平同步提高一样，形成以中等收入群体为主体的社会结构，也不是人均收入整体提高后而形成的一个自然而然的统计结果。也就是说，中等收入群体需要遵循发展政策的导向、借助社会政策的手段予以培育。在中国所处的发展阶段上，从农村居民的角度来看，有三个内涵上各具特点、统计上相互重叠的人口群体，应该作为重点培育的对象。在培育努力取得成效的基础上，随着这些人群向中等收入群体的迈进，中国城乡居民的收入水平和整体社会福祉可望加速提高。

农村脱贫人口是一个需要按照中等收入群体培育的重要群体。党的十八大以来，在2012—2020年期间，全国共有9899万农村人口摆脱绝对贫困。可以设想，脱贫人口中的大多数，目前处在农村居民可支配收入五等分中的"低收入组"地位。这个收入组中包含的全部人口，即4.9亿农村常住人口中的20%，2022年为9821万人。

从更加积极主动的角度看，只有这个人群的收入水平得到整体提高，其中更多的人成为中等收入群体，国家层面的橄榄型社会结构才具备坚实的基础。从底线思维出发，只有从成为中等收入群体这一更高的目标着眼和着力，才能确保这个群体的生活水平，从而避免农村发生规模性返贫的情况。在政策制定和实施的层面，需要着眼于提高这些家庭及其成员的创业和就业能力，使其得以随着乡村振兴的推进而提高自身收入。

农村老年人和大龄劳动力也是重要的群体，从道义上讲，也应该过上中等收入的生活水平。根据第七次全国人口普查数据，按照常住人口的口径，2020年农村65岁及以上人口为9035万人，60岁及以上人口更高达1.2亿人。实现基本医疗、社会养老、最低生活保障等社会保障项目的应保尽保，提高给付的均等化水平，一方面，是确保这部分人群不会返贫的重要保障机制，另一方面，也是积极应对人口老龄化战略的必然要求。

农民工最有潜力跻身中等收入群体行列。2022年全国农民工总规模接近3亿人，其中在户籍所在乡镇从事非农活动的为1.24亿人，离开户籍所在乡镇外出就业的为1.72亿人。平均来看，农民工的月工资已经达到4615元，其中本地农民工的月工资为4026元，外出农民工的月工资为5240元。虽然这个群体的收入水平已经符合中等收入群体的标准，但是，从就业稳定性和正规化程度，以及均等获得社会保障和基本公共服务等方面来看，他们仍然处于不利的地位，以致生活品质的提高受到限制。解决问题的出路仍然是改革，即以户籍制度改革为主要途径，推动农民工在务工城市永久性落户，在成为市民的同时成为完全的中等收入群体。

这里讲到的三个农村人口群体规模庞大，从社会发展角度来看也相对脆弱。通过相关领域的政策调整和制度建设，显著提高社会福利体系覆盖率，提高劳动参与率和就业质量，促进农民工在城镇落户；进一步，通过发展政策的支持和社会政策的扶助，促进这些群体或者其中很大部分成为中等收入群体，可以支撑中等收入群体倍增的预期目标，推动实现党的二十大报告提出的到2035年"中等收入群体比重明显提高"的战略要求。

第九章

缩小城乡收入差距

改善收入分配是推动实现共同富裕的关键路径，促进农民富裕富足是农业农村现代化的重要目标。这两项紧迫任务的目标相互交会，则要求显著缩小城乡收入差距。推进实现这个任务目标，既需要有新发展理念的引领、各项政策手段的保障和物质投入的支持，也需要遵循经济社会发展规律，按照符合现代化特征的标准推动城市化水平和农业劳动生产率的显著提高。此外，最新科技特别是数字技术的发展也提供了巨大的潜力，可以支撑劳动生产率的大幅度提高，并在更广泛的范围内分享生产率成果。

　　在分析中国收入分配状况和收入差距构成的基础上，本章尝试揭示城乡收入差距对整体收入不均等程度的影响。我们将在国际比较的语境下阐释中国目前收入不均等程度和城乡收入差距，离基本实现现代化，以及共同富裕取得更为明显的实质性进展的要求，有着怎样的实践距离，并揭示缩小这个距离的路径。

　　缩小城乡收入差距必须打破一个传统观念，即推进农业现代化的实践可以建立在农业具有弱势产业地位的理论假设之上。只有破除这种传统观念，在实践中我们才能充分利用数字技术发展创造的新机遇，提高中国经济的整体劳动生产率，同时促进农业劳动生产率的同步和均衡提高，进而在全社会范围内分享生产率的整体提高成果。针对相关领域的任务特点，本章将阐释缩小城乡收入差距的必然要求、必经之路和必要举措。

第一节 城乡收入差距的整体影响

中国的收入分配不均等表现在诸多方面，包括城乡差距、地区差距、行业差距和居民群体之间的差距。其中城乡收入差距最为突出，并对整体收入差距具有主导性的影响。也就是说，整体收入不均等与城乡收入差距之间，总体上存在着紧密的关联性和同步变动关系。也就是说，城乡收入差距毕竟是整体收入不平等的一个组成部分，前者的缩小必然导致后者的缩小。大体来说，自21世纪第二个10年以来，城镇与农村居民可支配收入之比，以及居民可支配收入的基尼系数，均呈现出显著的下降趋势。不过，在城乡收入差距继续缩小的同时，居民收入基尼系数的降低趋势未能持续，从2008年的0.491降低到2015年的0.462，随后便开始徘徊（见图9-1）。

早些年间，学者们在探讨造成收入差距的因素时，采用的方法是把整体收入不均等，分解为城镇内部不均等、农村内部不均等和城乡之间差距三个部分。通过估算有人发现，城乡收入差距对中国整体收入不均等的贡献份额大约为40%—60%。[1]近年来虽然未见更新的此类研究，但是，我们可以有把握地说，城乡差距对整体不均等依然具有显著的影响。应该说，对此进行判断并且得出结论确有必要，因为这样可以让我们更清楚地记住，破除城乡二元结构在解决收入分配问题方面的重要地位。

同样，有必要给出解释的一个现象是，何以近年来基尼系数没像以往那样，随着城乡收入差距的缩小而继续降低。我们先来简要地回顾一下城乡居民收入相对增长的几个阶段。如图9-2所示，在改革开放起步时

---

[1] Guanghua Wan, "Understanding Regional Poverty and Inequality Trends in China: Methodological Issues and Empirical Findings", *Review of Income and Wealth*, Series 53, Number 1, March, 2007.

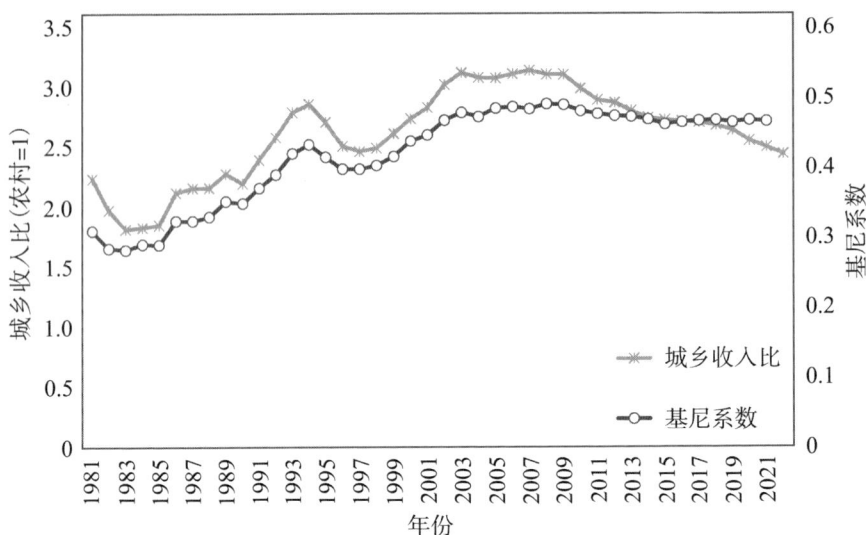

图9-1　城乡收入比和居民收入基尼系数

资料来源：城乡收入比的计算及2003年后的基尼系数，均来自国家统计局"国家数据"（https://data.stats.gov.cn/easyquery.htm? cn=C01）；关于早年基尼系数的数据来源，可参见"Cai Fang, China's Economic Growth Prospects: From Demographic Dividend to Reform Dividend, Cheltenham, UK: Edward Elgar, 2016, p. 180"。

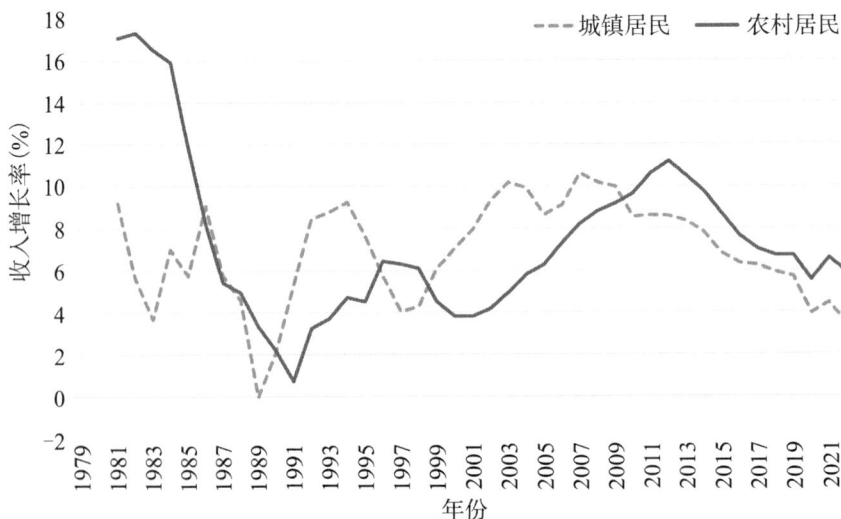

图9-2　城乡居民收入（三年平滑）增长率

资料来源：国家统计局"国家数据"（https://data.stats.gov.cn/easyquery.htm? cn=C01）。

期，譬如在20世纪80年代中期以前，改革效应充分体现在城乡居民收入的显著增长上面。由于农村改革率先全面展开，颠覆了传统体制和激励机制，因此，这一时期农村居民的收入增长大幅度高于城镇居民。在80年代末和90年代初城乡居民收入增长经历了短暂的低谷之后，特别是在1992年邓小平南方视察和谈话之后，居民收入进入一个长期且持续的增长时期。不过，这个时期城镇居民收入增长明显快于农村居民，从而形成城乡收入差距扩大的态势，也推动了整体基尼系数的提高。从21世纪第二个10年开始，恰是脱贫攻坚战略的决战决胜时期，农村居民收入增长明显加快，超过了城镇居民收入的增速，因此，收入分配状况有了明显的改善。只是，相比于基尼系数，以城乡收入比率来表达，收入分配改善的成效更为显著。

把图9-1和图9-2结合起来观察，我们可以发现，在收入差距明显缩小的同时，居民收入的增长在城镇和农村都经历了一个逐年放缓的过程。例如，以城乡居民收入均增长最快的2007年为起点，截止到2022年，其间城镇居民收入的实际增长率为6.4%，农村居民收入增长率为8.0%。从收入增长速度的递减趋势看，同期城镇居民收入增长率的下降幅度为每年平均11.6%，农村居民收入增长率的下降幅度只有5.6%。

虽然这个变化趋势是存在的，但是，新冠疫情对收入的影响在城乡之间有所差异，也加剧了城镇居民收入增速减缓的程度。例如，在2019—2022年的4年中，城镇居民收入增长率相当于农村居民收入增长率的幅度，分别为80.6%、31.6%、73.2%和45.2%。也就是说，在疫情尚未发生或者疫情影响较小的年份（分别为2019年和2021年），城镇居民收入增长速度固然也低于农村居民，但是，在疫情影响严重的年份（2020年和2022年），城镇居民收入的相对增长受挫更深。这同时也说明，最近几年城乡收入差距与基尼系数变化趋势的一定程度脱节，并不意味着两者之间关系的实质性变化。缩小城乡收入差距，仍将是改善整体收入分配状况的重要方式。

我们已经在第一章说明，从国际比较的视角来看，中国具有较为突出的城乡收入差距。那么，从基尼系数这个指标来看，中国的收入不均等程度是否在国际范围内也属于较高的呢？对此做出较为明确的判断，有助于我们加深对城乡收入差距的认识，增强解决问题的现实紧迫性，明确解决问题的政策着眼点和发力点。

一般来说，居民收入的基尼系数，在很多国家并不都是官方统计机构定期发布的常规指标，因此，我们只能借助一些不那么系统的汇集数据，进行国家之间的比较。值得说明的是，我们用来进行比较的基尼系数，并不能做到都基于同一年的数据，而只能是根据数据的可得性选择最近的一年。不同的数据来源表现为一定的复杂性，即据以计算基尼系数的数据基础不尽相同，常常采用相似却不完全相同的指标。这里，我们选取进行比较的指标全部根据居民收入而不是消费支出或者工资收入计算。

先来看联合国开发计划署（UNDP）《人类发展报告》披露的数据。[①]在UNDP的报告中，汇总了152个国家在2010—2018年期间的基尼系数。在这个数据库中，中国的基尼系数为0.385。按照这个水平，中国的收入不均等程度仅略高于中位数或平均水平，属于中等偏上的水平。然而，如果以官方发布的最新基尼系数即0.466来进行比较，中国则具有偏高的收入不均等水平，比各国中位数水平和算术平均值分别高23.9%和21.9%。

再来看世界银行数据库中汇集的数据。[②]我们选择使用的是该数据库中155个国家和地区在2010—2021年期间最近一年的基尼系数，其中中国的基尼系数为0.382。这个水平略高于全部样本的中位数，与算术平均值相等。如果用中国发布的基尼系数0.466来进行比较，则中国的收入不均等程度，比各国中位数水平和算术平均值分别高29.4%和25.9%，处在较高的收入不均等水平之列。

---

① 参见网站（http://hdr.undp.org/en/human-development-report-2020）。

② 参见网站（https://data.worldbank.org/indicator/SI.POV.GINI）。

最后来看联合国大学世界发展经济学研究院（UNU–WIDER）收集的数据。①从该数据库中，我们可以获得90个国家较为晚近的基尼系数数值，其中所记录的中国基尼系数为0.468，基本上与中国官方发布的数字一致。比较结果显示，中国的基尼系数分别比各国的中位数和算术平均值高32.8%和21.4%。由此来看，中国的收入不均等程度是较高的。

借助UNDP的数据，我们可以进一步观察人类发展指数（HDI）与基尼系数的关系。由于HDI系由人均GDP、教育成就指标和健康水平指标合并形成的，所以整体上反映国家的富裕程度和分享水平。根据经济理论和发展经验，我们可以预期看到，收入不均等程度通常随着人类发展水平的提升而降低。在图9–3中，我们把各国按照人类发展水平分组，依次分别展示每一组国家的HDI和基尼系数的数值，由此可以观察两个指标之间的关系及其变化。

具体来说，我们可以按照UNDP的划分标准，分组别来进行这种观察。第一组为"极高人类发展水平"国家，HDI均在0.804以上，平均为0.898；基尼系数的算术平均值为0.338，其中大于0.4的仅占这组所有国家的15.4%。第二组为"高人类发展水平"国家（中国属于这一组），HDI在0.700—0.800之间，平均为0.753；基尼系数的算术平均值为0.392，其中大于0.4的国家占比为37.8%。第三组为"中等人类发展水平"国家，HDI在0.550—0.699之间，平均为0.631；基尼系数的算术平均值为0.416，其中大于0.4的国家占比为53.1%。第四组为"低人类发展水平"国家，HDI在0.394—0.546之间，平均为0.513；基尼系数的算术平均值为0.410，其中大于0.4的国家占比高达61.3%。

从以上观察和分析，我们可以从两个方面得出结论。从目标来看，中国14亿多人口共同富裕的现代化要求，决定了在基本实现现代化的2035年，居民可支配收入的基尼系数应该降低到0.4以下。鉴于城乡收入

---

① 参见 "UNU-WIDER, World Income Inequality Database（WIID），Version 30 June 2022. https://doi.org/10.35188/UNU-WIDER/WIID-300622"。

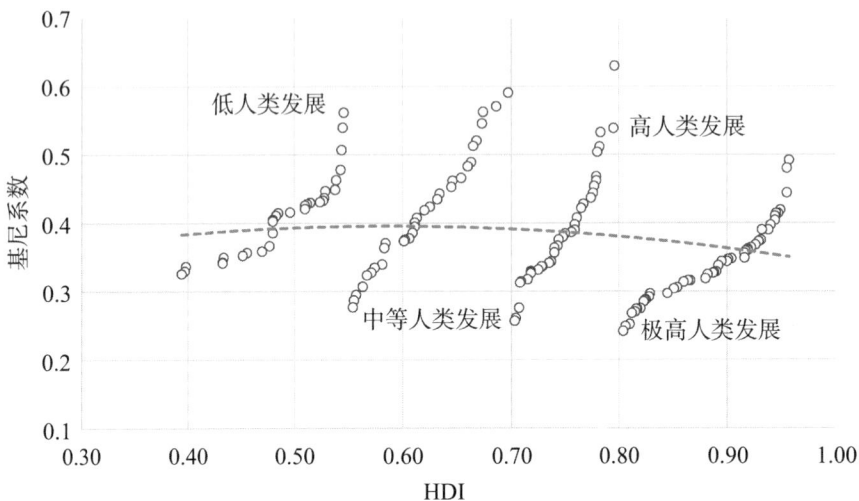

图9-3　人类发展指数与基尼系数

资料来源：网站（http://hdr.undp.org/en/human-development-report-2020）。

差距构成居民收入不均等的重要部分，在推动破除城乡二元结构的过程中，着力缩小城乡收入差距，是降低基尼系数的关键领域。从手段来看，国际经验表明，主要依靠要素市场和价格机制进行的初次分配，终究难以把基尼系数降低到0.4以下。

正如第一章第五节已经揭示的那样，目前世界上收入差距较小的国家，基本上都是在初次分配收入不均等程度较大的基础上，通过政府主导的再分配机制才达到的。相应地，通过税收和转移支付等手段加大再分配力度，推动实现城乡之间基本公共服务供给的更加均等化，也是缩小总体收入差距的一条重要途径。

第二节　城镇化：扩大还是缩小收入差距？

毕竟，城乡收入差距不是总体收入不均等的唯一原因。城镇内部的不均等和农村内部的不均等，也对总体不均等产生很大的影响。除了基尼系数，经济学家常常会使用另一个表达收入不均等的指标——帕尔马

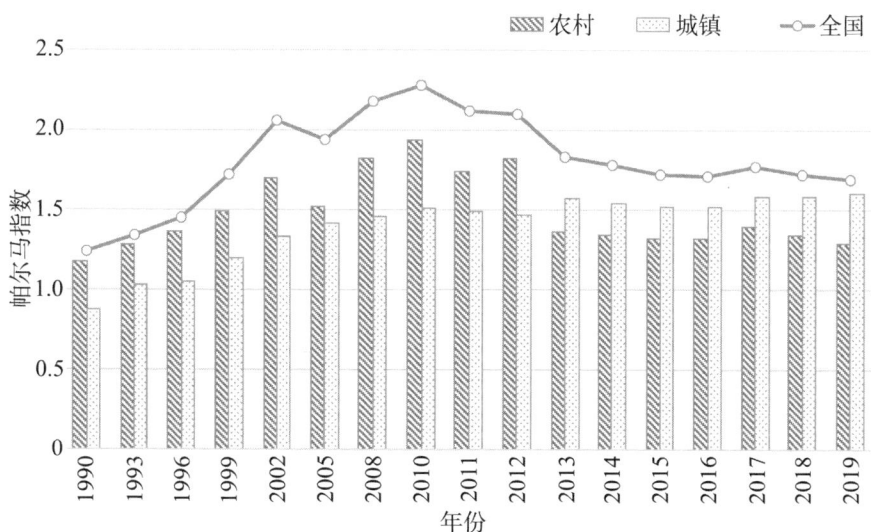

图9-4 分城乡的收入不均等（帕尔马指数）

资料来源：UNU-WIDER, World Income Inequality Database (WIID), Version 30 June 2022. https://doi.org/10.35188/UNU-WIDER/WIID-300622。

指数（Palma Index），以便反映收入分配的结构性特征。这个指数的计算方法十分简单，就是收入水平最高的10%的人口平均收入，与收入水平最低的40%的人口平均收入的比值。利用联合国大学世界发展经济学研究院的数据，我们可以把中国整体、城镇和农村的帕尔马指数变化趋势及相互关系，在图9-4中刻画出来。通过几个步骤的分析，我们可以得出一些具有政策意义的结论。

首先，从全国以及分城乡计算的帕尔马指数变化中可以清晰地看到，2010年以来收入的整体不均等程度趋于下降，这与我们从基尼系数和城乡收入比率看到的趋势是一致的。这无疑是中国在迈向共同富裕道路上的重大进步，得益于更具共享性的经济增长、旨在改善收入分配的相关改革、一系列惠农政策的实施、脱贫攻坚战取得历史性胜利，以及基本公共服务供给质量的改善、城乡覆盖率的扩大和均等化水平的提高。同时也应该看到，近年来收入分配改善的节奏已经有所放慢。虽然不容置疑，在初次分配领域进一步改善收入分配的机会仍然大量存在，然而，在再分配领域做出更大的努力，可以产生更加显著的改善收入分配的效果。

其次，全国作为整体的收入不均等程度始终显著地大于分城镇和农村计算的不均等程度，说明在整体收入差距中，城乡差距构成重要的组成部分，拥有较大的贡献份额。例如，在收入不均等程度最大的2010年，全国的帕尔马指数为2.28，不仅大于农村的1.94和城镇的1.51，也比1.73这一城乡平均水平高出31.8%；2019年全国整体指数为1.69，仍然分别大于农村的1.29和城镇的1.60，比城乡平均水平1.45高出16.6%。也就是说，缩小城乡收入差距，仍然应该作为降低整体收入不均等程度的关键着力点。

再次，分城乡观察帕尔马指数的变化还可以发现，在农村内部不均等程度持续下降的同时，城镇内部的不均等程度反而略有提高。在2010—2019年期间，农村的帕尔马指数降低了33.5%，发挥着降低整体收入不均等程度的作用，而城镇的帕尔马指数则提高了6.0%，无疑起到了妨碍整体收入不均等程度降低的作用。这种现象自然就提出了一个问题：既然城镇化仍在继续推进，并且按照一般规律，城镇人口规模也应该继续扩大，那么这个趋势是否意味着整体收入不均等程度将会有所提升，那样的话，从缩小收入差距角度来说，城镇化的继续推进是否值得重新审视呢？

在有把握地回答这个问题之前，我们需要先来探讨一下，城镇内部收入不均等程度未发生显著的降低甚至还略有提高的原因究竟是什么。帕尔马指数的计算定义本身，即收入最高的10%人口与收入最低的40%人口之间的收入比率，可以帮助我们更注意观察高收入群体与中低收入群体之间的关系，从而为我们提供理解这个现象的线索。

我们从这个指标提高的因素来看。一方面，人口比重较小的高收入群体（10%），获得的收入水平越高，收入占比越大；另一方面，占人口比重较大（40%）的中低收入群体（即五等分组中的低收入组和中间偏下收入组），获得的收入水平越低，收入占比越小，帕尔马指数的数值则越大。所以，在较大的帕尔马指数条件下，显然是难以形成橄榄型社会结构的。

城镇的帕尔马指数偏高所反映的收入分配状况，也有助于说明社会上对中等收入群体标准的质疑。也就是说，目前被定义为中等收入群体的很大一部分人口，实际上处于相对低的收入地位，他们很难对自身已经处于中等收入地位有认同感。换句话说，在"三口之家年收入10万—50万元"这个标准中，10万元这个下限显然是偏低的。

2022年，在国家统计局的城镇居民收入五等分组中，占人口20%的高收入组的人均可支配收入平均为10.7万元，以"三口之家"来算，相当于家庭收入平均为32.2万元，其中也包括家庭收入在50万元这个中等收入群体上限的情形。当然，这是城镇收入最高的20%的居民情形，其中收入最高的10%的居民，即帕尔马指数计算中的分子，收入水平无疑超过了中等收入群体标准的上限。帕尔马指数计算中的分母则包括两组人口。其一，五等分组中的中间偏下收入组，人均可支配收入平均为3.1万元，以"三口之家"来算，相当于家庭收入平均为9.4万元，其中也包括家庭收入在10万元这个中等收入群体下限的情形。其二，五等分组中的低收入组，人均可支配收入平均为1.7万元，以"三口之家"来算，相当于家庭收入平均为5.1万元，无疑是一个很低的收入水平。

2022年，外出农民工的月平均工资达到5240元，折合成全年收入为6.3万元，以"三口之家"，即其中夫妇两人工作并抚养一个子女计算，全家收入接近12.6万元（人均4.2万元），已经十分接近城镇中间收入组的平均水平（4.4万元），以及农村高收入组的平均水平（4.6万元），并达到中等收入群体的标准。然而，在这个可支配收入的基础上，只有通过户籍制度改革，让农民工家庭成为城镇户籍居民，进而能够均等地享受到城镇基本公共服务，他们才名副其实地成为中等收入群体。

以农村人口向城镇迁移为主要形式的城市化过程，在中国的情况下采取了两种方式，或者说分两个阶段进行。第一种形式或第一个阶段，是农业转移劳动力及其家庭成员从农村迁移到城镇，成为城镇非户籍常住人口。第二种形式或第二个阶段，是这个群体取得城镇户口，成为城镇户籍人口。综合上面讨论的城镇各收入组的平均收入状况、农民工收入状况，以及第八章对城乡收入分组的比较（见图 8-3），我们可以得出这样的结论：两种城镇化方式或两个城镇化阶段，都具有提高农村居民收入、缩小城乡收入差距、扩大中等收入群体，进而改善整体收入不均等状况的效应。[1]然而，完整的城镇化方式和过程，归根结底能够比一个"行百里者半九十"的方式和过程产生更为显著的促进共同富裕的效果。

第三节 "弱势产业"还是"人数悖论"?

在学术界乃至政策研究领域，长期存在着一种观念，认为农业是一个天生的弱势产业。不过，对此进行严肃论证的研究并不多见，故可以说，这种认识常常被当作一个不言自明的道理，并被用来解释为什么农业的比较劳动生产率长期得不到提高、何以农村居民收入增长相对滞后于城镇居民、为什么需要对中国农业进行产业补贴和政策保护，甚至为什么中国农业农村现代化需要遵循一些不同于一般规律的路径。

从一些散见的文献中，我们可以看到这样几条理由，常常被用来论证农业是一个天然的弱势产业。[2]从生产过程来看，由于农业的自然再生产与经济再生产交织在一起，劳动力难以得到充分利用，生产结果也具有很大的不确定性。从市场环节来看，一方面，农产品供求关系具有"蛛网效应"，造成价格和产出的短期过度波动；另一方面，农产品需求收入弹性具有"劣质品"的性质，造成生产者收入长期处于不稳定状态。虽然在现代金融、保险和产品市场的更高发展形态下，这些所谓的产业"弱点"都可以得到克服，但是，某些现象的发生终究会被归结为产业的

---

[1] 在第五章中，读者可以看到支持这个结论的统计证据，如图 5-3。

[2] 关于这个话题的一个综合讨论，参见蔡昉著：《中国经济发展的世界意义》，中国社会科学出版社 2019 年版，第 221—228 页。

天然弱势。

还有一种观点，认为人均耕地少这一资源禀赋特征，使得一些国家在农业发展方面天然不具有比较优势。①按照这种解释，中国农业的土地及水资源禀赋，显然无法与很多土地和水丰富的国家相竞争。最容易想到的例子，就是如美国、澳大利亚、巴西等土地资源丰富的国家，农业的资源比较优势就很明显，农业劳动生产率也位居前列。

由此，有人引申出另一个理由，认为由于人口众多，中国农业劳动力的转移难度便格外大，扩大经营规模的常规路径似乎也就走不通。讨论到这里，提出问题的角度和立论的基点，便从农业弱势产业论转化为所谓的"人数悖论"，即农业中劳动力比重的下降，似乎天然要滞后于产值比重，从而两者之间存在着明显的不对称，以致生产率难以得到实质性的提高。

国际经验的确表明，一些从资源禀赋角度看农业缺乏比较优势的国家，曾经经历过对农业进行贸易保护的时期。例如，日本就曾经以实行大力度的农业保护政策著称，也造就了一个虽然以高度现代化的科技装备著称、总体上却缺乏竞争力的农业经济。日本学者本间正吉和速水佑次郎的一项计量分析发现，一个国家农业的比较优势越弱，该国农业被保护的程度通常就越高；同时，由于农业份额的降低意味着非农业人口补贴农业的能力增强和意愿提高，因此，随着农业劳动力比重和产值比重下降，农业保护水平也趋于提高。②

然而，以保护支撑的农业发展必然导致价格的扭曲，进而造成巨大的效率损失，因此，农业保护政策并不能支撑农业现代化，相应的政策做法终究难以为继。前述研究利用大量跨国数据的分析表明，当农业劳

---

① 陈锡文：《中国农业发展的焦点问题》，《农机科技推广》2015年第7期。

② Masayoshi Honma and Yujiro Hayami, "The Determinants of Agricultural Protection Levels: An Econometric Analysis", in Kym Anderson and Yujiro Hayami (eds.), *The Political Economy of Agricultural Protection*, Chapter 4, Sydney: Allen & Unwin, 1986.

动力比重下降到6%—8%，或者农业产值比重下降到4%左右时，就会出现一个转折点，旨在保护农业的扭曲政策便开始得到纠正。这也表明，通过价格和激励的扭曲对农业实施补贴等保护措施，归根结底只是特定发展阶段上的现象。如果不打算把这种政策倾向固定化或永恒化，或者受到WTO规则的约束而不再继续采用此类政策手段，就应该同时放弃农业弱势产业论。

诚然，在缺乏资源比较优势的国家发展农业，不仅是单纯的产业发展问题或者效率问题，还涉及社会、民生和粮食安全等问题，旨在弥补市场失灵的政府支持也是必要的。然而，农业生产方式现代化的目标，终究与统筹解决上述问题的要求是合而为一的。特别是当数字技术渗透到包括农业在内的各个产业，渗透到产前、产中、产后的所有环节，或者说在农业产业数字化以及生产经营全过程数字化的条件下，传统意义上的不可再生资源也好，以往被视为瓶颈约束的要素也好，都不再成为经济活动的实质性制约。基于这种制约论而形成的比较优势先天不足说法，也就不足以论证农业是弱势产业了。

结合前面从多个角度做出的论证，现在我们可以确定地说，打破"人数悖论"的前提，是大幅度提高农业劳动生产率，而提高生产率的技术基础已经日新月异，有着无数的创新疆域可以开发。我们将在本章第四节讨论这方面出现的新机遇，并就抓住机遇的政策举措提出建议。

与中国的经济发展一样，中国的城乡关系演变，也经历了与西方工业化国家乃至后起工业化经济体不尽相同的路径。为了说明这个中国道路，阐释这方面的中国经验，让我们先从经济学理论的角度，回顾一下曾经支配过很多国家城乡关系演变过程的政治和经济逻辑。

实际上，"人数悖论"作为一个经济分析概念，最早出自美国经济学家曼瑟尔·奥尔森。他的理论假说认为，对于一些利益群体来说，常常正是因为具有"人数众多"这样的特征，其一方面难以进行有效的内部沟通并达成一致，另一方面容易出现免费搭车现象（即付出努力和承担风险的人不能获得全部收益），所以不易于形成集体行动，难以在政策制定中取得有利的位置。①按照这个逻辑，在工业化国家的发展早期，以及在当代的发展中国家，农民虽然人数众多，作为一个利益群体却不能在政策决策中发出足够的声音，自身利益常常得不到保障，反倒形成"人多势不众"的格局。因此，在这样的发展阶段上，在工农关系或城乡关系中，农业、农村和农民往往处于不利的地位。

随着整体经济发展水平的提高，或随着发展阶段的变化，这种在发展经济学中被称为"城市偏向"的政策倾向，逐渐发生了改变。尽管支配这种变化有多种因素，但是，农村人口和农业劳动力人数的减少，可以被看作是标志性的转折点。农业份额的下降，并不意味着农业地位的下降，反而成为在政策制定中农业产业地位得以提升、农民利益得到更多保护的前提条件。也就是说，随着农民人数的减少，他们在政策制定中的话语权更大，保护这个群体利益的代价也趋于降低。所以，这种变化也不意味着"人数悖论"消失了，不过是同一逻辑在另一个方向上发挥作用。

在进入21世纪之际，中国农业的就业比重和产值比重，于2000年已经分别下降到49.1%和14.7%。根据一些经济体的历史经验，这个时间点大体上也是工农关系和城乡关系政策倾向变化的转折点。②正是在这个时期，中国进入更主动、更积极实施"工业反哺农业、城市支持农村"政策的阶段。值得指出的是，中国惠农倾向日益凸显的政策演变，特别是新时代"三农"政策特别强调"农业农村优先发展"方针并在实践中取得积极成效，所遵循的是"以人民为中心的发展思想"，而不是学界所谓的"人数悖论"逻辑。

不过，顺应农村人口和农业劳动力减少的规律，着力促进农业劳动生产率的提高，的确是实现农业农村现代化的必由之路。特别是数字技

---

① ［美］曼瑟尔·奥尔森著，陈郁、郭宇峰、李崇新译：《集体行动的逻辑》，上海三联书店、上海人民出版社1995年版。

② 蔡昉：《中国"三农"政策的60年经验与教训》，《广东社会科学》2009年第6期。

术和数字经济的最新发展，一方面给劳动生产率的提高提供了一种无止境的可能性，另一方面使土地这样的不可再生资源日益成为可替代的要素，对于中国农业劳动生产率的提高而言，这不啻为前方展现的一个全新机遇期。

第四节　突破劳动生产率的"天花板"

生成式人工智能的最突出特征，便是它将使任何工作过程所需时间无限制地缩短，而劳动生产率的统计定义恰恰是单位时间劳动投入创造的产出。因此，人工智能支撑的数字技术给任何产业发展带来的机遇，归根结底在于其提高劳动生产率的效果。通过农业产业的数字化，突飞猛进的数字技术可以被转化为农业劳动生产率的极大提高。也就是说，如今具备了劳动生产率的坚实基础，足以突破以往为农业比较收益以及农村居民收入提高设置的任何"天花板"。

总体而言，人工智能既有能力使农业的自然再生产与经济再生产更加统一，也有能力使这两个过程实现一定程度的必要分离，两种途径都可以带来生产率的提高以及产业脆弱性的降低。具体来说，以人工智能为主体的数字技术，可以从诸多方面、以多种方式提高劳动生产率。例如，通过精确地管理农田，对土壤、天气和作物数据进行深度分析，做出最佳耕种决策，提高产量并减少浪费，实行精准农业；人工智能控制的拖拉机、收割机和无人机，以更高的效率和精准度执行更多样化的任务；及时准确地检测、识别和管理病虫害以及畜禽瘟疫，提供防治和处置建议；更好更快评估农产品质量，为市场定价和营销提供依据；运用大数据、云计算和新算法，设计更好的流通模式，减轻乃至消除与农畜产品特征相关的市场波动。

以模拟人类的对话和思维过程为特征的生成式人工智能发展，给人类带来的最大冲击，主要体现在两个似乎已有肯定答案的"不确定性"

上面。其一，人工智能具有的强大自我学习能力，是否注定会超越人类的大脑，乃至不再受到人类的控制。其二，机器人是否终究要从体力、智力到创造性上替代人类的劳动，从而破坏无限量的多数就业岗位。从人工智能的发展逻辑、速度、表现来看，其超越人类的控制能力、破坏掉吸纳就业的各种岗位，似乎是顺理成章的前景。

之所以称之为"不确定性"，在于人工智能的发展方向并不是先天注定的。正如以往发生的科技革命、产业革命和全球化浪潮那样，人类发展的大事件最终去向如何、导致怎样的结果，归根结底取决于人类社会如何对其进行规制和引领。对于人工智能和数字技术，至少需要从众多方向上，特别是从伦理、法律、人文等方面做出严格的规制和约束，通过实施有针对性的科技政策、产业政策和社会政策，引导最前沿的科技为人类社会服务，包括提高经济发展质量、社会分享水平和人民生活品质。

正如以往的重大科学技术突破一样，数字技术天生并不具有"涓流效应"。也就是说，数字技术的发展固然具有提高劳动生产率的性质，但是，在城乡之间、区域之间、行业之间以及生产者之间，新技术的应用并不能做到时间上的同步以及程度上的均衡，因而劳动生产率提高的效果也就难以做到并驾齐驱。在最不利的情形下，最强的技术甚至有能力强化生产率差异和成果分享的差别。

所以，引领数字技术的同步和均衡应用，全面提高劳动生产率，应该成为新科技革命时代科技政策和产业政策的核心。在以前章节曾经讨论过所谓的"索洛悖论"，即计算机技术虽然得到广泛应用，却未能从整体上提高全社会劳动生产率的谜题。之所以在学理上产生这样一个悖论，根本原因就在于，新技术的应用仅仅限于一些处在技术创新前沿的产业和企业，劳动生产率在这些领域得到大幅度提高之后，既未能把技术创新渗透到其他产业和企业，也未能相应创造出新的、更高质量的岗位，或者未能帮助被自动化替代的劳动者进入这些岗位中，因而他们只能回流到低生产率领域，并使这些领域的生产率进一步降低。

可以说，单纯依靠短期的市场回报和自发的价格信号，不足以引领数字技术的同步和均衡应用。不同地区在产业配套能力上有差异，不同行业具有不尽相同的技术基础，不同生产单位的物质资本和人力资本条件更是千差万别，因此，应用新技术所能获得的市场回报具有极大的差异性。如果仅仅依靠市场机制，新技术应用必然是不同步和非均衡的。例如，无论从经营规模、机械化和设施水平来说，还是从市场流通体系和产品盈利性来说，农业特别是粮食种植都难以成为数字技术率先应用的领域。

正是在这种背景下，农业农村优先发展和"四化同步"的战略要求，需要真正发挥统领科技政策和产业政策的作用，进而把相应政策落实在实际且有效的支持性措施基础上。从最低限度来说，政策目标应该是不让诸如农业这样的产业以及农村这样的经济活动领域，在数字经济的发展中落后或掉队。从更高的目标来说，人工智能提高劳动生产率的无限潜力，恰恰应该成为政策支持的重点，使其助力农业生产率实现跨越式赶超，从而实质性缩小与非农产业生产率的差距。

数字技术不具有"涓流效应"的另一个表现是，即便新技术整体提高了全社会的劳动生产率，这个收益并不会自然而然地转化为人们的收入水平和福祉，特别是不会自动、均等地惠及所有人群。农村人口和农业劳动力、老年人和大龄劳动者、在小微企业和非正规部门就业的人员，都更容易遭遇技术及其收益可获得性的障碍。所以，我们还需要借助产业政策和社会政策的相应手段，促进生产率提高成果的均等分享。也就是说，形成新的政策导向，通过提高全社会的激励相容性，校正传统的企业目标函数，改变新科技促进社会进步的方式和路径。

首先，把企业等市场主体应用新技术的目标，从最大化替代劳动者转到更具包容性的方面。事实上，提高劳动生产率的目的，可以也应该体现在诸多其他方面，譬如说把节约的资源和增加的财力用于提高产品的质量、开拓新的客户和市场、增强企业发展可持续性、扩大企业经营范围等。通过这样做，颠覆性技术的深度应用，就不再是就业岗位的破坏过程，而是更多、更高质量岗位的创造过程。这样，既可以在企业内部实现生产率的分享，也为未来的大规模农业劳动力转移创造分享机会。

其次，消除从数字技术中获益的技术障碍，使社会各群体均等地享受新科技成果。由于数字技术基础设施在城乡和区域之间存在着发展的不平衡，在不同群体之间也存在着应用技术所需人力资本的差异，数字技术的发展和应用天然具有在社会群体之间制造数字鸿沟的倾向，以致产生从科技创新中获益不均等的"马太效应"。相应政策的功能就是消除这种负外部性，扩大数字技术的受益范围和均等化水平，不让任何群体持续地处于不利的地位。只要技术应用的导向正确，人工智能发展日益显现的巨大优势就足以在人力资本积累的过程中消除盲点、攻克难点和突破堵点。

再次，在更高的社会层面上推动制度建设，促进生产率提高成果的全民分享。无论是劳动生产率大幅度提高所增加的社会财富，还是人工智能发展提供的技术手段，都为更高水平和更均等程度的分享创造了必要的物质条件。遵循"尽力而为、量力而行"有机统一的原则，以提高基本公共服务水平和均等化程度为突破口，可以缩小整体收入分配、城乡收入和基本公共服务供给等方面的差距，破解社会保障等方面的诸多难题。

例如，在人口老龄化的背景下，随着老年人口抚养比的加快提高，在基本养老金的足额支付、老年人的生活照料、高龄老年人的医疗和护理、大龄劳动者的技能培训和充分就业等方面，都面临着日益严峻的公共政策挑战。科技革命下预期的劳动生产率大幅度提高，无疑提供解决这些问题的物质基础以及技术手段，而制度建设则是根本性解决问题的体制机制保障。

第十章

新一代农村
劳动者和创业者

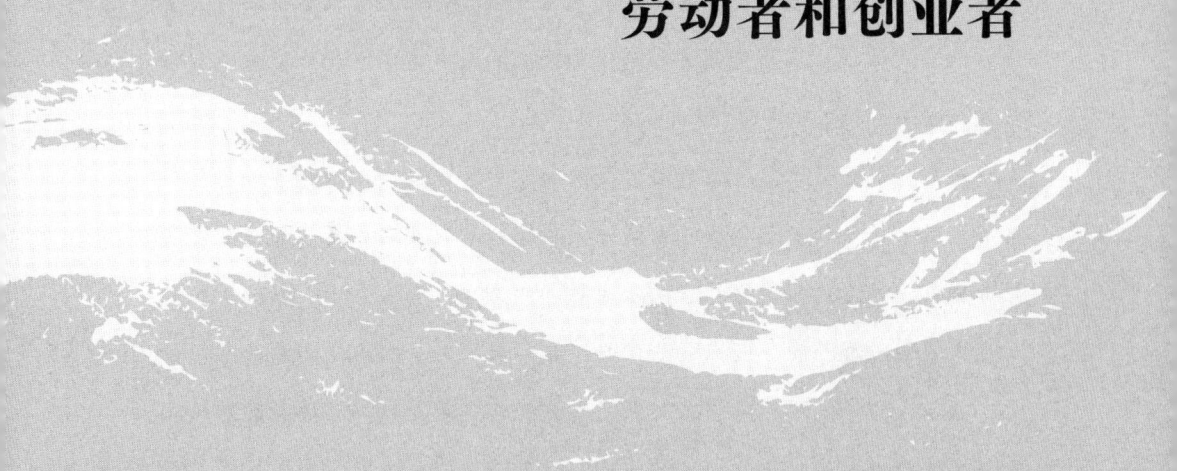

二元结构长期存在的一个后果，便是在城乡之间产生教育发展的差距，导致在人力资本禀赋水平上相应的差异，进而把农村发展置于相对不利和滞后的地位，也使得城乡之间的发展可持续性不尽相同。消除这种发展水平差距和发展可持续性差异，以如期推进中国式农业农村现代化，必然要求在农业农村投入同等数量和质量的现代生产要素。其中最重要和最关键并且不会遇到报酬递减现象困扰的现代生产要素，便是更高水平的人力资本，或者说体现在农村劳动者和创业者身上的教育水平、就业能力、劳动技能、创造力和企业家精神。

　　人力资本的培养，既来自在实践中的学习和积累，也依赖各级各类教育的发展，以及职业培训和终身学习。本章拟从农业农村发展面临的现实任务出发，阐释从人口红利转向人才红利的必要性和紧迫性。我们将从人力资本对经济增长的一般性贡献谈起，在拓展人力资本内涵和外延的基础上，揭示人力资本培养对于农业农村发展的特别重要性。从提高国家以及农村人力资本整体水平这一目标着眼，我们将从"干中学"到教育发展等诸多方面，就实施路径和举措提出政策建议。

第一节　从人口红利到人才红利

在改革开放时期的一段时间里，中国恰好处于一个人口的机会窗口，主要表现是人口年龄结构朝着有利于经济增长的方向变化，这一特征被称为人口红利。把中国经济和中国人口分别作为整体来看，人口红利主要产生于劳动年龄人口增长快于其他年龄组人口这一特征，在这个时期表现出促进经济高速增长的显著效果。例如，在1980—2010年期间，15—59岁劳动年龄人口以年均1.8%的速度增长，非劳动年龄人口则以0.2%的速度减少，导致人口抚养比的下降。在这个期间，这一人口特征分别被转化为劳动力的充分供给、人力资本的积累和改善、持续高企的储蓄率和投资回报率，以及劳动力大规模转移产生的资源重新配置效率等，从而推动同期的GDP实现了10.1%的平均增长率。

2011年，中国15—59岁劳动年龄人口到达峰值，随后便转入负增长，人口抚养比开始逐步升高，相应导致了传统经济增长源泉的式微。首先，劳动力供给的减少和普遍的短缺现象加快了工资的上涨，提高了企业的用工成本，导致制造业比较优势趋于弱化。其次，受教育程度高的新成长劳动力人数减少，减慢了劳动力整体人力资本的改善速度。再次，机器、自动化和人工智能加快替代劳动力，导致资本回报率和企业利润水平的下降。最后，农村劳动力转移速度放慢，标志着资源重新配置效率空间的缩小，导致中国经济整体生产率的提高速度明显慢了下来。

如果说从中国经济整体意义上，人口红利的消失主要表现在劳动年龄人口从增长到减少的转折，进而导致GDP的潜在增长率和实际增长率同步降低的话，人口红利消失对农业发展的影响，则体现在与农业劳动力进一步转移相关的现象上面。这里，我们需要先来认识一个发展事实，即人口红利不仅表现为劳动年龄人口的总体增长，同时还表现为劳动力从农业向非农产业的转移，从而为非农产业提供了充足的劳动力供给，

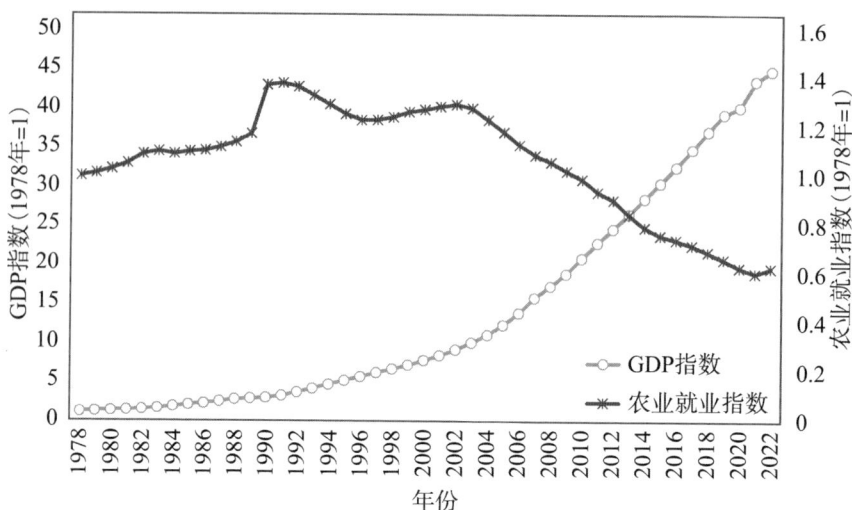

图10-1　经济增长与农业劳动力转移

资料来源：国家统计局"国家数据"（https://data.stats.gov.cn/easyquery.htm? cn=C01）。

并通过资源重新配置，提高了经济整体的劳动生产率。图10-1展示了改革开放以来，GDP总量增长与农业就业人数反向变化的显著对比。

以刘易斯为代表性人物的二元经济发展理论，不仅刻画了劳动力无限供给条件下的经济增长，即农业剩余劳动力转移如何以源源不断的劳动力供给，支撑了高速工业化进程，还揭示了在劳动力无限供给特征消失的条件下，经济增长乃至农业发展会遭遇哪些严峻的挑战。实际上，刘易斯的发展理论与人口红利理论具有相通的内在逻辑。二元经济发展对应着人口红利的收获过程，而刘易斯转折点则意味着人口红利开始消失。[1]

结合刘易斯及其他学者的论述，我们可以回顾一下二元经济发展的理论逻辑和历史逻辑。[2]在存在大量农业剩余劳动力的阶段，劳动力从农

---

[1] Cai Fang, *China's Economic Growth Prospects: From Demographic Dividend to Reform Dividend*, Cheltenham, UK: Edward Elgar, 2016, Chapters 3 and 4.

[2] Arthur Lewis, "Reflections on Unlimited Labour", in L. Di Marco(ed.), *International Economics and Development*, New York: Academic Press, pp. 75-96.

业生产中转移出来，不仅不会影响农产品的产出，反而因减少了劳动生产率计算公式中的分母，自然而然便具有提高农业劳动生产率的效果。一旦国家到达刘易斯转折点，在整个经济呈现劳动力短缺特征的情况下，如果农业劳动力要继续转移，则必须伴随着劳动生产率的主动提高，否则便会产生一个对农产品产出的冲击，造成农产品供给的危机。

在这个意义上，刘易斯转折点也被称作"食品短缺点"。上述经济学文献的回顾，对于中国经济现实具有重要的政策启示，就是说人口红利消失之际，正是需要通过促进农业生产方式的现代化显著提高农业劳动生产率的关键时刻。在理论和实践的意义上，提高农业劳动生产率通常有三条途径：

第一条途径，通过增加物质资本的投入水平，提高农业生产过程的机械化及装备水平，减少劳动力数量的投入，进而提高单位劳动投入的产出水平。在公共基础设施领域，这个过程通常产生诸如水利设施能力改善、有效灌溉面积扩大、农田基本建设水平提高、农村能源供给能力增强等效果。在微观生产经营环节，这个过程通常增加农业机械、装备和其他生产性固定资产，增加能源、化肥、农药、塑料薄膜等的使用量。在经济学中，这个过程被描述为资本对劳动的替代，表现结果则是资本与劳动比率的提高。

第二条途径，通过农业全要素生产率提高的贡献，达到农业劳动生产率提高的最终结果。在农业的生产函数中，为了生产出一定数量的农产品，需要在生产过程中投入资本、劳动和土地等生产要素。通过新技术的应用、体制的创新和管理的改善，投入水平既定的要素可以获得更有效率的配置，使农业产出的增长率大于投入的增长率。这个超过要素投入增长率的产出增长率，就是经济学家十分看重的全要素生产率。很显然，农业中这种类型生产率的提高，必然会转化为农业劳动生产率的提高。

第三条途径，通过农业劳动者的人力资本禀赋改善，产生农业劳动生产率提高的结果。较早的一项研究，尝试在估算人力资本对生产率提高效应的基础上，全面观察人力资本对中国经济增长的贡献。该研究表明，在1979—2009年期间，人力资本作为一个单独的变量，对经济增长的贡献率为11.7%；一旦把人力资本改善对生产率提高的贡献考虑进来，人力资本对经济增长的贡献率可以提高到38.0%。[1]这意味着，人力资本通过生产率提高对经济增长的间接贡献，比人均受教育年限对经济增长的直接贡献竟高出2.2倍。

提高农业劳动生产率的这三条途径，各自的效果及其可持续性不尽相同。首先，主要通过物质资本的更高水平投入以提高资本与劳动比率的方式，常常会遇到资本边际报酬递减现象的困扰。因此，这种提高劳动生产率的方式不可能一味推进，必须懂得把握分寸，做到适可而止。其次，提高全要素生产率的方式不以要素的追加投入为前提，因而具有长期的可持续性。再次，通过改善人力资本达到提高劳动生产率的结果，既是一种具有可持续性的途径，又具有目的与手段有机统一的性质，能够同时做到提高劳动生产率和促进人的全面发展。

在统计意义上，农业劳动生产率是指：在一定时间内投入的既定数量劳动力（分母）所能生产农产品（分子）的能力。这一计算公式中的分子和分母都很重要，并且两者都同时具有数量上和质量上的含义。作为劳动生产率分母的劳动者，在出现数量短缺的情况下，通过人力资本培养可以实现质量的提升，进而通过对农业劳动生产率的影响，对农业发展和现代化做出重要的贡献。

以上叙述不仅帮助我们理解从人口红利转向人才红利的内涵，也帮助我们从中发现实现农业高质量发展的路径。简而言之，在中国经济收获人口红利的时期，农业农村劳动力转移是一种重要的机制，通过把丰富的劳动力转化为人口红利，对经济增长做出贡献；在更加依靠人才红利的发展阶段，提高农村劳动力的素质是紧迫的要求，也亟待建立起一

---

[1] John Whalley and Zhao Xiliang, "The Contribution of Human Capital to China's Economic Growth", *NBER Working Paper*, No. 16592, 2010.

种全新的机制，以便在促进农业农村发展中发挥更有决定性的作用。

第二节 人力资本贡献：从就业到创业

　　为了进一步检验从实际经验中提炼的假说，经济学家通常采用实际数据（譬如说跨部门数据或时间序列数据）进行回归分析，以便揭示出假设结论在统计上的显著程度。对于人力资本促进经济增长和生产率提高这个理论结论，无论是在宏观层面的增长模型中，还是在微观层面的收入方程中，都被视为一个重要的假说反复得到检验。这方面的研究文献可谓汗牛充栋，即便选择最有代表性的例子也不胜枚举。这里，我们以一位学者的研究为例，说明人力资本在计量模型中的不可忽略性。

　　经济学家夏威尔·萨拉-伊-马丁曾经发表过一篇引人注目的文章，标题为"我刚刚做了200万次回归"。从这个标题可知，作者强调选择尽可能多的统计变量，以不同的模型设置反复进行回归运算，旨在从总体层面上发现，究竟哪些因素对经济增长具有显著的影响。在有着不同变量组合的一系列研究中，马丁先后发现过100多个变量，它们均具有显著影响经济增长的效果。

　　然而，在他精心挑选的众多变量中，只有3个变量出现在所有的回归模型中。第一个变量是初始年份的人均GDP，被用来检验作者在理论上预期的"条件趋同"假说，即在满足诸多条件的情况下，经济发展水平起点越低的国家，随后反而会取得更快的经济增长，这样便有望实现对发达国家的赶超。后两个变量分别是预期寿命和小学入学率，所反映的正是经济学家所倡导的"对人进行投资"的结果。[①]可以想象得到，在马丁的模型运算中，这两个反映人口素质的变量所产生的显著效应，正是

---

① Xavier X., Sala-i Martin, "I Just Ran Two Million Regressions", *The American Economic Review*, Vol. 87, No. 2, 1997, pp. 178–183.

揭示了人力资本对经济增长的积极影响。

在1979年冬季举行的诺贝尔经济学奖获奖讲座上，有着"人力资本之父"声誉的舒尔茨教授指出：世界上大多数人是穷人，而大多数穷人以农业为生。因此，只有从农业发展着眼，悟透穷人的经济学，才能够发现经济学的真谛。在他看来，穷人的经济学教给人们的一个最重要结论便是：若想真正改善以农业为生的穷人的福祉状况，关键的举措不是空间的拓展，不是能源的增加，也不是耕地的扩大，而是人口素质的提升。[1]

按照舒尔茨教授阐释问题的逻辑，人力资本在农业农村发展中的积极作用，可以作为进一步的有力论证和实证依据，表明对人的投资有助于落后国家实现对发达国家的赶超。为了更好地理解人力资本对农业农村发展的意义，下面提及的几个认识问题的角度，以及与之相关的中外学界大量实证研究，值得给予足够的重视。

首先，在农业生产者的劳动熟练度、专业技能和决策能力中体现的人力资本，直接而显著地提高农业劳动生产率，对农业发展具有持续性的推动作用。从常态的农业经济活动中，我们可以观察到，劳动者的受教育程度具有增加农业产出的明显效果。例如，一项用中国省际面板数据进行的分析表明，农业劳动者的受教育程度明显有助于增加农业产出。具体来说，劳动者的人均受教育年限每提高1个百分点，可以使农业总产值增长0.55个百分点。[2]更重要的是，对于农业经济的长期发展来说，人力资本的贡献远比其他生产要素更为重要，促进效果更可持续。

其次，人力资本对于劳动力从农业向非农产业转移，以及从农村向城镇转移，均具有显著的促进作用。劳动力从农业中转移出来，一方面

---

[1] Theodore W. Schultz, *The Economics of Being Poor*, Lecture to the memory of Alfred Nobel, December 8, 1979: https://www.nobelprize.org/prizes/economic-sciences/1979/schultz/lecture/.

[2] 楼俊超、刘钊：《人力资本对农业经济影响的实证分析》，《统计与决策》2020年第6期。

降低农业就业比重，另一方面在更大的区域范围和经济活动领域重新配置，既符合产业结构变化的一般规律，也是支撑整体经济增长的重要源泉。关于中国劳动力流动的研究，从经验上充分地说明，具有较高的受教育水平，能够使转移劳动力更容易掌握非农就业技能，并能与劳动力市场需求更好匹配，因而也有助于他们找到更好的岗位，挣得更高的收入。

再次，创业者需要具有的企业家精神，与"干中学"和受教育程度皆密切相关，也是人力资本的具体表现，对于农村各产业的发展至关重要。诺贝尔经济学奖获得者埃德蒙·费尔普斯在20世纪80年代和90年代做出一系列理论贡献之后，进入21世纪以来，热衷于研究大众创业带来的创新和生产率提高。他指出，大众创业不仅创造出更丰富的物质财富，带来经济繁荣，还塑造了广大创业者的创造、探索和迎接挑战的价值观，点燃了实现广泛的自主创新所必需的草根经济活力，推动了广泛的就业、自我实现和个人成长。[1]

可见，农业劳动力向非农产业和城镇的转移，并非一个就业岗位的简单转换，作为"干中学"的结果，他们中的很多人还经历了从打工者到投资创业者的身份转换。在高质量农业农村发展的环境下，人力资本的要求也相应提高。具体来说，农村创业所需要的管理能力和企业家精神，既来自实践经验的积累，也要求创业者从正规教育中获得更高的认知能力、学习能力和适应能力。

在改革开放的早期阶段，各级政府曾经遵循这样一个"三农"工作的指导方针：无农不稳、无工不富、无商不活。在一段时间里，也确实出现了一个发展农村工业的机会窗口。这期间，城乡居民在生活改善之后，产生了新的消费需求，同包括日用消费品在内的各种商品供给的匮乏和单一化形成矛盾，为相对低端的农村工业产品创造了市场，从需求侧推动了乡镇企业的异军突起。然而，随着国有企业改革的深入和多种

---

[1] ［美］埃德蒙·费尔普斯著，余江译：《大繁荣》，中信出版社2018年版。

非公有经济成分的发展，早期村村点火、处处冒烟式的农村工业发展模式，由于缺乏规模经济优势，经历了竞争激烈的优胜劣汰和重组转型。如今，数字技术的最新发展，从供给侧为农村各产业、行业和新业态的发展提供了新的机遇，使其能够在高质量发展前提下王者归来。农村企业家要想抓住新机遇，需要在人力资本方面有所准备。

最后，人力资本提高社会流动性，是打破阶层固化和阻断贫困代际传递的有效手段。教育是最好的公平促进器。反过来说，家庭背景不同产生的教育差异通常导致劳动者终身收入的差异，因此，父母的社会身份与子女的社会流动性之间形成了紧密的联系。诺贝尔经济学奖获得者詹姆士·海克曼针对美国的社会现状指出，出生在天然处于不利地位家庭的孩子，更容易因早期发展和教育的缺乏，最终成为劳动力市场上的弱势群体。[①]

因此，依靠增加公共资源的投入，进而发展更加具有公平、普惠性质的全民教育，可以说是打破社会阶层固化的恶性循环，以及阻断贫困代际传递的制胜法宝。把扶贫与扶智紧密结合，就是中国实施脱贫攻坚战略中的一条重要经验。在历史性实现农村人口按"现行标准"全部脱贫之后，教育的进一步发展和均等化程度提高，是确保巩固脱贫成果、把农村低收入人口提升为中等收入群体的关键举措。

第三节　人力资本培养：从教育到"干中学"

在说到中国经济高速增长获益于人口红利时，我们既指人口数量增长，特别是劳动年龄人口领先增长对经济增长产生的促进作用，也指人

---

① James Heckman, *An Effective Strategy for Reducing Inequality and Promoting Social Mobility by Creating Skills*, 17 November 2018, The Institute for Fiscal Studies (London): https://ifs.org.uk/publications/effective-strategy-reducing-inequality-and-promoting-social-mobility-creating-skills.

力资本的显著提升，即教育发展改善人口素质对经济增长产生的促进作用。一般来说，人力资本的积累分别来自学校教育、工作中的边干边学和职业培训。对于中国农村劳动者的素质提升来说，主要来源也体现于在校学习和工作中的经验积累。

中国农村劳动者的人力资本积累，首先得益于教育的发展和受教育机会的均等化。改革开放以来，以普及九年制义务教育和高等院校扩大招生为标志的教育大发展，大幅度提高了中国人口的平均受教育年限。以 UNDP 在编制 2019 年各国人类发展指数时使用的数据为例，在 1990—2019 年期间，中国平均受教育年限从 4.8 年增加到 8.1 年，世界平均水平从 5.8 年提高到 8.5 年，两者提高的幅度分别为 68.8% 和 46.6%，中国人力资本的改善幅度比世界平均水平大 22.2 个百分点。

中国教育发展的这些重大举措，无一例外地惠及农村居民，显著地提高了农村人口的受教育水平。根据第五次全国人口普查和第七次全国人口普查的数据，我们可以从总体上观察教育发展的这个成果。2000 年，在农村 6 岁及以上人口中，具有高中以上受教育程度的人口占比为 6.3%；2020 年，在农村 3 岁及以上人口中，具有高中以上受教育程度的人口占比提高到 13.6%。也就是说，农村具有较高受教育程度的人口比重，在 20 年间提高了 1.2 倍。在图 10-2 中，我们还可以分教育阶段比较这一时期的明显进步。

中国农村劳动者的人力资本提升，还得益于劳动力外出务工经商的实践经验积累。从 2002 年开始，从每一年的时点数量来看，离开户籍所在乡镇的外出农民工总规模始终在 1 亿人以上。在那之后的 20 年里，这个群体的人数在 2019 年达到最高水平 1.74 亿人，2022 年为 1.72 亿人。由于户籍制度改革尚未完成，所以，外出农民工的这个存量规模，是由持续不断的进城和返乡行为构成的。在城镇务工经商持续一段时间之后，这个群体中的很多人可以获得非农产业的就业技能、对价格信号变化的反应能力和创业投资的经验，即在"干中学"过程中形成新的人力资本。

农民工曾经是要素重新配置的对象，即作为劳动要素的载体，按照

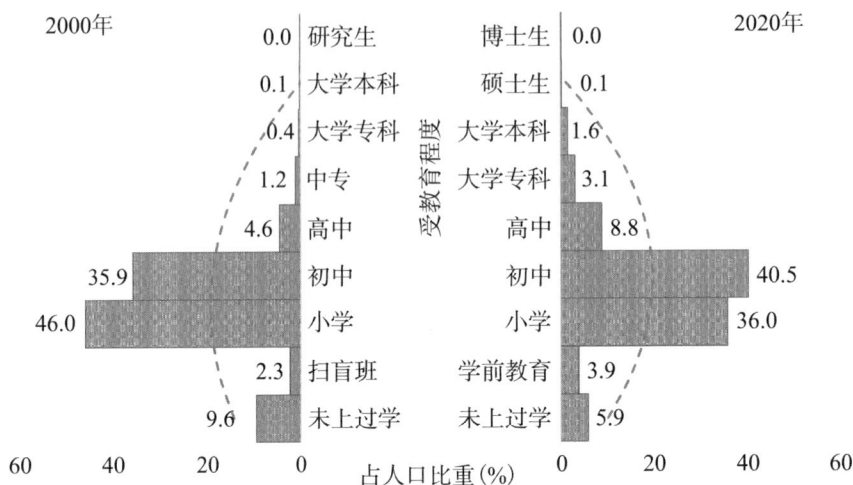

图10-2 农村人口受教育程度构成的变化

资料来源：国家统计局"国家数据"（http://www.stats.gov.cn/sj/pcsj/）。

生产率提高的方向在部门间和区域间流动，通过更有效率的重新配置，对整体劳动生产率的提高做出显著贡献。随着这个劳动力群体渐趋大龄化，他们中越来越多的人开始返乡，或者就业日益本地化，即选择在本省、本市、本县甚至本乡镇从事非农产业。这就产生一种新情况，劳动力资源向生产率较低的行业流动，或者说逆着生产率提高的方向配置，从而不利于劳动生产率的继续提高。

在这个时刻，政府着眼于创造更好的政策环境，鼓励大龄农民工以积累起的创业才干和企业家精神，在参与乡村振兴的过程中抓住要素组合的新机会，既可以实现农民工自身从资源重新配置对象到资源重新配置主体的华丽转身，也可以最大化避免资源配置退化的情形发生。

虽然包括农村在内的中国整体教育获得了长足的发展，人力资本对整体经济增长以及农业农村发展都做出了重要的贡献，从国际比较来看，中国人口和劳动力的人力资本禀赋仍有较大的差距，特别是在人均受教育年限方面，作为一个整体的中国也好，作为薄弱环节的农村也好，仍然面临着紧迫的赶超任务。

总体来说，与那些人类发展水平更高的国家相比，中国的教育发展

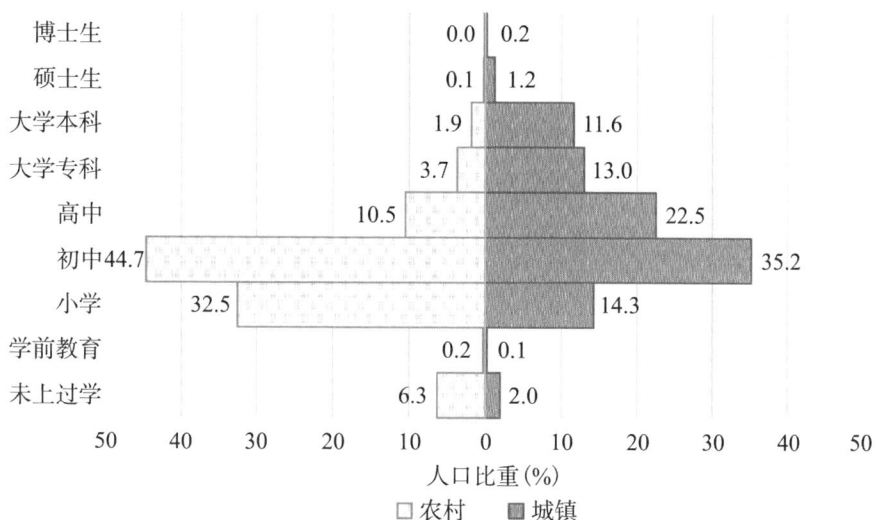

图10-3　成年人受教育程度的城乡分布

资料来源：国家统计局"国家数据"（http://www.stats.gov.cn/sj/pcsj/）。

水平仍然亟待缩小差距。从 UNDP 的 2019 年数据看，人口平均受教育年限，中国为 8.1 年，与自身相比确有大幅度的提高，也显著高于发展中国家 7.5 年的平均水平。但是，虽然中国属于高人类发展水平国家，人均受教育年限却略低于该组国家 8.5 年的平均水平。如果与极高人类发展水平国家 12.2 年的平均受教育年限相比，中国的差距就更加明显了。

中国的教育发展水平，在城乡之间仍然存在着较大的不平衡。一方面，由于城乡之间教育发展水平的差距；另一方面，也由于受教育水平高的年轻人口迁移出去，农村的人力资本的存量水平不仅相对低，而且具有继续弱化的趋势。根据第七次全国人口普查数据计算，2020 年城镇人均受教育年限为 10.8 年，农村人均受教育年限为 8.1 年。[①]此外，具有高中及以上学历的人口比重，城镇显著地大于农村（见图 10-3）。由此可见，缩小在城乡之间的人力资本差距，是实现城乡均衡发展的必要前提。

农业转移劳动力的增长减速，以及农民工群体的大龄化，使人力资本的积累进入一个边际效应递减的新阶段。以往农村人力资本的整体提

---

① 关于人均受教育年限的计算方法说明，请参见第八章第三节。

升，主要依靠两个与人口特征密切相关的机制，其作用效果也必然随着人口特征的变化而减弱：其一，规模庞大且受教育程度高的新成长劳动力，源源不断加入劳动者大军行列，从存量上改善整体劳动力的人力资本。相应地，劳动年龄人口的负增长，必然使人力资本的改善速度趋缓。其二，大规模农民工跨城乡、跨地区、跨产业转移，掌握了更多劳动技能，积累了劳动力市场经验。由于农民工数量不再像以前那样大幅度增长，他们就业的地域范围也趋于狭窄，依靠这个机制积累的人力资本也出现递减的趋势。

可见，无论是保持中国经济增长的合理速度，还是加快中国式农业农村现代化进程，都要求加快教育强国建设，以保持人力资本水平的持续提升，同时把政策关注点放在均衡城乡教育发展水平上面。从增加人均受教育年限的任务目标来看，中国亟待实施一个新的重大举措，以便取得在总规模和增长幅度上堪比普及九年制义务教育和高等院校扩大招生的效果。

第四节 人口发展新常态下的教育深化

因应经济社会发展现实提出的紧迫需要，在九年制义务教育的基础上，向前及向后延长义务教育年限，从而推动中国教育进一步发展，无疑是一个有益和有效的重大举措。延长义务教育年限是普及必要阶段教育的有效手段，不仅得到了国际经验的印证，更得到了中国经济发展实际经验的检验。

李海燕等人对跨国数据的分析，显示了国际上一些带有规律性的趋势。[1]总体来说，随着发展阶段的变化，各国均倾向于采取延长义务教育

---

① 李海燕、田雅茹：《基于国际义务教育年限延长趋势观照我国义务教育发展》，《教育导刊》2023年第3期。

年限的政策措施。这项研究表明，2018年在192个国家中，实行9年及以上年限义务教育的占78.6%，实行10年及以上年限义务教育的占58.3%。这个趋势还显示，各国实行义务教育的年限呈正态分布，实行义务教育年限在9—12年之间的频率最高，合计占比达到64.0%。此外，延长义务教育年限的做法，既有向前延长到学前教育阶段的，也有向后延长到高中阶段的。

提高基本公共服务的供给水平和均等化程度，应该坚持尽力而为和量力而行的原则。为了确保做到这两个原则的有机统一，我们需要对中国所处的发展阶段做出准确判断，特别是在加强对人口发展新常态认识的基础上，探讨延长义务教育年限的必要性，正视教育深化面临的难题和短板，抓住人口变化提供的有利时机，积极而稳妥地予以推进。

我们先来看延长义务教育的必要性。对于中国来说，以劳动年龄人口增长显著快于其他年龄组人口增长为特征的人口红利期，比较准确地落在1980—2010年的30年时间里。中国经济的高速增长时期，也恰好落在这同一个区间。所以，总体来说这个时期的中国经济增长，最大限度地得益于人口红利。然而，就这30年的区间来说，速度最快的经济增长，更集中于1990—2010年这20年的时间里，其间GDP的年均增长率超过10%。一个重要的原因在于，这是中国经济增长收获教育红利最显著的时期（见图10-4）。

这期间中国教育有两次大幅跃升。一是1985年正式启动的普及九年制义务教育的努力。撇开一度产生诸如为了达标而造成乡村过度负债的问题，最终证明这是一项具有远见的政策举措，对于人力资本积累具有显著的效果。二是始于1999年的高校扩招。其初衷是延迟青年进入劳动力市场的时间，以缓解当时面临的就业压力。中国高等教育由此进入大众化阶段，每年高校毕业生人数，从1999年的85万人一下子提高到2012年的680万人。高校扩招的另一个附带效应，则是高中入学率的提高，两个因素共同大幅度增加了新成长劳动力的受教育年限。

从图10-4可见，义务教育和高校毕业生的增长，相当于两级火箭，

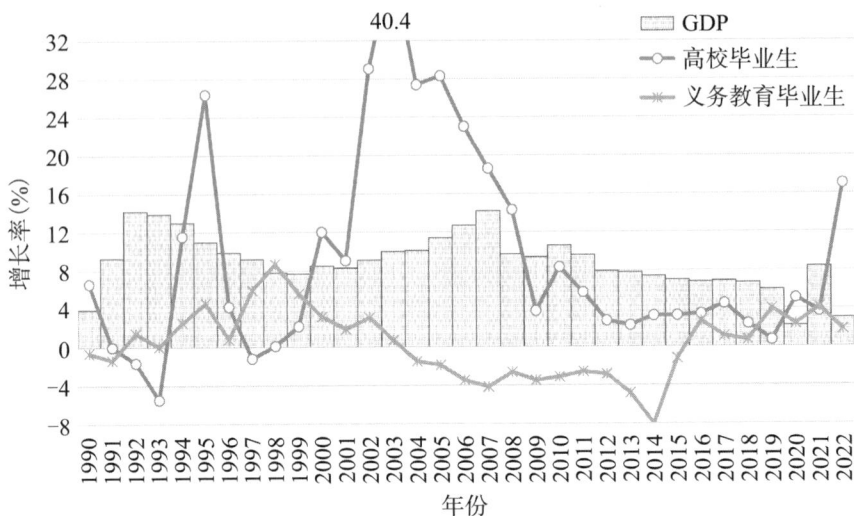

图 10-4　毕业生增长率与 GDP 增长率

资料来源：国家统计局"国家数据"(https://data.stats.gov.cn/easyquery.htm？cn= C01)。

助推了这个时期两位数的经济增长。这可以从毕业生增长率与 GDP 增长率的关系获得说明。义务教育毕业生增长率提高效果，于 20 世纪 90 年代初显现，于 90 年代末开始变弱。这个教育发展对经济增长的推动作用，随后由高校毕业生的大幅度增加所接续，直至 2010 年劳动年龄人口达到峰值。这个历史经验表明，中国经济延续人口红利和获得人才红利的必要条件，就是推动一个在质和量上都堪与此前政策效果等量齐观的教育大发展。

再来看延长义务教育的有利条件。从中国人口发展的现状来看，在日益面临少子化和老龄化严峻挑战的同时，也正处于少年儿童在学人口减少、教育发展的物质支撑能力提高的窗口期。根据联合国对中国人口年龄结构的预测，我们可以做出判断，在 2021—2035 年期间，义务教育负担率即 4—18 岁人口与 19—64 岁人口的比率，正处于快速下降的时期。与此同时，根据对 GDP 潜在增长率的预测，政府财政性教育支出作为 GDP 的一个确定性百分比（不低于 4%），也必然保持与经济增长的同步性，因此，教育的公共支出能力将稳步得到提高。①

第五节　以配置均等化破解发展不平衡

需要指出的是，在中国教育资源的配置上，现实中仍然存在着突出的不平衡现象。从 2020 年生均教育经费的区域分布来看，把各级各类在校学生数加总之后，每个学生对应的教育经费存在着显著的省际差异，并与各省（区、市）的人均 GDP 水平显著相关，相关系数为 0.766（见图 10-5）。也就是说，教育资源分布不仅存在着差异，这种差异还具有得以保持的惯性，或者说在一定程度上存在着"马太效应"。由于地区之间的发展水平与城镇化率密切相关，教育资源的这种区域差距，也必然表现在城乡差距上面。

诺贝尔经济学奖获得者海克曼指出，在诸如教育投入的地区差距这种教育资源配置不均等问题上，公平性与效率原则是统一的。②也就是说，提高教育资源分布的公平性，可以产生提升资源配置效率的效果。2021 年，中国的教育经费总投入为 5.79 万亿元。其中，国家财政性教育经费为 4.58 万亿元，在全部教育经费中的占比高达 79.2%。无论是从教育投入的性质来看，还是从公共资源的配置原则出发，以及从中国的实际问题着眼，显著缩小教育投入水平上的各种差距，不仅可以提高教育的公平性，也使教育经费的使用更有效率，保障教育更好发挥促进发展的作用。

这种教育资源配置的理念，以及其他与教育发展相关的规律，都帮助我们得出一个政策结论，即在教育深化的过程中，公共教育资源应该

---

① 蔡昉著：《人口负增长时代：中国经济增长的挑战与机遇》，中信出版社 2023 年版，第 229—230 页。

② ［美］詹姆士·J.海克曼著，曾湘泉等译：《提升人力资本投资的政策》，复旦大学出版社 2003 年版。

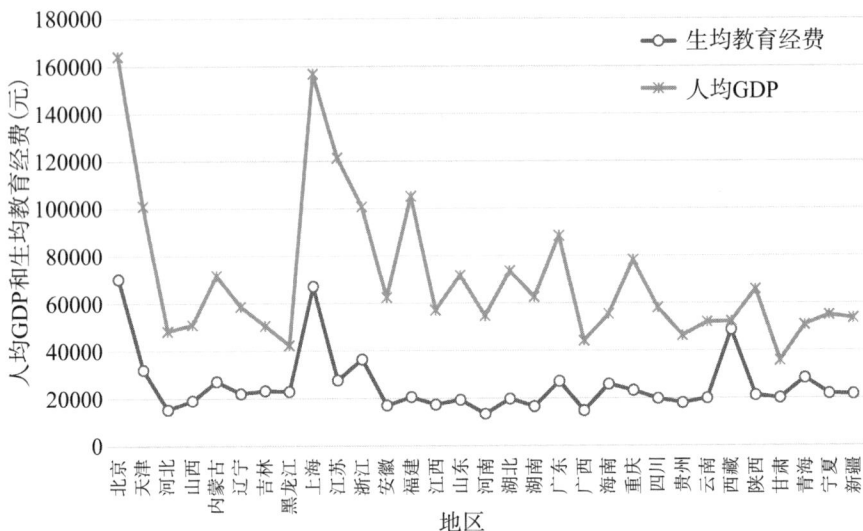

图10-5　人均GDP与生均教育经费的省际差异

资料来源：国家统计局"国家数据"(https://data.stats.gov.cn/easyquery.htm? cn= E0103)。

向农村儿童倾斜。人力资本理论把教育的收益率区分为社会回报和私人回报。社会回报是指，教育水平的整体提高会创造一种正外部性，对社会产生有益的经济收益。这种回报通常不会以市场收益和私人收入的形式为个人和家庭所获得。这一性质决定教育应该是一个公共投入的领域。私人回报是指，更高的受教育程度通过工资和盈利等方式给个人和家庭带来的经济收益，或者提供在职培训为企业带来的商业回报。这一性质决定教育也是私人投入的领域。

教育经济学分析表明，越是在早期和基础的教育阶段，特别是在义务教育阶段，社会收益率越高。也可以说，教育的社会收益率在学前教育阶段最高，依次为基础教育、较高阶段的普通教育、高等教育，及至职业教育和培训。①这个表述也可以倒过来说，那就是教育的私人收益率，在职业教育和培训这个阶段最高，从高等教育到高中、初中、小学

---

① James Heckman and Pedro Carneiro, "Human Capital Policy", *NBER Working Paper*, No. 9495, 2003.

和学前教育依次递减。

数字技术特别是生成式人工智能的发展，给教育发展提出了一系列新的挑战。其中一个方面的挑战，表现在如何处理通识教育与技能培养之间的关系。至少从目前的变化来看，数字技术和人工智能更容易替代某种确定的技能，无论是体力型还是脑力型。更加通识型人才的培养，由于旨在提升劳动者适应变化的能力、综合集成现有知识的能力、善于识别非黑即白式简单判断之外情势的能力，以及不断学习新知识新技能的能力，更容易使人在人工智能面前保持优势。在一定程度上，通识教育更注重长远劳动力市场回报，具有社会收益率高的特性；而技能教育更注重短期劳动力市场回报，具有私人收益率高的特性。

从以上分析应该得出的政策含义有几点：首先，公共资源应该优先配置到社会收益率高的教育阶段、教育类别和教学内容上。其次，鉴于从义务教育阶段、学前和高中教育阶段，以及通识教育发展现状看，农村仍然处于相对薄弱的地位，公共教育资源应该优先且倾斜式地投入农村。再次，这种政策优先序既符合公平正义的原则，也可以创造实实在在的政策收益，有利于实现公平与效率之间的有机统一。

从中国农村人口的居住和流动状态来看，农村儿童分别属于以下三种类型之一，共同或分别遭遇到接受义务教育的特定困难：第一类儿童与父母共同居住在户籍所在地的农村。由于村庄出现空心化的情况，此类农村儿童的人数日益减少，很多村级甚至乡镇小学难以为继。第二类儿童跟随外出打工的父母一起流动，成为所谓的流动儿童。他们中的很多人仍然遇到进入迁入地公办学校的障碍。第三类儿童未与父母双方共同居住，成为所谓的留守儿童。父母（一方或双方）的缺位无疑给这部分儿童造成心理问题和学习困难。

根据第七次全国人口普查数据，2020年，在不区分城乡的全部17岁及以下儿童中，流动儿童大约占23.9%。在农村全部儿童人口中，留守儿童占37.9%。总体而言，农村儿童、流动儿童和留守儿童，在教育上遇到更多的困难，特别是到了高中阶段，这些儿童的在校率更有所下降。①可见，以延长义务教育年限为着力点的教育深化，应该把关注点放在这三种类型儿童身上，在薄弱环节和瓶颈短板上着力，拉平少年儿童成长的教育起跑线。

户籍制度改革在推动更多农民工在就业所在城镇落户的同时，还可以从制度上根本解决流动儿童和留守儿童接受义务教育的特殊困难。不过，在户籍制度改革这条路径之外，我们也必须有所部署。在农民工取得城镇户籍身份，因而能够充分享受基本公共服务之前，针对这个群体的子女教育政策，就应该率先进行调整，确保义务教育阶段入学做到应收尽收。针对村庄空心化，特别是农村在学儿童人口密度日益降低的情况，应该把义务教育的保障要求，纳入完善乡村治理体系和建设现代化的目标之中，确保留在农村的儿童在这个教育阶段不掉队。

---

① 国家统计局、联合国儿童基金会、联合国人口基金：《2020 年中国儿童人口状况：事实与数据》，参见国家统计局网站（http://www.stats.gov.cn/zs/tjwh/tjkw/tjzl/202304/P020230419425666818737.pdf）。

第十一章

如何倚重"三农"
扩大内需?

以人口负增长、少子化、老龄化、区域人口增减分化等现象为标志，中国人口发展进入一个新常态。从人口对经济增长影响的逻辑来看，继2011年以来劳动年龄人口负增长，导致GDP潜在增长率下降这一供给侧的经济发展新常态之后，总人口负增长和更深度的老龄化将导致需求侧经济发展新常态，即需求特别是居民消费日益成为经济增长的制约因素。因此，在继续推动旨在提高潜在增长率的供给侧结构性改革的同时，旨在释放内需潜力的需求侧结构性改革，也越来越具有不可回避性和紧迫性。

无论是庞大的农村人口规模，还是具有重要意义的农业和农村产业，都应该而且能够对扩大内需做出显著的贡献。可以说，缺了"三农"贡献的国内大循环，是不完整的循环，甚至难以循环起来。本章将揭示，无论是乡村振兴的各类建设投资需求，还是居民消费扩大和升级的需求，都仍然存在着巨大的潜力。把庞大人口转化为超大规模市场的关键，在于通过改革促进农业农村增长，从宏观层面和微观环节创造投资需求，并且通过相应的政策举措增强居民消费能力，通过基础性的制度建设提高居民消费意愿。

第一节 庞大人口与超大规模市场

按照常住人口的统计口径，2022年中国农村人口为4.91亿人；如果按照城乡户籍来划分，中国农村的户籍人口高达7.47亿人。这个庞大的人口群体，无疑蕴含着影响中国经济增长供需两侧的因素，对于要素供给与配置潜力的挖掘，以及投资与消费需求扩大潜力的挖掘，可以发挥重要的作用。既然中国人口已经进入负增长时代，遵循经济发展过程中城市化水平不断提高的一般规律，农村人口将迅速而持续地减少。那么，在这种人口发展新常态下，庞大规模人口如何对经济增长做出其应有的贡献呢？

人口规模通常是通过基数效应，从供需两侧对经济增长产生影响。然而，在不同的发展阶段上，人口规模存量对经济增长流量有着不尽相同的影响方式。在人口仍然增长的条件下，总规模直接作为增量的基数发挥作用；而在人口停滞乃至负增长的情况下，人口规模存量则需要通过结构调整，才能产生庞大的基数效应。换句话说，虽然无论从人口分布趋势还是从产业变革方向来看，农村人口规模的增量效应终将式微，然而，通过城镇化和产业调整等结构性转变机制，仍然可以释放出农村人口总规模的经济影响。

例如，劳动力在农业与非农产业之间的重新配置、人口在城乡之间的分布变化，都可以预期产生扩大劳动力供给、提高劳动生产率，以及扩大投资和消费需求的显著效应。这里，我们把国际比较同城乡比较结合起来，看一看结构调整能够在多大程度上，把中国的庞大人口规模效应转化为实际消费增量。根据世界银行的最新数据[①]，中国人口的全球占

[①] 除了在国际比较中使用的居民消费支出数据系2021年的之外，这里计算所依据的其他数据皆为2022年的。

比为17.8%，而中国居民消费支出的全球占比仅为12.7%。这就是说，中国的人均居民消费支出尚未达到世界平均水平。具体来说，中国的人均居民消费支出为4810美元，为世界平均水平6707美元的71.7%。如果能够消除中国人均居民消费水平与世界平均水平的这个差距，中国的居民消费支出总规模可以提高39.5%，绝对金额为2.7万亿美元或18万亿元人民币。

毋庸置疑，未来城乡居民收入的增长，将与经济增长保持更好的同步性，从而持续而显著地促进居民消费的扩大。因此，中国与世界平均水平之间消费差距的消除，也是指日可待的。这里，通过重点观察结构性变化效应，我们将看到缩小城乡间收入差距和基本公共服务差距，以及推动农民工在城镇落户，可以产生的巨大消费增长效果。下面，我们通过两个情景假设来观察。

我们先来看，从农村常住人口身上可能释放出的消费潜力。2022年，中国城镇居民平均消费支出为30391元，比农村居民消费支出16632元高出82.7%。由于城乡之间的消费差距是城乡收入差距的结果，根据此前我们的判断，即按照国际标准，中国具有较大的城乡收入差距水平，可以认为中国的城乡消费差距也是比较大的。正如任何偏离性的现象都潜在地具有回归常态的趋势一样，较大的城乡差距，不仅应该而且能够显著缩小。

跨国经验和时间序列数据均表明，随着发展理念的变化和发展水平的提高，收入分配的均等程度通常可以预期逐步提高。正如居民收入的基尼系数逐步降低一样，居民消费的不均等程度也会下降。因此，我们可以合理地预料中国的城乡居民消费差距必然逐步缩小，甚至可以在理论上预期这个差距的完全消失。这就允许我们设想一种情形：在农村居民按照城镇居民水平消费的情形下，中国居民消费支出总额可以提高18.7%，增量相当于6.8万亿元。

作为农村户籍人口的一个重要组成部分，外出农民工也是一个不容忽视的人口群体，同样蕴藏着巨大的待挖掘消费潜力。在第九章中我们指出，2022年，外出农民工家庭的人均收入达到4.2万元，已经十分接近城镇中间收入组平均4.4万元的水平。我们可以做一个粗略的假设，即如果没有其他因素的干扰，在统计上被归为城镇常住人口的农民工家庭，应该具有同城镇居民平均数相同的消费支出水平，即2022年现价的30391元。然而，由于这个群体没有城镇户口，未能获得均等的城镇基本公共服务供给，因此，他们的消费事实上受到了抑制。

对于进城农民工消费被抑制的程度，中国学者和经济合作与发展组织学者采用不同的数据进行过估算，得出的结论竟不谋而合：仅仅由于没有获得城镇户籍这一因素，就使农民工家庭的消费意愿降低了22%左右。换句话说，一旦这种制度性障碍因素不复存在，农民工消费的后顾之忧得以消除，即使其他条件不变，农民工家庭的消费支出也可获得显著提高，提高的幅度接近30%。[1]毋庸置疑，旨在推动农民工在务工城市落户的户籍制度改革，就能够做到这一点。

2022年，外出农民工的总人数为1.72亿人，大多数都符合城镇常住人口的统计定义。如果我们承认，他们的平均消费支出比城镇居民平均水平低22%的话，则意味着他们的平均消费支出只有23705元。也就是说，如果户籍制度改革使这个人口群体全部成为城镇户籍居民的话，仅仅消费意愿的改变，即可将他们的平均消费水平增加6686元，达到30391元这个城镇居民的平均水平。从宏观上算账的话，由此产生的居民消费增量可达1.2万亿元。

值得指出的是，这里模拟的情形不应被看作一种预测，也不应被苛求数量上的准确性，只是服务于提出相关政策建议并强调其效果的显著性。最重要的是为了展示，政策效果可以具有意想不到的显著性。上述两个模拟的例子足以表明，就数量级而言，政策效果堪与拟解决的问题

① 王美艳：《农民工消费潜力估计——以城市居民为参照系》，《宏观经济研究》2016年第2期；Margit Molnar, Thomas Chalaux and Qiang Ren, "Urbanisation and Household Consumption in China", *OECD Economics Department Working Papers* 1434, OECD Publishing, 2017。

相匹配。以致我们可以说，消除了中国城乡之间的消费不平衡，也就在相当大的程度上消除了中国与世界平均水平的消费差距。此外，这种模拟还有其他意图，分别是为了找到政策改革的方向和对应的举措。下面我们将继续进行这些方面的讨论。

第二节　挖掘农村居民的消费潜力

诚然，有诸多经济学理论、假说以及国际经验，都可以提示我们应该从哪些方面着眼，以提高居民消费能力和消费意愿。然而，认识中国城乡的居民消费问题，探索如何挖掘中国现阶段特有的消费潜力，最重要的还在于从现实存在的城乡二元结构特点出发。这要求特别着眼于农业份额下降、城市化推进和社会流动性增强等特殊的结构性调整因素。

以理论和现实相结合的方式考量，提高中国农村居民消费能力和消费意愿，可以从几种效应的角度来认识。在逐一说明和分析这些效应之前，我们先来观察20世纪90年代以来，城乡收入比率和城乡消费比率的变化趋势（见图11-1）。虽然用现价或者不变价表达的趋势存在一定程度的差异，总的来说，城乡之间的收入和消费差距相伴经历了上升的时期，在21世纪初期的某些年份达到峰值，随后便开始了稳定缩小的过程。

影响消费能力的收入效应。居民消费是家庭可支配收入的函数，消费能力随收入增长而提高。由于农村居民的人均收入水平低于城镇居民，以致形成较大的城乡居民收入差距，相应地造成显著的城乡居民消费差距。如图11-1所示，2022年，城乡居民的收入比率和消费比率，按照现价计算为2.4∶1和1.8∶1，按照不变价计算为2.7∶1和1.9∶1。在宏观经济层面，这种收入差距和消费差距的存在，意味着社会总消费需求受到抑制。

影响消费意愿的收入分配效应。一般来说，较高收入群体的正常消费需求已经得到满足，因此，在他们的新增收入中，通常只有相对小的

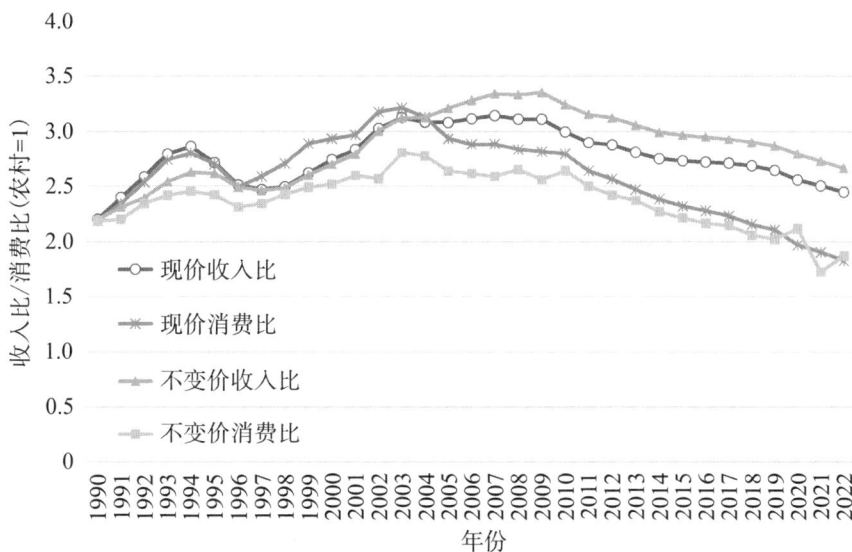

图 11-1　城乡居民的收入比率和消费比率

资料来源：国家统计局"国家数据"（https://data.stats.gov.cn/easyquery.htm？cn= C01）。

比重被用于增加消费。也就是说，这个群体具有较低的边际消费倾向。与之相反，较低收入群体的正常消费需求尚未得到充分满足，因此，在他们的新增收入中，较大的部分被用于增加消费，即这个群体具有较高的边际消费倾向。由此可见，改善收入分配可以提高整体消费意愿，因而具有扩大居民消费的效果。从图 11-1 可以看到，进入 21 世纪以来，随着城乡收入差距的缩小，城乡消费差距不仅显著缩小，而且缩小的幅度比收入差距更为明显。

从这个效应来看，稳定和扩大居民消费的关键政策举措，应该从以下三个方面着眼和发力：首先，确保经济增长始终在合理的区间，以支撑居民收入的持续和同步提高。其次，通过体制改革、政策调整和制度建设降低社会的收入不均等程度，特别是努力缩小城乡收入差距，以扩大中等收入群体来扩大社会总消费需求。再次，提高基本公共服务供给水平和均等化程度，解除居民消费的后顾之忧，使消费意愿与消费能力相匹配。

影响长期消费信心的社会流动效应。社会流动包括横向流动和纵向流动，两者实际上是交织在一起的，在中国表现为居住身份在城乡和区域之间的变化、职业身份在产业和行业之间的变化，以及社会身份在户籍类型、收入分组和职业分层之间的变化。社会流动性增强，一方面给个人和家庭带来新的就业、创业和收入机会，无疑直接有助于提高消费，另一方面还改善人们的长期预期，从而提高消费意愿。认识提高社会流动性有助于促进居民消费这个规律，可以应用到中国的两个实例上面，一个是已经发生的情形，另一个是预计发生的情形。

实例之一。中国实施的农村脱贫攻坚战略行动，就是一种大规模的社会流动现象。数以亿计的农村居民摆脱绝对贫困，收入和生活水平实现了大规模的跨越，可以同时产生收入效应、收入分配效应和信心改善效应。特别是在攻坚的最后阶段，例如在2016—2020年期间，农村五等分组中的低收入组，实现了人均收入每年增长11.7%的超常速度，分别比其他四个更高收入组的增长率高50%—60%。就提高社会流动性来说，这是一次人类历史上罕见的成功社会实验。

实例之二。农民工进城务工和落户，也是一种既符合一般社会发展趋势，也具有中国特色的社会流动性逐步增强的现象。OECD的研究团队把中国农民工向城镇的迁移划分为两个步骤，这两步在某种程度上就分别对应着横向流动和纵向流动，可以产生叠加式的扩大消费效应。从政策角度来说，第一步是推动农村劳动力迁移到城镇就业和居住，在其他因素不变的条件下，这一步即可使这个群体的消费提高28%；第二步是让进城农民工获得城镇户口，由此可以使这个群体的消费再提高27%。[1]

影响消费意愿的社会保障效应。居民取得收入之后，通常在消费和储蓄之间做出数量和比例上的选择。对于普通家庭来说，决定其储蓄意

---

[1] Margit Molnar, Thomas Chalaux and Qiang Ren, "Urbanisation and Household Consumption in China", *OECD Economics Department Working Papers* 1434, OECD Publishing, 2017.

愿的因素，主要在于是否在生活中存在后顾之忧。如果缺乏完善的社会保障网络覆盖，家庭往往会未雨绸缪，为子女教育、购买商品房、失业、病残、养老和失能等确定和不确定的需要进行储蓄，消费倾向则相应降低。从这个意义上说，城乡居民之间现存的消费差距，既是两个群体之间收入差距的结果，也是由基本公共服务供给水平的城乡差异造成的。

中国社会养老保险制度建设的历程和实施效果表明，农村居民消费改善速度较快，与农村社会保障体系加快完善密切相关。可以说，之所以能够取得城乡逾10亿人参加社会养老保险、近3亿老年人领取养老金这一成就，农村养老保险制度从无到有、覆盖人数由少到多的长足进步发挥了举足轻重的作用。具体来看，在2006—2022年期间，参加社会养老保险项目的人数，从3.6亿增加到10.5亿，增加了近两倍，其中城乡居民社会养老保险占到覆盖人数增量的64.4%；从社会养老保险项目中领取养老金的人数，从9168万增加到3.0亿，增加了2.3倍，其中城乡居民社会养老保险占到领取人数增量的65.0%。

影响消费能力和消费意愿的改革效应。这实际上是说，从上述效应引申出的政策含义，无一例外地具有共同的因素指向：推动政策调整和体制机制改革，特别是其中与破除城乡二元结构相关的改革，可以取得扩大居民消费的明显效果，获得真金白银的需求侧改革红利。我们将在第四节讨论相关的改革举措。这里只是强调获得改革效应的基本原则：挖掘农村居民的消费潜力，应该从共享发展的新理念出发，着眼于发展目的同发展手段的统一，推动公共政策和体制机制改革。

第三节 对农业农村投资的新境界

在高速增长时期，中国经济的需求驱动高度依赖投资。由于这个时期正处于有利的人口机会窗口，劳动力无限供给的特征可以防止资本报酬递减现象的发生，因此，资本形成可以成为重要的需求贡献因素，也具有经济上的合理性。然而，这种经济发展方式也存在着脆弱性和局限性。其一，经济增长易于受到投资周期的影响，因而产生过大的波动性。其二，宏观经济调控过度依赖对投资的刺激，以致政策工具箱显得单一。其三，随着经济发展阶段和人口转变阶段的变化，这种增长模式难以为继，并且常态性地陷入了困境。

特别是随着人口红利的消失，实体经济产能扩张的势头趋缓，投资驱动型的经济增长模式难以为继，也造成资本形成自身的疲弱境地。首先，出于转变发展方式的要求，在宏观经济受到冲击的情况下，宏观调控部门既要应对刺激投资的迫切需要，又要避免回归投资驱动模式，因而常常处于一种两难境地。其次，由于投资回报率进入长期下降的新常态，一方面，作为基础设施建设投融资主体的地方政府难以回收投资，陷入地方债高企的困境；另一方面，作为市场主体的投资者和企业预期转弱，也将长期投资视为畏途。

对农业和农村经济的投资，有助于避免这种窘境，因而是打破国民经济整体投资难点和堵点的关键。农业农村始终是经济发展中的薄弱环节和短板，长期以来投入严重不足。例如，2020年第一产业增加值占GDP的比重为7.7%，然而，在投入产出基本流量表的中间使用部分，农林牧渔业的总投入占比仅为4.9%，中间投入占比也仅为5.7%；在最终使用部分，农林牧渔业的资本形成占比仅为1.7%，固定资产形成占比更低至0.4%。

因此，资本投入更多流向农业农村，具有要素和资源重新配置的含义，可以避免资本报酬递减现象。虽然我们也观察到，囿于农业经营规模狭小，农户投入的物质费用也遭遇到报酬递减现象，但是，这不能成为对农业投资不足的托词。着眼于改善农业生产设施条件的投入，从根本上有利于促进小农户与现代农业的有机衔接，可以产生提高资本回报率和农户收益率的效果。

农业份额下降和城市化水平提高这些经济发展的规律，都绝不意味着农业的弱化和农村的凋敝，因而在实践中，对农业农村的投入不应有丝毫的减少。长期历史经验和中国现实都证明了这一点。国内外经验表明，无论我们强调农业是国民经济的基础，还是强调城乡一体化均衡发展，都意味着在更高的层次上认识经济发展一般规律，即越是那些比重逐步下降的产业和行业，以及范围趋于缩小的经济活动领域，越需要一个坚实的生产率基础，才能保持自身的发展活力。唯其如此，经济发展过程才能始终保持一种均衡、协调和可持续的境界。

从实践来看，农业农村发展所涉产业和地域仍然十分广泛。例如，2019 年中国土地的利用，几乎无一不与农业农村相关：在全国 80.13 万公顷土地中，耕地占 16.0%，园地占 2.5%，林地占 35.5%，草地占 33.0%，湿地占 2.9%，城、镇、村及工矿用地占 4.4%，交通运输用地占 1.2%，水域及水利设施用地占 4.5%。针对不可再生资源进行资本投入，提高稀缺要素的利用效率，是促进相关领域发展的一般规律。实现中国式农业农村现代化提出的农业劳动生产率要求，以及乡村振兴设定的各项目标，都决定了农业农村是物质资本投资大有可为的领域。

农村分别汇聚了产业、地域和人口的各自特征，这种综合性质决定了农业农村现代化目标的全面性，即必须同时达到农业强、农村美、农民富的要求。对于实现中国式现代化和共同富裕目标来说，农业农村迄今仍然处在短板的位置上，而最根本的短板便是物质投入的不足。通过加大投入力度改善农业农村的物质基础，不仅是改变农村面貌的突破口，还可以为宏观经济发展创造更强劲的内需动力。

推进农业生产方式现代化和维护国家粮食安全，都需要劳动生产率的提高予以保障，有赖于技术、机械、装备和设施达到高度的现代化水平。这必然提出大规模、高水平和持续性进行基本建设的需求。在某种程度上来说，农业的产出水平和产出效率，并不完全取决于土地等资源禀赋，而取决于整体经济和科技发展水平，以及由此决定的物质资本投入能力。

党的十八大以来，国家坚持工业反哺农业、城市支持农村和多予少取放活的基本方针，进一步加大了国家财政对农业的支持力度，农业经

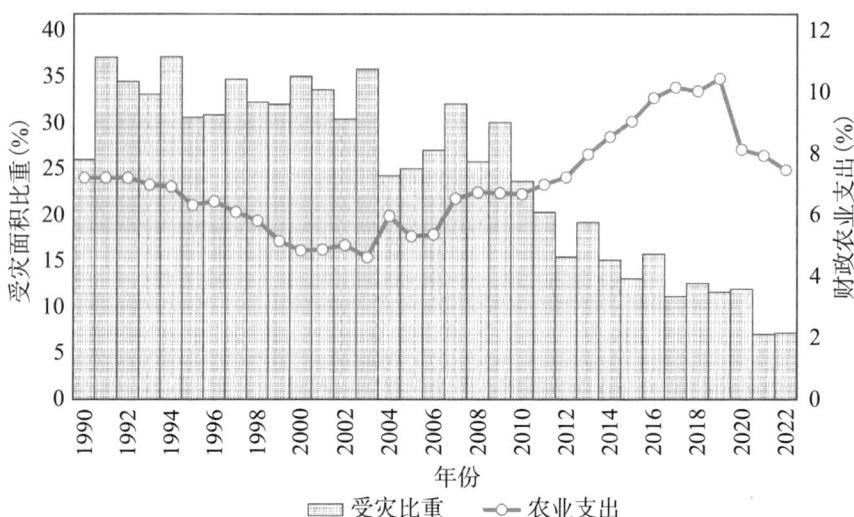

图11-2　财政支农力度与农业减灾成效

资料来源：国家统计局"国家数据"及历年《中国统计年鉴》，参见国家统计局网站（http://www.stats.gov.cn/）。

济和农村发展面貌得到明显的改善。例如，随着国家财政用于农林水事务的支出比重大幅度提高，农业受灾面积明显减少（见图11-2），成为农业经济整体稳定和粮食连续增产的一个重要因素。然而，中国有史以来就是一个自然灾害多发频发的国家，近年来气候变化导致极端天气的发生也多有出现，农业防灾减灾丝毫不可掉以轻心，相关的投入水平仍需得到保障。

作为加大物质投入的成果，中国农业的生产效率也加快了对发达国家的赶超。虽然由于农业就业比重过大，在农业劳动生产率方面的差距仍然很大，但是，以单位面积产量反映出来的土地生产率，中国在整体上已经居于世界前列。不过，与一些实现了农业现代化的国家相比，在粮食单位面积产量上的差距仍然存在。例如，中国谷物的单位面积产量，比农业经济高度发达的美国低23.6%，甚至比同中国一样具有耕地稀缺特点的日本和韩国，也分别低6.9%和7.2%。

对农业进行投入，特别是增加农业相关基础设施建设的投资，应该着眼于那些相对薄弱的环节。对于任何产业的发展来说，物质资本的投入都不可或缺。诚然，农业的生产经营主体，如全国2亿多农户，是农业资本积累和物质投入的重要承担者。与此同时，农业现代化面临着的现实任务，如推进高标准农田建设、构建现代设施农业、提高农业科技的应用水平和贡献率、促进小农户与现代农业衔接、加快绿色农业发展，以及促进农业产业的数字化等，都需要加强农林水利等基础设施建设。在这些方面，国家的财政投入至关重要。

无论是立足于市场机制在资源配置中发挥决定性作用，还是遵循加入世界贸易组织的协议，中国政府对农业发展的支持，都将从具有"黄箱"政策性质的方式，逐渐转向符合"绿箱"政策原则的方式。从农林水利基础设施入手，加大政府物质投入力度，不仅符合这个政策趋势，达到改善农业生产和经营条件的效果，还能够使每一个农业生产经营者从中获益，农业的比较收益可望获得实质性提高。

农村发展也有着巨大的建设投资需求，主要表现在这样几个方面：首先，农村第一产业、第二产业和第三产业的融合发展，要求形成更全面和综合的基础设施环境，并作为延长产业链和提升价值链的必要物质条件。其次，促进县乡融合发展和增强县域经济对农村发展的辐射力，也创造出大量有回报的投资机会和建设需求。再次，环境保护和污染治理、提供更多更好的生态产品、形成农村居民的绿色生活方式，也是农村重要的建设任务和投资领域。又次，促进农村的民生保障、文化兴盛和美丽乡村建设，也有待更大力度的物质投入。最后，以数字化赋能产业发展、乡村建设和乡村治理，是数字中国建设不可或缺的方面。

第四节　扩大内需的新型城镇化效应

对于一些经济分析人士来说，人口发展新常态对长期经济增长和常态宏观经济的一个不利影响，是人口老龄化导致人们对住房的需求显著降低，甚至可能导致房地产行业的崩溃和萧条。虽然这种悲观的预期并未获得任何直接证据的支持，但是，从事物之间的逻辑关系来看，这个结论似乎不难被推导出来。

一般来说，年轻型的家庭有更强的购房意愿，对老年型的家庭来说，购房意愿则倾向于减弱。人口老龄化意味着老年型家庭的占比提高，因而从宏观层面来看，购房需求终将趋于降低。从第五次和第七次全国人口普查数据看，在2000—2020年期间，至少有一个家庭成员年龄超过65岁的家庭占比，从17.0%增加到21.9%。假设其他条件不变，我们完全可以预期全社会的购房需求会相应降低。

经济学文献和国际范围的经验，都为这种观察和推论提供了间接的证据。宏观经济学的研究揭示了这样一个特征化事实，即在发达经济体出现的人口停滞、负增长和老龄化等现象，总体上产生了抑制居民消费增长的效应，进而也大幅度降低投资需求，致使一些国家的经济增长陷入"长期停滞"这一新常态，表现为低通胀、低利率、低增长和高负债。[1]

跨国的时间序列数据也显示，随着老龄化程度的提高，家庭消费支出占GDP的比重即居民消费率，通常经历一个先提高、在达到峰值或转折点后趋于下降的轨迹，转折大体上发生在65岁及以上人口占比达到14%前后（见图11-3）。与此类似的一种规律性现象是，在老龄化加深的过程中，过度储蓄现象趋于严重化。以总储蓄超出总投资的比例作为超额储蓄率，可以发现其与老龄化率具有正相关的关系。随着中国的老龄化率于2021年超过14%，消费疲弱和过度储蓄的端倪也已显现。

在包括中国在内的大多数国家，住房是居民消费中占比最大的支出。在中国，住房分别在居民消费和投资中进行统计，其中消费支出项目中的居住支出，仅包括房租、水、电、燃料、物业管理等支出，以及自有住房的折算租金。由于未包括购房贷款，所以在这个统计口径中，住房支出的范围是不完全的。由于欧洲国家的住房支出包括房租和房贷，所

---

[1] 关于这方面文献的回顾和评论，参见蔡昉：《万物理论：以马尔萨斯为源头的人口-经济关系理论》，《经济思想史学刊》2021年第2期。

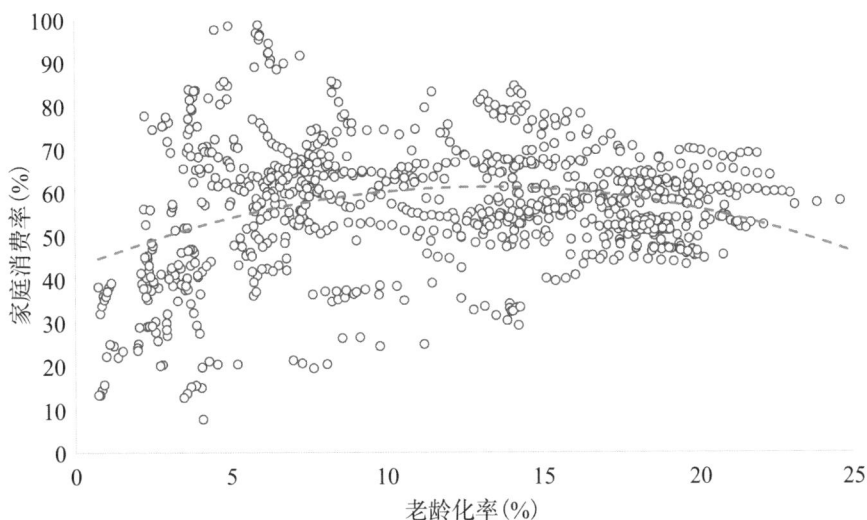

图11-3 人口老龄化与家庭消费率的关系

资料来源:世界银行数据库网站(https://data.worldbank.org/)。

以,观察欧盟的家庭消费支出,有助于我们理解消费率下降的一般道理。

例如,2019年欧盟居民用于住房、水、电、煤气及其他燃料方面的开支,占家庭总支出的23.5%,不仅高居榜首,而且大幅度高于排在第二位的交通支出(13.1%)。在有些国家,例如芬兰、斯洛伐克、丹麦、捷克、法国等,住房及相关支出占比甚至高于26%。[1]既然住房支出占消费支出比重如此之高,考虑到人口老龄化产生的住房需求下降的预期,人口老龄化导致的消费率降低,在相当大的程度上与住房需求的减弱密切相关。

尽管中国的老龄化速度在世界上可谓最快,老龄化程度也大有后来居上的趋势,不过,与人口规模和发展阶段相关的一些特征,仍然给中国留下了足够大的投资和消费需求空间。理论和经验都表明,结构的变化可以创造出新的增量,在具有超大规模存量的情况下,结构变化带来的增量规模也十分可观。在城镇化和非农化还有巨大空间的情况下,中

---

① 中华人民共和国驻罗马尼亚大使馆经济商务处:《2019年罗住房等开支占家庭总开支比重约为17.7%》,中华人民共和国商务部网2020年12月11日。

国的住房总量峰值并不会随着人口峰值而到来，目前也不应预期某个水平的老龄化程度可以成为住房需求的转折点。

对中国来说，人口在城乡间和地域上的重新布局、收入水平的提高和收入分配状况的改善，都是住房需求继续扩大的结构性空间。具体来说，持续提高的城镇化率，以及户籍人口城镇化率同常住人口城镇化率之间差距的消除，都将产生对公共服务、基础设施、各种产品和服务的新需求。其中最为突出的，是对城市公用设施和住房的超大规模需求。

根据2035年成为中等发达国家的目标，中国的人均GDP预计达到以2022年不变价计算的23000美元左右，大致相当于目前葡萄牙的水平。届时达到葡萄牙73%的城市化率，对2022年已经达到65.2%的中国来说，也不算一个很高的目标，似乎可以轻而易举地实现。然而，中国面临的真正重要的任务，是消除常住人口城镇化率与户籍人口城镇化率（目前大约为47.7%）之间的差距。在最理想的要求下，到2035年，中国完整意义上的城镇化率，即城镇户籍人口占比，需要在现在的水平上提高26个百分点。

2022年，在14.12亿中国人口中，大约只有6.73亿人拥有城镇户口。到2035年，中国总人口大约为13.86亿人，按照73%的户籍人口城镇化率算，应该有10.12亿人拥有城镇户口。在这期间，城镇户籍人口将增加50%，户籍人口城镇化率的年均提高速度为3.3%。也就是说，今后的城镇化，不仅仍要保持改革开放以来的那种超常速度，而且需要克服更大的推进难度，同时完成常住人口和户籍人口的城镇化。在挑战更趋严峻的同时，也有一个决定性的有利条件，即推进新型城镇化，从供需两侧均可创造改革红利。最重要的是，这一过程所创造的投资机会，具有资源重新配置效应，还可以避免资本报酬递减现象，因而改革可以获得充分的激励和强劲的动力。

在本章的第一节，我们已经从整体上阐释了新型城镇化可以对扩大居民消费需求做出规模和效果均显著的贡献。这里，我们着重观察中国语境下的新型城镇化如何通过三个独特的效应促进内需，即第三产业扩大居民消费需求、城镇化创造基础设施建设需求，以及新市民带来的住房消费和房地产投资需求。需要注意的是，这些方面的新需求，不再仅仅同作为临时打工者的城镇常住人口数量相关联，而更多地产生于城镇户籍人口数量的增长，与这个人口群体获得稳定的居住和工作预期密切相关。

无论是生活性服务业、生产性服务业，还是与科技创新和文化创意相关的产业，其发展都十分倚重人口的高度流动和聚集。这种关系产生于服务业与人及人口之间的紧密关系，也产生于更高水平消费的规模效应。因此，城市化水平与第三产业的发展具有高度的相关性。例如，根据世界银行数据库中185个国家和地区的数据，可以看到城市化率与服务业就业比重之间在统计上具有显著的正相关性。特别是在城市化率超过60%的国家和地区样本中，两个指标之间的相关性进一步增强。

中国的新型城镇化和第三产业发展同样遵循上述规律。可以预期的是，农民工的大规模市民化或城镇户籍人口比重提高，首先，将通过居民消费水平的提高，促进第三产业各部门的加快发展；进而，产业结构的升级换代，将有力促进就业并增加收入水平；反过来，上述变化将产生促进消费结构升级的效应。由此便可形成新型城镇化、产业结构变迁和人民生活品质提升之间相互促进的良性循环，这也是国内大循环的核心内涵。

世界经济论坛发布的全球竞争力报告，把国家竞争力分解为不同的支柱，其中，基础设施这个支柱被进一步区分为交通设施和公用设施，中国在交通设施方面的世界排名为第24位，而在公用设施方面的排名仅为第65位。①也就是说，一方面，中国的基础设施建设享誉世界，并且常常作为刺激投资和拉动增长的万应灵药；另一方面，与居民生活和城市公共服务相关的基础设施建设仍显滞后。并且，这也可以作为供给制约

---

① Klaus Schwab(ed.), *The Global Competitiveness Report 2019*, World Economic Forum, Geneva, Switzerland, p. 155.

需求的一个典型例子。

加快户籍人口城镇化这一过程，一方面，会由于稳定居住在城镇的人口规模扩大而在公用设施建设和投资上形成新的需求；另一方面，中等收入群体的进一步扩大，还会对城市的宜居性提出更高的要求。总而言之，改革促进发展和分享，而发展和分享便会创造需求。旨在大规模增加新市民数量的新型城镇化，蕴含着城市基础设施建设的巨大需求。

据2018年国家统计局的抽样调查，至少80%的进城农民工家庭，在城镇没有自己的住房。与此相对应，2019年中国人民银行调查统计司的一项抽样调查显示，中国城镇居民住房的自有率已达96%。[1]我们可以断定中国人民银行调查的抽样是有偏差的，即未能把作为城镇常住人口的农民工充分反映在样本中。例如，在9.21亿城镇常住人口中，至少包括了1.72亿农民工及其随迁家庭成员，他们中仅有19%购买了住房。在忽略家庭规模因素的条件下，仅农民工在城镇人口占比这一个因素，即导致城镇常住人口家庭的房屋自有率低于85%。与此同时，这个样本所反映的拥有住房状况，恰恰更接近城镇户籍人口的实际情况。

因此，这种情况正好支持了这样的结论，即一旦农民工群体改变了户籍身份，从临时的务工者变成永久性的市民，并且其中较大的比例进入中等收入群体行列，他们的消费能力和消费意愿均将显著提高。这种消费意愿和消费行为的变化，或者说向老市民消费模式的靠近，一个标志性的表现便是对住房需求的大幅度提高，包括对购买商品房的需求和获得保障性住房的需求，都可以成为新的投资增长点。

---

[1] 中国人民银行调查统计司城镇居民家庭资产负债调查课题组：《2019年中国城镇居民家庭资产负债情况调查》，参见新浪财经（https://finance.sina.com.cn/china/2020-04-24/doc-iircuyvh9570946.shtml）。

第十二章

城乡基本公共服务
均等化

无论是推进乡村振兴，还是实现中国式农业农村现代化，根本特征都是以人民为中心的发展，共同目标是促进城乡均衡发展和提高农村居民的生活品质。为了实现这个目标，破除城乡二元结构是必须跨过的坎，可以通过两条彼此重叠且相互补充的路径达到。第一条途径是促进社会流动，即通过人口迁移和户籍制度改革，把更多的农村人口转变为城镇居民，使其享受到更多的就业机会、更高的收入水平和更均等的基本公共服务。第二条途径是加速经济社会赶超，即通过农业农村现代化和乡村振兴，在发展的基础上促进农村居民收入与城镇居民趋于均等，并通过社会政策提高农村基本公共服务水平。

在此前的很多章节中，我们都分别讨论到这两条途径。本章集中论述建立覆盖城乡全体居民的社会保障体系的必要性和紧迫性，指出完善农村社会保障与构建中国式社会福利体系的内在联系。在归纳一般国际经验的同时，我们从中国农村现实着眼，指出在推进城乡基本公共服务均等化过程中仍然存在的难点、堵点和潜在的突破口。特别着重探讨如何抓住时间窗口，推动建设中国式福利国家，如何在城乡一体化过程中挖掘生育潜力，以及如何在日新月异的数字技术革命中，破解农村面临的基本公共服务供给难点。

第一节　覆盖城乡全体居民的社会保障

中国改革开放以来，以生产经营单位为主体的城镇福利体制逐步转变为社会保障制度，社会福利供给的城乡分割性质也不断得到消除，社会保障体系的城乡统筹程度得到明显增强。党的十八大以来，党中央在幼有所育、学有所教、劳有所得、病有所医、老有所养、住有所居、弱有所扶上持续用力，促使人民生活得到了全方位的改善，建成了世界上规模最大的社会保障等基本公共服务体系。

从农村的角度上，我们也可以看到社会保障体系以及基本公共服务供给体系建设的诸多亮点。最具特色的成果包括：从无到有建立起城乡居民医疗保险和社会养老保险两项制度，健康扶贫成为打赢脱贫攻坚战的一个重要手段，农村住房安全得到制度性保障等。

毋庸讳言的是，按照2035年基本实现现代化的目标要求，特别是基本公共服务实现均等化、农村基本具备现代生活条件，以及在社会保障体系的充分和均等覆盖方面，农村仍然是薄弱环节，面临着诸多的难点和堵点。为了说明农村仍然处在社会保障水平和覆盖水平的薄弱环节这一判断，我们可以从农村人口发展的现状着眼，利用第七次全国人口普查数据进行分析。[①]

借助一个"人口回声"的观察角度，我们更容易理解一个有益的问题，即一般情况下人口结构如何随时间发生变化。这种观察方式告诉我们，从一个"婴儿潮"的出现伊始，我们就应该预判到，随着时间的推移，人口结构必然按照某种模式发生变化。具体来说，这一人口队列将产生不同的"回声"，即出生高峰依次创造出入托高峰、入学高峰、就业

---

① 本章所采用数据大多来自国务院第七次全国人口普查领导小组办公室编：《中国人口普查年鉴—2020》，中国统计出版社2022年版。

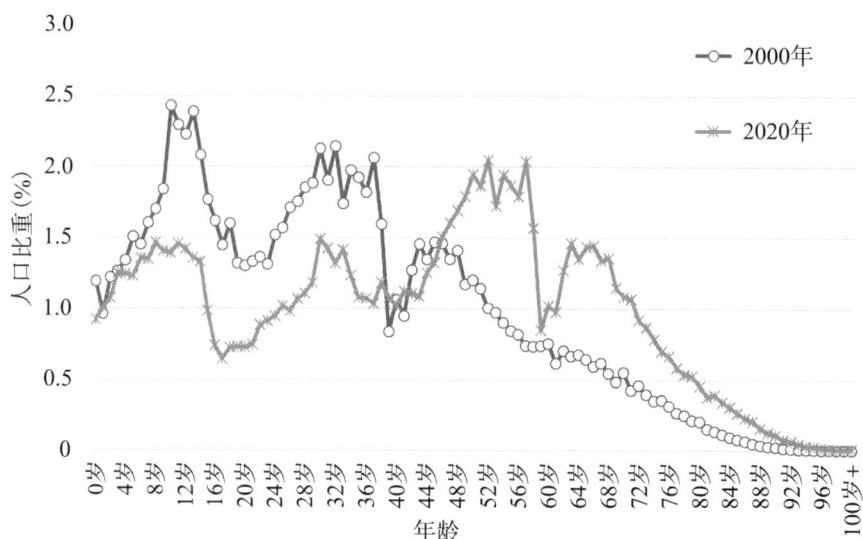

图12-1　中国农村人口年龄结构变化

资料来源: 国家统计局网站 (http://www.stats.gov.cn/sj/pcsj/rkpc/7rp/zk/indexce.htm)。

高峰、婚育高峰、购房高峰、退休高峰和养老高峰。利用全国人口普查数据，对2000年和2020年农村人口年龄分布进行描述（见图12-1），我们可以清晰看到这种回声现象。尤其显著的是，20年前在总人口中所占比重较大的年轻劳动力，如今已经成为大龄劳动力，而当年的大龄劳动力，如今已经成为老年人口。

在以往的研究中，我们曾经依据20世纪90年代末的数据，比较了中国城乡人口发展趋势。整体上得出的判断是，就人口转变阶段而言，农村比城市落后了20年。值得指出的是，当时确实已经注意到农村总和生育率迅速下降的趋势。[①]由于生育率显著下降以及年轻人口大规模迁移，到2020年，农村的老龄化程度明显提高，老龄化的速度也趋于加快。农村人口年龄结构的这种动态和现状，既揭示出农村社会保障需求的紧迫性，也暴露出农村基本公共服务体系的短板特征。

[①] 蔡昉主编：《2000年：中国人口问题报告　农村人口问题及其治理》，社会科学文献出版社2000年版，第22—37页。

　　城乡居民养老保险和城乡居民医疗保险，是农村居民参加的两项社会保险制度，迄今已经实现了较为广泛的参与率，并且是社会保障覆盖率大幅度提高的主要贡献因素。然而，与城镇职工的基本保险制度相比，这两项制度的保障水平和支付水平明显偏低。2021年，占55.2%的城乡居民养老保险领取者，仅获得了全部社会养老基金支出的6.2%，人均给付标准只是城镇职工养老保险的5.3%；在全国基本医疗保险参加者中，占74.0%的城乡居民养老保险受益者，仅仅对应着38.7%的基金支出，仅为城镇职工医疗保险人均对应基金水平的22.1%。

　　即便在这个支付标准下，城乡居民基本养老保险也还没有实现全覆盖，加之该制度的给付水平十分低下，导致在农村老年人中，能够依靠养老金作为主要生活来源的人口比重仍然较低。例如，根据第七次全国人口普查，60岁及以上人口以离退休金或养老金为主要生活来源的比例，城镇为55.6%，农村仅为10.4%。社会养老保障不充分，使得农村老年人只能依靠自己劳动收入作为主要生活来源，或者靠家庭其他成员（子女）赡养（见图12-2）。

　　由于农村人口的老龄化程度更高，虽然农村对医疗的需求高于城镇，农村居民的医疗保障水平和满足程度却明显低于城镇居民。目前，县域内就诊率已经达到94%，基本可以满足"小病不出村、大病不出县"的要求。[1]这固然是一项可圈可点的成就，但是，由于存在着城乡医疗水平的明显差异，农村居民的这种就近就医模式，也会产生我们不希望发生的后果，譬如一些疑难危重疾病，在县域内常常不能得到有效诊断和治疗。此外，农村老年人获得良好照料和护理的机会也较少。这些都导致农村老年人的健康状况明显不如城镇。第七次全国人口普查数据显示，在农村60岁及以上老年人中，处于不健康状态的人口比例为16.1%，显著地高于城镇9.9%的比例。这些对农村老年人不利的因素，最终体现在

---

　　[1] 国务院发展研究中心组织编写，马建堂主编：《十年伟大飞跃》，人民出版社2022年版，第166页。

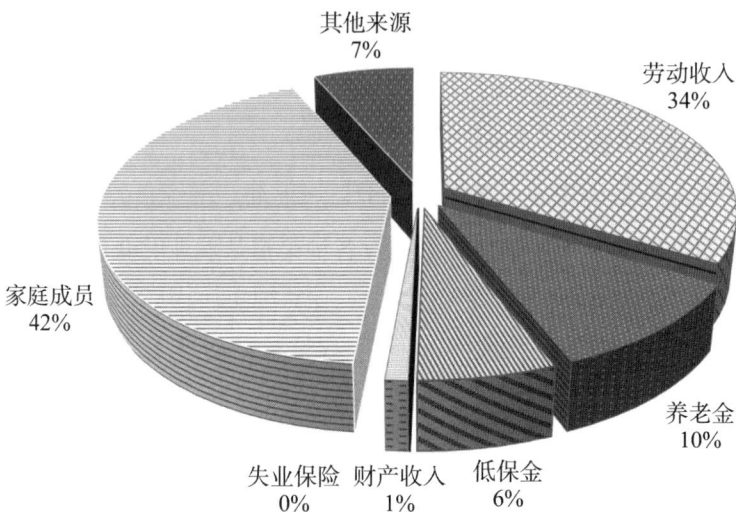

图 12-2 农村 60 岁及以上人口主要生活来源

资料来源：国务院第七次全国人口普查领导小组办公室编：《中国人口普查年鉴—2020》（下册），中国统计出版社 2022 年版，表 8-4c。

一个更综合的健康指标上，即 60 岁及以上人口的死亡率，农村为 34.6‰，显著高于城镇 26.4‰的水平。

第二节 构建中国式福利体系的时间窗口

对中国农村人口年龄结构的分析，揭示出以城乡居民基本养老保险和医疗保险为代表的农村社会保障，存在着需求与供给之间的严重不匹配。鉴于人口结构及其特征是全生命周期的一种"回声"，人口发展的可持续性既是需要解决的问题，也是一系列相关问题的"折射"。

对农村社会保障现状的描述还表明，农村在社会发展方面处于弱势地位。这种状况持续存在，已经成为一种常态化的事实，既表现为在社会发展领域农村明显落后于城镇，也表明这一格局不会自然而然地得到解决。为了从农村的这种弱势性中引申出必要的政策含义，有必要进一步剖析"工业反哺农业、城市支持农村"这一方针的内涵。

　　工业对农业进行反哺，本质上是非农产业或国民经济整体对农业的一种补偿。在工业化的早期阶段上，国家通过工农业产品的价格剪刀差和资源要素的转移方式把农业创造的剩余转化为工业化积累，是各国发展中普遍观察到的现象。中国也不例外。根据经济学家的粗略估算，在实行计划经济的几十年里，国家通过各种渠道从农业共获取了6000亿—8000亿元的工业化积累。①甚至在改革后的一段时间内，这种资源要素的单向流动仍在继续。一项研究表明，在1980—2000年期间，以2000年不变价计算，农业中大约1.29万亿元的剩余资金，通过各种渠道被汲取出来，用于支持工业的发展。从城乡关系看，同期有大约2.3万亿元的资金从农村流入城市。②

　　资源和要素的长期外流，必然导致农业产业地位的降低和农村发展能力的弱化。也正因为如此，在经济发展一定阶段上开始实施工业反哺农业的政策，具有正当的经济学逻辑支撑。也就是说，这种"反哺"是针对发展起点上的差异性，通过国家政策进行的必要调节，如同体育竞赛中的"让子"（围棋）或"让杆"（高尔夫球），目的在于使农业和非农产业进入平等竞争的轨道，最终实现产业的自立发展。不过，也正是出于这种必要性和所要达到的目的，这种形式的"补偿"不可能永久化，也不能成为农业无限期保持弱势产业地位的理由。

　　然而，城市对农村的支持政策，本质上产生于农业农村发展与整体经济发展之间关系的一般特征，因此，完全可以按照符合公共政策原则的方式进行设计，并一以贯之地实施。农业劳动力和农村人口的比重下降，是一种符合经济规律的现象。然而，具有更优越人力资本禀赋的劳动力，以及迁移意愿和迁移能力更强的年轻人口，率先流出农业和农村，

----

　　① 关于这方面研究的一个简单概括，参见蔡昉著：《民生经济学——"三农"与就业问题的解析》，社会科学文献出版社2005年版，第78页。

　　② Jikun Huang, Keijiro Otsuka, and Scott Rozelle, *The Role of Agriculture in China's Development*, presented at the workshop "China's Economic Transition: Origins, Mechanisms, and Consequences", Pittsburgh, USA, 2004.

这虽然符合经济理性和激励原理，却产生事与愿违的结果，即在或长或短的时期内、或大或小的程度上损害农业农村的可持续发展能力。

用经济学原理来说明，这是一种负外部效应。例如，在农村培养的人力资本，却在城镇部门产生回报；农村具有的更高程度的老龄化，却是由于人口和劳动力流向城镇所造成。外部效应的存在，或者说局部回报率与整体回报率之间产生不对称的情形，在城乡一体化均衡发展的条件下，恰是政府职能或者更确切地说公共财政发挥积极作用的正当理由。

美国政治哲学家约翰·罗尔斯的"社会正义"思想，被视为现代收入分配和社会福利政策的哲学基础。他关于社会福祉的理念之一是社会福利水平的设置，应该以社会中处于最不利地位成员的需要来确定。[1]从宏观层面看基本公共服务体系，无论作为先天因素还是后天因素的结果，农村确实处于这种相对不利的地位。因此，就构建覆盖全民的基本公共服务体系来说，统筹城乡既是当务之急，也是这一体系本身的核心支柱。就最必要和最基本的社会保障内容来说，势在必行和时不我待的任务，便是补齐在农村中存在的短板。

观察"人口回声"的方法还告诉我们，在宏观层面以横截面方式展现出来的人口年龄结构，也可以在微观层面反映出个人和家庭的生命周期特征。农村人口结构状况的分析，不仅暴露出社会保障在供给与需求之间的不对称性，还显示出在居民生命周期的各个阶段上，农村都显现出更明显的脆弱性。因此，评判和检验基本公共服务体系的建设，应该从补足农村在涵盖全生命周期的基本公共服务方面的短板着眼，达到破除城乡二元结构的目标。

中国正处在加速完成这个任务的重要关口或时间窗口。在这个问题上，之所以称之为"时间窗口"，是因为在2035年之前，中国所处的经济

---

[1] Elizabeth A. Stanton, "The Human Development Index: A History", *PERI Working Paper Series*, No. 127, February, 2007, p. 9, Political Economy Research Institute, University of Massachusetts-Amherst.

发展阶段，恰好与一个在国际范围内观察到的发展特征相吻合。德国经济学家阿道夫·瓦格纳曾经归纳出一个具有规律性的统计现象，即随着国家人均收入水平的提高，政府支出占GDP的比重也相应上升。[1]这个被称为"瓦格纳法则"的特征化事实，意味着政府应该承担越来越大的支出责任，建立和健全社会福利体系。

从世界银行跨国数据的分析中，我们不仅观察到这个规律的存在，而且发现在人均GDP从10000美元提高到23000美元的过程中，政府支出占GDP比重提高速度最快，提高幅度也最显著。[2]从2019年开始，中国的人均GDP就超过了10000美元，预期的目标是在2035年达到23000美元。在这期间，中国经济的年均潜在增长率预计可达4.5%—4.8%，意味着经济增长速度将显著地快于曾经和正处于相同阶段的其他国家。也就是说，在2035年之前的这个发展时期，作为中国式现代化的一项任务目标，社会福利体系建设既十分紧迫，也能够得到经济发展的支撑。因此，如果把瓦格纳法则放到中国的语境中，我们可以说，中国正处在社会福利体系建设的"瓦格纳加速期"。

第三节　在城乡一体化中释放生育潜力

二十届中央财经委员会第一次会议强调，以人口高质量发展支撑中国式现代化。[3]人口高质量发展的含义，大体上可以由以下特性予以概

---

① Magnus Henrekson, *Wagner's Law: A Spurious Relationship?* Public Finance / Finances Publiques, Vol. 48, No. 2, 1993, pp. 406–415.

② 蔡昉著：《人口负增长时代：中国经济增长的挑战与机遇》，中信出版社2023年版，第十三章。

③ 《习近平主持召开二十届中央财经委员会第一次会议强调：加快建设以实体经济为支撑的现代化产业体系　以人口高质量发展支撑中国式现代化》，《人民日报》2023年5月6日，第1版。

括：适度的生育率、稳定的人口规模、不断提升的人口素质、人口区域分布相对均衡，以及持续改善的人民生活品质。其中，适度的生育率是人口高质量发展的核心，同时也是最富有挑战性、从某种意义上说也最难企及的目标。为了给政策制定和实施提供科学依据，有必要在不同情景的假设下，对我们所追求的"适度的生育率"目标做一些界定和判断。

最理想然而也几乎是难以企及的境界，是生育率回归到平均每个妇女终身生育2.1个孩子。人口学家通常以2.1作为更替水平的总和生育率，即在这个生育率水平上，人口总规模可以实现稳定。然而，人均收入水平与生育率呈现负相关关系，总体表现为一个具有共性的规律。从国际经验来看，一旦生育率降到2.1之下，反弹到更替水平的情形几乎从未出现过。例如，在世界银行的分国别数据中，1990年有49个国家和地区的生育率在2.1以下，从那之后，除了个别国家和地区出现过短暂反弹到更替水平的情形外，到2021年，所有这些国家和地区的生育率均显著低于2.1。

如果我们寄希望于这样一种情形，即稳定住较低的生育水平使其不再继续下降，并尽可能朝着更替水平的方向有所提高，显然更具有现实可能性。从数据来看，确有不在少数的欧美发达国家，在生育率降到更替水平之下后，总体维持了生育率的稳定。其中瑞典、法国和丹麦的表现则更为突出，2021年这三个国家的总和生育率分别为1.67、1.83和1.72。这些国家何以能够背离一般统计规律，成为人均GDP与生育率负相关关系的例外呢？

让我们用人类发展指数（HDI）代替人均GDP，观察在这个指标提高的过程中，生育率会如何变化。总体来看，这两个指标之间的负相关性仍然是显著的，即人类发展水平越高的国家，通常具有更低的生育水平。不过，从这个一般关系中，我们也可以看到一些转折性的趋势，即在人类发展水平极高的国家，或者说当国家的HDI超过0.8以后，生育率不仅不再降低，反而出现反弹的趋势。研究表明，极高的人类发展水平加上高度的性别平等，足以解释生育率不降反升的原因。[1]这就不难理解，在欧美国家特别是在一些北欧国家，生育率近年来能够处于相对合理的水平。

揭示这种不同于一般统计趋势现象的政策含义，关键在于看人均GDP与HDI之间的差别之处。实际上，人均GDP也是编制HDI的重要指标，但是，在这个构成部分之外，还要加上反映整体健康水平和受教育程度的指标。这两个人类发展特征的状况如何，与社会福利的支出力度从而与政府提供基本公共服务的能力直接相关。可见，社会福利体系建设，与提高生育意愿和生育水平的政策目标是一致的。在历史上，福利国家建设的起步、初衷和内容，均发端于应对人口危机的需求。

20世纪30年代，瑞典学者缪尔达尔夫妇——冈纳·缪尔达尔（Gunnar Myrdal）和阿尔瓦·缪尔达尔（Alva Myrdal）通过一系列著述和演讲，对瑞典人口停滞的潜在危险后果提出警告，提出理论论证和政策主张，并游说立法以实施一系列鼓励生育的政策手段。[2]今天回顾这段学说史，可以看到有两点值得称道和借鉴：一方面，缪尔达尔夫妇实际上是把人口问题"作为社会改革的撬棍"。另一方面，他们有效地传播了自己的思想，并将其转化为可实施的政策，可以说是一个把醒世恒言转变为行动指南进而实践成果的典范。

他们主张家庭拥有自主生育的权利，倡导通过制度建设和政策调整，把生育、养育和教育孩子的负担从家庭责任转变到社会福利保障上面，把鼓励人们结婚和生育作为社会共济的组成部分。可以说，滥觞于瑞典、成型于斯堪的纳维亚诸国、普遍建立于欧美国家的福利国家制度，究其

---

[1] Mikko Myrskylä, Hans-Peter Kohler, and Francesco C. Billari, "High Development and Fertility: Fertility at Older Reproductive Ages and Gender Equality Explain the Positive Link", *MPIDR Working Papers* WP-2011-017, Max Planck Institute for Demographic Research, Rostock, Germany, 2011.

[2] William J. Barber, *Gunnar Myrdal: An Intellectual Biography*, Chapter 5 "The Population Question and Swedish Social Policy in the 1930s", Palgrave Macmillan, 2008.

起因正是出于应对人口危机的需要。从经济史上来看，这种系统性的政策应对，的确产生了刺激生育的效果。

第二次世界大战后，在很多西方国家都出现的"婴儿潮"，可以说是福利国家建设的一个直接结果。以三个典型的国家为例，即在缪尔达尔的推动下最早建立福利国家的瑞典、依照《贝弗里奇报告》构建了福利国家的英国，以及在"罗斯福新政"中建立起福利国家的美国，每年平均人口出生率分别从1920—1940年期间的3.93‰、1.48‰和10.85‰，大幅度提高到1940—1960年期间的8.14‰、4.13‰和15.57‰。①

虽然从更长期的历史过程来看，单纯社会福利水平这个因素，尚不足以根本阻止生育率下降的趋势，但是，在不同的社会福利体系和保障水平下，或者说直接表现为在不同的人类发展水平下，特别是加上其他必要的因素，我们仍然可以观察到国家之间在生育率上的显著差别。那么，这种国际范围的经验对于中国促进人口高质量发展，是否也具有启发意义呢？或者更具体来说，在推进新型城镇化、城乡一体化和农民工市民化的过程中，生育率可能会遵循怎样的轨迹变化呢？

在回答这些问题之前，有必要把前面揭示的所谓一般规律，与这些规律的特殊表现，以及与发展阶段相关的特殊国情做出区别。除了那些共性的经济社会变化因素之外，中国低生育率的形成，还受到了一些特殊因素的影响。认识这些特殊因素，有助于探讨弱化乃至消除这些因素的途径，进而判断这样做能否产生生育率回弹的效应。

首先，中国长期实行严格的计划生育政策，无疑是一个独特的政策因素，使得生育意愿和生育水平提前下降，而且以更快的速度降到很低水平。理论和实践都显示，中国的生育率下降，不仅遵循了共同的轨迹，与经济社会的发展相伴随，也受到计划生育政策的独特影响。不过，早在生育政策进行调整之前，政策影响已经呈现效果递减的势头。与此同

---

① [英] 安格斯·麦迪森著，伍晓鹰、施发启译：《世界经济千年统计》，北京大学出版社2009年版，第34、81、82页。

时，经济发展水平和人力资本积累水平的提高，对生育率下降的推动作用日益增强。①

其次，社会福利的整体水平以及包容性较低，都会严重抑制生育意愿。基本公共服务供给水平在城乡之间、区域之间、职业之间和居民之间存在着较大的差别，它所产生的这种效应尤为明显。特别表现在，无论是作为中等收入群体，还是作为偏低收入群体，中国父母面对的孩子"三育"成本都格外地高。很多家庭即便有比实际生育孩子数更高的生育意愿，在现实中，对于为人父母这一选择也常常望而生畏。

再次，社会流动的不充分性，使得处于较低社会阶梯上的家庭，对于能否为子女提供良好的成长条件缺乏足够的信心和良好的预期，因而他们的生育意愿受到更大的抑制。此外，在农村作为村民的土地和其他集体资产分配权益方面，以及在城镇劳动力市场上，仍然存在着性别歧视，这些也是一种社会流动性偏低的表现，同样具有抑制生育意愿的效应。

最后，随着经济发展和社会文明进步，诸如"不孝有三，无后为大"和"多子多福"等传统生育观在很大程度上被打破。同时，当年与严格贯彻计划生育政策相一致，社会上也形成了一些误导性的观念，片面强调人口众多和快速增长，在宏观层面破坏人口与资源、环境和生态之间的平衡，在微观层面妨碍家庭脱贫致富。不应否认，这些简单化的认识，至今或多或少对家庭的生育决策产生负面的影响。

即使在生育政策进行调整之后，一种在以往的宣传中被反复强调的生育理念却仍然存在，表现为一方面"越穷越生"的现象确实减少了，另一方面很多家庭却依然坚信"越生越穷"。实际上，由于基本公共服务保障不够完善，特别是其未能覆盖全民和全生命周期的需求，结果造成这样一种局面，家庭仍然近乎为生育、养育和教育子女的唯一支出责任

————————

① 都阳：《中国低生育率水平的形成及其对长期经济增长的影响》，《世界经济》2005年第12期。

人，"越生越穷"的现象就有可能在家庭发展中得到印证。

以上从宏观层面所进行的分析，可以支持我们得出这样的结论：推进城乡一体化均衡发展、破除城乡二元结构，既然都具有提高基本公共服务水平和均等化程度的效果，自然有助于稳定和提高居民的生育意愿。除此之外，从家庭的微观行为上进行分析，也使我们对上述结论更有信心。

以往的研究已经表明，农村家庭比城镇家庭有更高的生育意愿，农村常住人口比农村外出劳动力和流动人口有更低的生育意愿。[①]在此基础上，我们所要论证的是，农民工及其家庭成员在城镇落户之后可能做出怎样的生育行为改变。在这方面，我们不应期望借助传统生育观的回归来解决问题。但是，既然生育是一种高度自主的家庭决策，既建立在物质的基础上，又受到社会心理和文化因素的影响，着力构建一种"有恒产者有恒心"的抉择和行为环境，无疑是颇有助益并且重要的任务。

显而易见，这里所谓的"恒产"，并不仅仅指物质形态的财产或资产，而最重要的是指一种收入能力，如稳定的就业和劳动收入，以及制度性的社会保障和其他基本公共服务供给；这里所谓的"恒心"，则是指因存在着此类"恒产"而形成的良好预期，特别是个人和家庭所能感受到的社会流动性。

人们普遍观察到的现象是，居民的家庭预算约束状况影响生育决策。也就是说，如果家庭感受到过于拮据的家庭收入和时间预算约束，意味着"三育"负担沉重到难以承受的程度，生育意愿就会受到压抑。然而，对于已经在城镇就业的农民工来说，一旦取得城镇户口，进而享受到均等的基本公共服务，就业的正规化程度相应提高，生活得到改善的预期便会更加积极正面。这些都会相应拓展家庭预算曲线、降低"三育"成本，至少在一定时间内具有提高生育意愿的效果。

---

① 姚从容、吴帆、李建民：《我国城乡居民生育意愿调查研究综述：2000—2008》，《人口学刊》2010年第2期。

第四节 破解农村养老的世纪难题

完善农村基本公共服务供给体系，面临着双重挑战，其中每一项挑战都是独特的。一方面，劳动力和人口将继续从农村向城镇迁移，农村人口老龄化率进一步提高，高于城镇人口老龄化的幅度将加大。另一方面，到2035年，即便户籍人口城镇化率达到73%，仍将有接近4亿的中国居民以户籍人口的身份居住在农村。从户籍制度改革中获益的新市民中，也有很大一部分并不具备条件把老年家庭成员接到城市居住。因此，在确保农村不凋敝的任务中，一个重要的内容就是使留下的这个庞大规模人口，也能享受到均等的基本公共服务。

最大的挑战仍然是农村养老。随着人口转入常态的负增长，中国不再是世界上人口最多的国家，总人口占世界的比重也将逐渐下降。然而，在相当长的时间里，中国的老年人口规模仍将居于世界首位。例如，根据联合国人口预测，直到21世纪60年代末和70年代初，印度老年人口的规模才会超过中国。因此，无论从中国60岁及以上人口总规模，以及这个年龄组人口的世界占比来说（见图12-3），还是从其中庞大的农村老年人口来说，都意味着解决中国农村的养老问题，算得上是一个世界难题和世纪难题。

从中国自身国情来看，在农村老龄化程度更高这一特点不发生变化的情况下，农村养老保障将同时是基本公共服务体系建设的薄弱环节，以及完善体系建设的关键领域。因此，在完成整个"瓦格纳加速期"任务的过程中，农村既是重中之重，也是难中之难。下面，我们从几个方面，揭示这里所说的"重"与"难"的含义，相应地，也可以从这些角度着眼，探寻解决农村养老难题的出路。

城乡居民社会养老保险制度，尚不能为农村老年人给付足以保障生活需要的养老金。2022年，城乡居民养老保险金的人均数额仅为2456

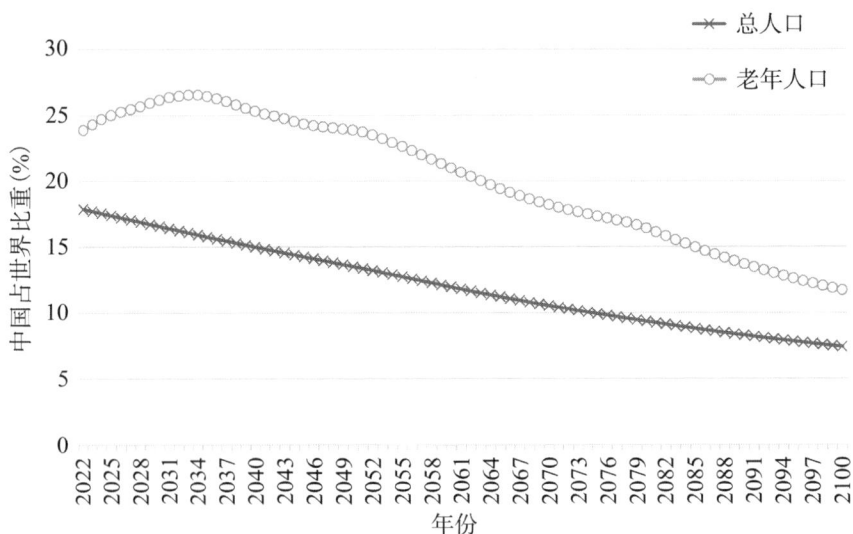

图12-3　中国人口占世界人口比重

资料来源: United Nations, Department of Economic and Social Affairs, Population Division, *World Population Prospects 2022, Online Edition*, 2022.

元。我们可以将其与以下可以参照的收入指标进行一个比较：第一，在农村居民按收入进行的五等分组中，最低20%人口的平均可支配收入，2022年为5025元。第二，2020年实现全部农村人口脱贫使用的"现行脱贫标准"为现价4000元。第三，按照2020年前10年"现行脱贫标准"的调整幅度推算，2021年的"影子贫困标准"为4228元，2022年则可以达到4468元。

中国人口发展进入的新阶段，决定了农村的现行养老模式难以为继。以家庭为主的养老方式，是照料老年人和弥补老年人收入不足的传统做法。但是，随着农村年轻人大多数迁移到城镇，村庄空心化和家庭空巢化成为普遍现象，老年人的子女无法履行在经济上赡养、生活上照料和精神上慰藉的责任，家庭养老事实上已经落空。第七次全国人口普查数据显示，农村60岁及以上老年人同子女共同居住的比例仅为36.1%，甚至大大低于城镇42.8%的水平。

在当前的农村，依托养老院和护理中心等机构养老的条件远未成熟。农村的最大问题是缺少年轻人，这也就意味着机构养老遇到照料和护理人员不足的难题。从医养结合的角度可以发现，必要条件不足的问题丝毫不小于农村医疗资源匮乏的程度。从第七次全国人口普查数据可知，在农村 60 岁及以上老年人中，进入养老机构的比例仅为 0.55%，处于"不健康"状态的老人只有 1.72% 住在养老机构，处于"不健康"状态并且"生活不能自理"的老年人也只有 3.79% 住在养老机构。

以社区服务为依托的居家养老，也遇到农村特有的困难。由于农村居民数量减少、人口密度极低、居住也过于分散，依托社区提供助老、医疗和护理等服务，不仅遇到人手不足、人力成本高的难题，更缺乏集聚效应和规模经济，使得养老机构的经营以及社区服务的安排在实际运行中没有什么盈利性可言，因而在经济上不具备发展的可持续性。

然而，完善农村养老保障固然是艰巨的任务，却不是不可能实现的任务。随着中国经济进入一个更高的发展阶段，在新发展理念的引领下，无论是财政能力和物质基础，还是科学技术手段，都为破解农村养老这一世纪难题创造了新的条件，提供了新的机遇。从以下几个方面着力，可以预期取得突破性的制度建设成果：

首先，更均衡地配置国家财政资源。从整体格局来看，随着老龄化程度的加深，老年人口抚养比加速提高，城镇养老保障制度的现收现付模式难以为继，需要在新的思路下进行政策调整，着力于增强社会养老保险的普惠性。对于收入水平较低的农村居民来说，基于财政补贴和个人缴费的城乡居民社会养老保险制度，终究难以满足养老的需要。因此，城乡居民社会养老保险应该率先转变为普惠型，根据国家财力和基本需要确定保障标准，与个人缴费水平脱钩。按照这个思路进行的养老资源均衡配置，可以达到公平和效率的有机统一。

其次，通过促进城乡一体化改善农村养老的硬件环境。一是弱化乃至消除城与乡的边界，在县域和市域范围内，在地理距离相近的城镇与农村之间，实现养老相关的基础设施共享，以及养老事业运行形式的融合。二是在乡村振兴中提升村庄的集聚水平，合理布局生活空间，以提高居住和生活密度，聚集农村的人气。三是在农村生活圈的构建中，把适老化作为宜居性的重要内容，按照有利于养老、助老和惠老的标准推进设施环境的建设和改造。

再次，促进农村经济和社会的数字化，借助数字技术特别是人工智能的最新发展，破解农村基本公共服务供给中的规模不经济难题。从一般的道理来说，针对农村人口密度小、居住分散、聚集效应弱造成的养老规模不经济难题，以互联网和移动互联网为核心的数字经济，恰好能够以"零边际成本"的特征予以破解。至于更新的技术发展，特别是生成式人工智能的功能，则更加有助于以微不足道的成本，让农村可以充分分享城市的优质医疗资源和养老助老事业模式，最终打破城乡基本公共服务资源配置的分割性和差异性。